El arte de la persuasión

JASON HARRIS

El arte de la persuasión

Los 11 hábitos del maestro influencer

EDICIONES OBELISCO

Si este libro le ha interesado y desea que le mantengamos informado
de nuestras publicaciones, escríbanos indicándonos qué temas son de su interés
(Astrología, Autoayuda, Ciencias Ocultas, Artes Marciales, Naturismo, Espiritualidad, Tradición...)
y gustosamente le complaceremos.

Puede consultar nuestro catálogo en www.edicionesobelisco.com

Colección Éxito
El arte de la persuasión
Jason Harris

1.ª edición: marzo de 2021

Título original: *The Soulful Art of Persuasion*

Traducción: *David Aliaga*
Maquetación: *Marga Benavides*
Corrección: *M.ª Jesús Rodríguez*
Diseño de cubierta: *Enrique Iborra*

Edita: Ediciones Obelisco, S. L.
Collita, 23-25 Pol. Ind. Molí de la Bastida
08191 Rubí - Barcelona - España
Tel. 93 309 85 25
E-mail: info@edicionesobelisco.com

ISBN: 978-84-9111-682-0
Depósito Legal: B-3.244-2021

Impreso en los talleres gráficos de Romanyà/Valls S. A.
Verdaguer, 1 - 08786 Capellades - Barcelona

Printed in Spain

Para todos aquellos en el conmovedor camino hacia el éxito

Agradecimientos

El arte de la persuasión fue escrito a partir de historias personales, referentes, eventos y una profunda investigación. Me siento agradecido con todos los amigos, familiares y colegas que ayudaron a este idiota a llegar a la línea de meta.

Con el equipo detrás de este libro: Robert, Gretchen, Stephen y Julia. Y con el equipo editorial de Random House/Currency y mi editor estrella, Roger.

Me gustaría agradecer la paciencia y los sabios consejos de Karen y nuestros dos hijos, Cole y Jett. Las notas de mis padres, Chuck y Sandy, y mi hermana Stacey. Y querría dar las gracias a toda mi familia laboral en Mekanism, y a mis socios desde hace trece años, Tommy, Ian y Pete. A la orientación de Mike, Tom y Brendan, y a los consejos de marketing de Meagan y Emma, y al apoyo de Nina.

Y querría también dar las gracias a Tim Ferriss y Ryan Holiday por la infinita inspiración de su trabajo.

El punto de partida

Ya nunca volverá a ser fácil saber cuándo creer en algo o a alguien.

En nuestros días, no puedes mirar a una pantalla sin que te golpeen en la cara con indignación fingida *fake news*, estafas, ventanas emergentes con anuncios o algún otro tipo de estupidez cibernética. La credibilidad del gobierno y los principales medios de comunicación está en mínimos históricos.[1] Y, si es que había alguien que creyese ciegamente en los gigantes de Silicon Valley como Facebook y Google, ha dejado de hacerlo.[2] La mayoría de los norteamericanos ni siquiera creen en las encuestas de opinión –al menos, según lo que indica una encuesta de opinión.[3]

Entonces, ¿cómo podrías persuadir a las personas en un contexto en el que nadie tiene razón alguna para creerte, en el que la gente está buscando activamente razones para sospechar? Éste es el reto al que he decidido enfrentarme profesionalmente. Un reto que parte de una realidad clara y cristalina: los norteamericanos no creerían a los de mi gremio por nada del mundo.

Como CEO de la agencia de publicidad creativa Mekanism, formo parte de una de las profesiones con menor credibilidad en el

1. «Public Trust in Government: 1958-2017», Pew Research Center, 14 de diciembre de 2017; Art Swift, «Democrats' Confidence in Mass Media Rises Sharply from 2016», *Gallup*, 21 de septiembre de 2017.
2. Casey Newton, «America Doesn't Trust Facebook», *The Verge*, 27 de octubre de 2017.
3. Natalie Jackson y Grace Sparks, «A Poll Finds Most Americans Don't Trust Public Opinion Polls», *Huffington Post*, 31 de marzo de 2017.

mundo. Los únicos profesionales considerados más deshonestos, según la encuesta Gallup, son los vendedores de coches de segunda mano y los miembros del Congreso.[4] Desde luego, son una compañía cuestionable.

Esto dice mucho sobre la naturaleza de la influencia en la era moderna. Si algo tienen en común estas tres profesiones es que todas ellas están involucradas en el negocio de la persuasión. Y, cuando te imaginas a alguien que se gana la vida persuadiendo, te vienen a la cabeza dos tipos de persona.

La primera es el típico profesional engominado, que habla deprisa y trata de abalanzarse sobre nosotros como los agentes inmobiliarios de la obra de teatro ganadora del premio Pulitzer *Éxito a cualquier precio*. Son la clase de personajes que te dirán todo lo que quieres oír con tal de cerrar una venta. Se apoyan en vagas promesas, triquiñuelas lingüísticas y en la letra pequeña para esconder la verdad. Repiten tu nombre una y otra vez, como si te conociesen. Se esfuerzan en parecer inofensivos, pero son totalmente conscientes de sí mismos, calculadores, están ansiosos por complacer... Es decir, *no tienen alma*. Nadie quiere comprarle nada a alguien así; hacen que busquemos cualquier excusa para decirles que no.

En el extremo opuesto se encuentran los ideólogos y los bocazas que están absolutamente convencidos de que su punto de vista es el bueno y de que cualquiera que no esté de acuerdo es estúpido o peligroso. Pienso en los partisanos de las noticias de la televisión por cable y de los trols de Internet, los lobistas de Washington y los pseudointelectuales de las tertulias radiofónicas. Se encuentran personas de este grupo a lo ancho de todo nuestro espectro político, y son incapaces de convencer a nadie que no comparta de antemano su visión del mundo.

Como líder del sector publicitario, me encuentro a diario frente a estas ideas preconcebidas. A pesar de ello, me las he arreglado para

4. Frank Newport, «Congress Retains Low Honesty Rating», *Gallup*, 3 de diciembre de 2012.

construir una carrera fundamentada en mi capacidad de persuasión –ya sea persuadiendo a usuarios para comprar un producto o servicio; a clientes para que contraten a nuestra agencia o sigan trabajando con nosotros, o a nuestros empleados para que sigan dando lo mejor de sí mismos–, y lo he hecho en un sector en el que la persuasión se produce en el entorno más fiscalizado que puedas imaginar.

¿Cuál es mi secreto? Bien, sólo he encontrado una solución que funcione en el mundo actual: ser lo contrario al vendedor engominado o al terco autoengañado frente a los que todo el mundo se pone en guardia. Ser alguien en quien las personas puedan confiar y relacionarse e, incluso, en ocasiones, llegar a conmoverlas.

O dicho de otra forma, tener *alma*, ser conmovedor.

Ésta es la idea que vertebra *El arte de la persuasión*. Y está basada en la simple observación de cómo lo que nos persuade tiene que ver menos con las palabras o las frases exactas que emplean para ello o con la posición que adoptan, que con el tipo de persona que realmente son quienes lo intentan.

Las personas persuasivas no poseen una habilidad excepcional para hablar con dulzura a sus interlocutores o para imaginar qué es lo que quieren escuchar. Al contrario, son personas con las que queremos estar de acuerdo. Tienen cualidades que nos hacen querer estar de su parte y creerlas, sea cual sea el asunto. Su capacidad de persuasión procede de su *alma*.

El resultado es una forma de influencia que es más poderosa que la razón. Los argumentos lógicos nos *fuerzan* a aceptar una conclusión, a pesar de que no nos guste, pero la persuasión conmovedora, con alma, nos *atrae*. La genuina persuasión tiene que ver con *atraer* más que con *insistir*. Y esto, de hecho, puede aprenderse con la práctica.

No voy a ofrecerte una colección de trucos para cerrar tratos o hacer ventas rápidas. Lo que *te voy a mostrar* es cómo desarrollar los hábitos personales que te permitirán ser el tipo de persona a la que los demás creen, piden consejo y con la que quieren colaborar.

En resumen, te mostraré cómo desarrollar un carácter más persuasivo.

El carácter es un conjunto de rasgos, disposiciones y virtudes que alguien muestra consistentemente a través de sus pensamientos, respuestas emocionales y acciones –las cualidades que reflejan quiénes somos–. Desarrollar un carácter persuasivo significa adquirir los rasgos de carácter, los hábitos mentales y las prácticas personales que, una vez hayas interiorizado realmente, te convertirán, sin ningún tipo de duda, en una persona más influyente.

Los cuatro principios

Las disposiciones personales que pueden hacer de ti una persona persuasiva pueden clasificarse en cuatro categorías principales.

En primer lugar, las personas persuasivas son *originales*. Cuando hablan, tienes la sensación de que lo hacen desde la autenticidad y la honestidad, y que estás vislumbrando lo que hay en ellas de real, de únicas, y no una versión diseñada para agradarte. Los pensamientos y las acciones de las personas que poseen esta virtud están motivados por una profunda comprensión de quiénes son, de la voluntad de ser ellas mismas, y de sus profundos compromisos a largo plazo; no están motivadas por la avidez de ganancias a corto plazo.

En segundo lugar, las personas persuasivas son *generosas*. Dan habitualmente y sin esperar nada a cambio. No me refiero únicamente a dinero o regalos materiales. Las personas persuasivas son generosas con los consejos, las oportunidades, presentando a personas, u ofreciendo respeto y positividad. Nunca tendrás la impresión de que únicamente se preocupan de sí mismas.

En tercer lugar, las personas persuasivas suelen ser *empáticas*. Sienten una curiosidad natural por los demás y buscan ahondar en las conversaciones de manera que superen la cháchara intranscendente para derivar en temas que realmente nos importan. Esta clase de personas son colaboradoras habilidosas y poseen una perspectiva que pone el énfasis en nuestra humanidad compartida y no en nuestras diferencias.

Por último, las personas persuasivas tienen *alma*. Se conducen de acuerdo a un código ético y unos estándares personales autoimpuestos, siempre buscan mejorar y motivar a los demás para que superen sus propios límites. El resultado de esto es que poseen una autoridad personal que las hace influyentes de una manera natural.

Exploraré estos cuatro principios detalladamente al tiempo que situaré el foco en once hábitos específicos que se desprenden de ellos, en cómo contribuyen a la persuasión y en cómo cada uno de nosotros puede desarrollarlos y reforzarlos.

Mi objetivo es ayudarte a incorporar ciertos atributos, puntos de vista e inercias en la forma en que vives, de manera que pasen a integrarse en tus procesos reflexivos, a resultarte cotidianos y a formar parte de quién eres. Así, cuando muestres empatía o generosidad o alma, será obvio para todos los que te rodeen que estarán atisbando un destello de tu carácter –incluso aunque ese reconocimiento se dé de forma inconsciente.

Dependiendo de tus puntos fuertes y de tus debilidades, algunos de los capítulos de este libro te resultarán mucho más útiles que otros. Los lectores que sean empáticos de una forma natural, por ejemplo, no necesitarán dedicarle mucho tiempo a reforzar ese aspecto de su carácter.

El mejor uso que se puedes hacer de este libro es ser honesto contigo mismo respecto a qué aspectos son los que tienes que trabajar más y centrarte en las prácticas que te hagan mejorar.

Devolviéndole el alma a la persuasión

«Persuasión» no es una palabra precisamente conmovedora. Suena más bien capciosa, y la mayor parte de la gente la asocia con el engaño o con alguna forma de coerción. Desde luego, no cabe duda de que es posible la persuasión negativa. De hecho, puedes verla en todas partes en forma de intentos de sembrar el miedo, los ataques políticos, o en la retórica del «ellos contra nosotros». Y mi propio sector, la publicidad, es ciertamente responsable de parte de la mala fama que arrastra la persuasión.

Pero la persuasión también puede proceder de un lugar positivo, vivo –de un lugar *con alma.*

Si te has propuesto ser original, generoso, empático y conmovedor, te sentirás bien en el camino hacia una vida más gratificante y llena de sentido. También serás una persona más feliz y positiva, que vivirá más experiencias enriquecedoras.

Que estos rasgos de carácter, además, te hagan más influyente en una amplia variedad de situaciones es un beneficio añadido. Pero eso no cambia que estos principios sean profundamente relevantes para cualquiera que desee ser más influyente, ya sea en casa, entre sus amigos, o incluso a escala global.

Una persona a la que hayas conquistado gracias a tu carácter acostumbrará a actuar motivada por sus mejores instintos. Eso incluye que reconozca nuestra humanidad compartida, que se sienta inclinada a adoptar diferentes puntos de vista, que considere que las cosas son posibles, o que desee actuar atendiendo a emociones positivas.

En la actual cultura de la polarización política, los ecos radiofónicos y el tribalismo, existe una gran carencia de persuasión. Para lograr superar nuestras diferencias y encontrar una forma mejor de convivir, necesitaremos mejorar nuestra capacidad para persuadirnos unos a otros.

Al mismo tiempo, el carácter se ha vuelto mucho más importante de lo que solía serlo. Gracias a las transformaciones culturales de los últimos años, las formas de discriminación, misoginia y racismo que solían ocultarse bajo las alfombras hoy son denunciadas. Se ha demostrado que los déficits de una persona en este sentido pueden llegar a acabar con una carrera profesional. Razón de más para aproximarse a la persuasión desde una perspectiva que sitúe el carácter como un elemento central.

El arte de la persuasión es un libro para los emprendedores, los empresarios, los ejecutivos, los creativos…, y cualquiera que quiera emplear el poder de la persuasión para atraer a loa colegas, los compañeros, los clientes, los amigos o los seres queridos a su punto de vista. De una forma u otra, a distintos niveles, todos estamos en el negocio de la persuasión.

Por supuesto, no podrás fingir ser una persona persuasiva, de la misma manera que no puedes fingir ser un gran pianista clásico, un gran lanzador de tiros libres o un gran neurocirujano. Pero todo el mundo puede aprender a ser persuasivo. Yo mismo he tenido que aprender a serlo durante más de dos décadas inmerso en el feroz negocio de la publicidad.

Lo que ya forma parte de ti te ayudará a conseguirlo.

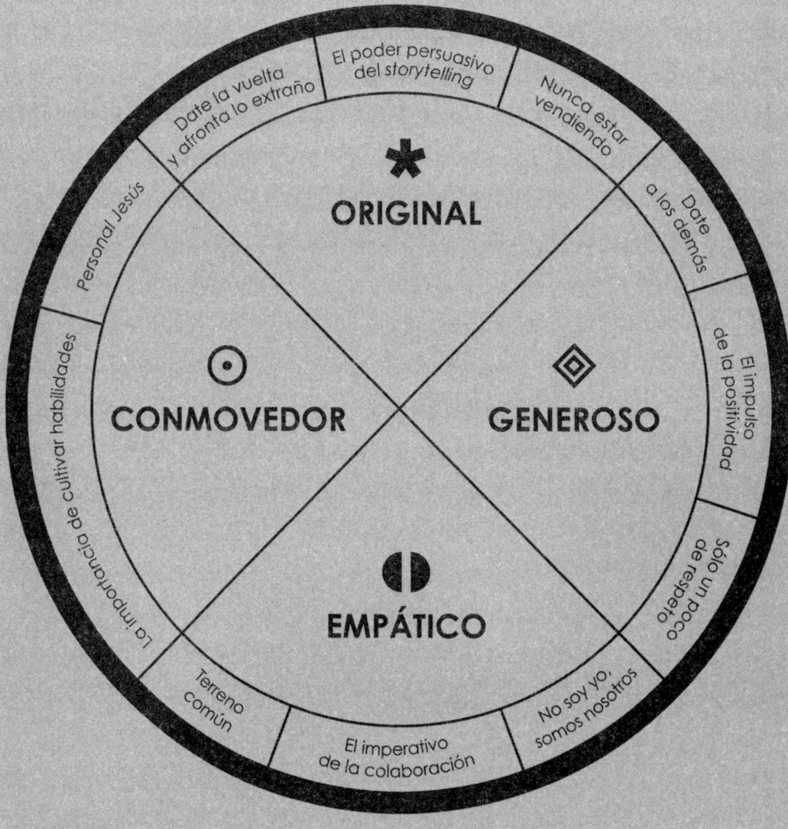
ORIGINAL
GENEROSO
EMPÁTICO
CONMOVEDOR
El poder persuasivo del storytelling
Nunca estar vendiendo
Date a los demás
El impulso de la positividad
Sólo un poco de respeto
No soy yo, somos nosotros
El imperativo de la colaboración
Terreno común
La importancia de cultivar habilidades
Personal Jesús
Date la vuelta y afronta lo extraño

PRIMER PRINCIPIO

*

ORIGINAL

Cuando una persona es genuinamente persuasiva, nunca dudamos de que lo que está diciendo proviene de algo real. Incluso cuando estamos en desacuerdo, seguimos dándonos cuenta de que verdaderamente lo cree y no tienen miedo a mostrárnoslo y a mostrarnos su valor. Son personas a las que les importa más ser honestas consigo mismas que conseguir que les den la razón, convencer a alguien de lo buenas que son, impresionar a sus jefes, cerrar algunas ventas extras o imponerse en una discusión. Por esta razón, ser la versión más original y genuina de ti mismo es un componente esencial para la persuasión. Por definición, no puedes fingir ser tú mismo. Si presentas tu verdadero yo, las personas se mostrarán mucho más dispuestas a escucharte, a creer tus palabras y a apoyarte en los asuntos controvertidos. Cuando alguien es irredentamente original, podemos sentir en nuestro interior que merece nuestra lealtad, nuestra fidelidad, y, sí, nuestros negocios.

Capítulo 1

Date la vuelta y afronta lo extraño

So I turned myself to face me
But I've never caught a glimpse
How the others must see the faker
I'm much too fast to take that test.[1]

DAVID BOWIE: «CHANGES»

David Bowie siempre ha sido mi ídolo. Nadie como él ha seguido el consejo que se le atribuye a Oscar Wilde: «Se tú mismo, los demás puestos están ocupados». Durante más de cinco décadas dedicadas a la música, la moda y la industria del entretenimiento, Bowie nunca dejó de explorar quién era, y de encontrar nuevas formas de inspirar a los demás con su creatividad capaz de transgredir la noción de sexo y los géneros musicales. Pero, sobre todo, como modelo a seguir, Bowie lo hizo todo para que yo y muchos otros pudiésemos ser los seres extraños y maravillosos que somos. Logró que cualquiera, en cualquier parte, se sintiese cómodo enarbolando su bandera personal.

Al crecer en los ochenta, descubrí a Bowie en su segunda y en su tercera etapa creativa. «Let's Dance», «China Girl» y «Under Pressure» fueron los primeros *hits* que me llevaron a fijarme en él: «Let's sway / While color lights up your face / Let's sway / Sway through the crowd to an empty space». Bowie me convenció. Me convenció porque era único.

1. Sugerencia de traducción de la canción de David Bowie, *Changes*: «Así que me volví hacia mí mismo para enfrentarme, / pero nunca vislumbré / cómo los demás deben ver al impostor. / Soy demasiado rápido para hacer la prueba». *(N. del T.)*

Me persuadió con sus historias. Y ahí empezaron mis noches en vela escuchando su discografía completa. Sus álbumes mezclaban una asombrosa variedad de géneros, desde el *art rock* al *glam rock*, pasando por el post-punk, la electrónica, el rock duro, el jazz, la *new wave* y, por desgracia, incluso la música disco. No había nada que él no pudiese hacer.

No estoy solo en mi obsesión. Al fin y al cabo, es uno de los músicos que más discos ha vendido en toda la historia. Sin Bowie no habrían existido The Cure, U2, Lou Reed, Joy Division, LCD Soundsystem o, ni siquiera, Lady Gaga. Recientemente, la revista *Rolling Stone* lo calificó como «la mayor estrella del rock que jamás haya caído en este mundo o en otro».[2]

Pero de Bowie, lo que más me atrajo nunca fueron «Changes» o «Ashes to Ashes»; era el propio Bowie –o Ziggy Stardust, Aladdin Sane, the Thin White Duke, o cualquiera de sus inagotables alter egos. Antes de ser David Bowie, David Robert Jones era un músico luchador, que iba cambiando de banda, que trabajaba duro para lanzar sencillos que nadie compraba. Incluso después de cambiar su nombre por David Bowie, su primer álbum en solitario no fue a ninguna parte –y es fácil darse cuenta de por qué–. En aquellos años, Bowie todavía estaba intentando encajar en las categorías existentes y en lo que creía que la gente quería que fuese. Tanto si tocaba versiones de blues como música folk, todo sonaba como cosas que la gente ya había escuchado antes. Era demasiado familiar.

¿Y sabes qué? Nadie quería saber nada de David Bowie.

Pero en 1969, cuando lanzó «Space Oddity», unos días antes de que despegase el Apolo 11, comenzó a andar el camino que lo convertiría en un dios del rock a escala internacional que cambiaría la cultura popular para siempre. En la década siguiente desató una tormenta creativa sin parangón en la historia del rock. Desde los álbumes *The Man Who Sold the World, Hunky Dory* y *The Rise and Fall of Ziggy Star-*

2. Rob Sheffield, «Thanks, Starman: Why David Bowie Was the Greatest Rock Star Ever», *Rolling Stone*, 11 de enero de 2016.

dust and the Spiders from Mars hasta *Young Americans*, *Heroes* y la publicación póstuma de esa obra maestra titulada *Blackstar*, Bowie se estuvo reinventando constantemente, incorporando nuevas ideas, cuestionando las fronteras y desafiando prejuicios cada vez que se le presentaba la ocasión –incluso desde la tumba.

El momento en el que se produjo su renacimiento no fue accidental. Entre el lanzamiento de su fallido primer álbum en solitario hasta la publicación de «Space Oddity» pasaron dos años en los que Bowie estuvo descubriendo nuevas influencias y explorando nuevas formas de creación artística. Vivió en un monasterio budista, estudió danza, teatro y mímica, y ayudó a crear un laboratorio de arte experimental.[3] Estaba buscando nuevas formas de ser quien realmente era y de expresarlo mejor. Descendió más profundo dentro de sí mismo hasta que comprendió lo que quería expresar y cómo convencernos de que le prestásemos atención.

Sobre todo, encontró su propia visión y aprendió a confiar siempre en ella.

Lo que lo convirtió en un artista irresistible es que no estaba intentando ser el próximo Jagger o Dylan. Se estaba convirtiendo en el único e irrepetible David Bowie, un hombre al que, simplemente, no podían aplicársele las categorías tradicionales. No hacía blues, ni pop, ni psicodelia, ni soul; no era hombre, ni mujer; ni homosexual, ni heterosexual. No tenía una única identidad. Lo que unía todo lo que hacía es que surgía de David Bowie siendo él mismo. Y con eso bastaba.

Crecí en la periferia de Washington D.C., en el conservador condado de Fairfax, Virginia, analizando cada disco, cada letra, cada personaje de Bowie. Nunca llegaba a saber lo que sentía mientras escuchaba una de sus canciones, pero sabía que era algo conmovedor. ¡Y era mucho más interesante que escuchar a Wham!

---

3. www.nytimes.com/2018/08/29/obituaries/lindsay-kemp-dead.html; www.theguardian.com/music/2016/jan/11/david-bowie-death-worldwide-tributes-death-work-of-art

Para cuando descubrí a Bowie yo ya era la oveja (casi) negra de mi familia. Tanto mis padres como muchos de mis familiares son profesores y académicos. Mis intereses eran incomprensibles para ellos. No era un ratón de biblioteca; era un desvergonzado adicto a la televisión obsesionado con *El coche fantástico* y *El gran héroe americano*. También me encantaban las historias de treinta segundos que se emitían entre programas. Todavía hoy pienso en eslóganes como el «Oh yeah!» de Kool-Aid Man,[4] «How many lick does it take to get to the Tootsie Roll center of a Tootsie Pop?»[5] o «Leggo my Eggo»,[6] –un eslogan que mi hermana y yo repetíamos una y otra vez durante el desayuno. Incluso hoy en día me descubro diciendo cosas como «Time to make the donuts» –como en los anuncios de Dunkin' Donuts que se emitían durante mi infancia– cuando salgo para el trabajo. Podía analizar por partes estos viejos anuncios, desde la música hasta el *acting*, pasando por la dirección, para entender por qué funcionaban. ¿Conseguía tal anuncio persuadirme para que comprase el producto que promocionaba? Definitivamente, aquélla no era una conducta normal para un niño de doce años, desde luego, no en mi familia de intelectuales y educadores. Tuvo que ser David Bowie el que me mostrase que la rareza no era algo contra lo que hay que luchar –es algo que debes abrazar–. Bowie me dio licencia para ser tan único y extraño como soy.

Irónicamente, el primer y único trabajo de oficina que tuvo Bowie fue como artista en la agencia de publicidad de Nevin D. Hirst Advertising en Londres.[7] Salió del negocio bien rápido, pero incluso mucho después mantuvo una estrecha relación con el mundo de la publici-

---

4. Kool-Aid Man fue la principal mascota de la marca Kool-Aid, que comercializaba bebidas de sabores en polvo. *(N. del T.)*
5. Tootsie Pop es una marca de piruletas norteamericana. *(N. del T.)*
6. Contracción de la frase «Would you let go your Eggo?». Eggo era la marca de unos gofres, actualmente comercializados por Kellogg's.
7. Christopher Mcquade, «'I Loathed It': What David Bowie Learned from His Brief Spell in Adland», *The Drum*, 11 de enero de 2016.

dad, pues apareció en anuncios de televisión de marcas tan diversas como Pepsi o Louis Vuitton.[8]

Puede parecer contradictorio que aprendiese la importancia de la autenticidad gracias a David Bowie –el maestro del inventarse a sí mismo, el hombre con identidades infinitas–, pero tiene sentido. Es cierto, Bowie era un zarcillo de contradicciones y personalidades radicalmente diferentes, pero todas eran originales y auténticas para Bowie en cada momento. Quizá no alcanzabas a entender hacia dónde quería ir, pero sabías que estaba mostrándote un aspecto único de sí mismo y que no le importaba lo que pensasen los demás. Podías sentirlo en tus huesos.

Y esa cualidad de ser auténticamente tú mismo se encuentra en el corazón de cualquier acto de persuasión.

El carácter es el rey

La persuasión tiene que ver con el carácter personal, no con los hechos o con los argumentos. Las formas de persuasión más poderosas no tienen demasiado que ver con las pruebas, los argumentos o la lógica. De hecho, a menudo, lo que persuade a la gente no es la sustancia de lo que se está diciendo, sino la fuente –es decir, la persona que lo está diciendo–. Aristóteles ya lo sabía hace dos milenios: «Creemos antes, y de forma más completa, en los hombres buenos que en los demás [...] El carácter debería ser considerado como el medio más efectivo de persuasión que posee [el orador]».[9]

Es lógico. En la mayor parte de las ocasiones, simplemente no tenemos el conocimiento, el tiempo o la experiencia para decidir de qué parte ponernos. Creo a mi doctor cuando me dice que necesito tomar

8. Angela Natividad, «Alligator, Space Invader: The Many Faces of David Bowie in Advertising», *Adweek*, 11 de enero de 2016.

9. Aristóteles, *Rhetoric*, en traducción de W. Rhys Roberts, I.2.

un suplemento de vitamina D o reposar una semana a causa de una torcedura de tobillo. No es la ciencia la que me convence –no he estudiado medicina y no tengo ni idea de para qué necesito tomar vitamina D–, pero mi doctor sí estudió en la facultad de medicina, conoce su oficio, y los buenos, además, proyectan convicción y carácter para hacer que los escuchemos.

Cuando un político intenta persuadirte sobre una reforma de los impuestos, o en materia de seguridad nacional o inmigración, la mayor parte de las veces no tienes información suficiente para decidir únicamente basándote en los hechos, sino que lo decides según si esa persona te parece o no que es bienintencionada, creíble, fiable y sincera. Por lo tanto, lo decides basándote en la percepción que tienes de su carácter.

Lo que yo entiendo por carácter –o, más importante, lo que Aristóteles entendía por carácter– no es solamente la lista de las normas éticas que intentas seguir o las creencias personales que sostienes. Tu carácter también está formado por tus hábitos y las disposiciones que muestras sin pensar. Cuando una persona valiente ve una escuela en llamas, no se lo piensa y corre hacia el interior del edificio para ayudar a los niños. Cuando una persona honesta encuentra una billetera perdida, hace todo lo que puede para dar con su dueño y devolvérsela, y no se plantea, ni por asomo, quedarse el dinero en efectivo que haya en ella. Una persona sincera dice la verdad reflexivamente, no después de valorar los pros y los contras de ser sincero.

Así que también es necesario que los rasgos de carácter que te hacen persuasivo emanen de tu interior. La gente necesita saber que están vislumbrando una parte de tu yo real –un destello de algo que incluso podrías no ser consciente de estar enseñando.

Mostrar el alma

El primer paso para desarrollar un carácter persuasivo es aprender a ser tú mismo sin condiciones.

Lo sé, lo sé. «Sé tú mismo» no es nada nuevo. Lo has escuchado un millón de veces. Es lo que le dices a ese amigo que se está preparando para una entrevista de trabajo o para pedirle una cita a la persona que le gusta. Pero lo que significa «sé tú mismo» para la mayoría de la gente es «relájate, sé natural y no le des más vueltas». Yo no estoy hablando de eso, ya que en situaciones en las que intentamos ser persuasivos, nuestros instintos nos conducen en la dirección equivocada. Queremos esconder esas partes de nosotros mismos que intuimos que la otra persona no apreciará. Y hacemos y decimos cosas que pensamos que nos harán más atractivos para nuestra audiencia. Sonreímos más de lo habitual o mostramos entusiasmo por algo que no nos interesa. Hablamos empleando un lenguaje más formal del que usaríamos en el día a día. En resumidas cuentas: intentamos fingir hasta que lo conseguimos.

Pero esto no logrará que obtengamos una respuesta. La gente se da cuenta de lo que estás haciendo, incluso inconscientemente. Experimentos recientes, llevados a cabo por las investigadoras Leanne ten Brinke, Dayna Stimson, y Dana R. Carney, de la Haas School of Business de Berkley (Universidad de California), demuestran lo asombrosamente buenos que somos detectando idioteces de forma inconsciente.[10] Su trabajo señala que nuestras reacciones instintivas, a primera vista, identifican las conductas deshonestas mejor que nuestro razonamiento consciente. Para hacer esto, las investigadoras llevaron a cabo un experimento en el que le pidieron a un grupo de universitarios que viesen grabaciones de interrogatorios a los que se sometió a personas sospechosas de haber robado 100 dólares. Sólo algunos de los sospechosos habían robado realmente el dinero. Pero se pidió a cada persona a la que se iba a grabar que negase su culpabilidad. Algunos lo eran, pero todos lo negaron.

Sorprendentemente, cuando se preguntó a los universitarios que señalasen, de manera consciente, qué sospechosos estaban mintiendo

10. Leanne ten Brinke, Dayna Stimson, y Dana R. Carney, «Some Evidence for Unconscious Lie Detection», *Psychological Science* 25, n.º 5, 2014.

y cuáles decían la verdad, sus respuestas no fueron muy precisas. De hecho, tuvieron sólo un 54% de efectividad, es decir, sólo un poco más de lo que habrían obtenido por azar.

Esto es lo increíble: cuando las investigadoras midieron las reacciones instintivas de los universitarios al ver los vídeos, demostraron ser mucho mejores identificando a los mentirosos. En un test diseñado para medir respuestas mentales automáticas, los participantes que estaban viendo a uno de los mentirosos en la grabación pronunciaban antes palabras como «deshonesto», «embustero» o «falso», que «honesto» o «genuino». Cuando pensaban en uno de los sospechosos sinceros, lo opuesto era cierto.[11], [12]

Por decirlo de otra forma, lo que nos muestra el trabajo de Brinke, Stimson y Carney es que la gente es mucho más intuitiva, a nivel inconsciente, detectando la deshonestidad, de lo que lo es a nivel consciente. Así que, cuando dices mentiras piadosas a tus oyentes, tratando de congraciarte con ellos, tienes bastantes números para hacer que salten las alarmas de sus detectores de mentiras, sin importar lo que piensen sobre lo que estás diciéndoles. Es posible que no sepan exactamente qué es lo que escondes, pero sabrán que escondes algo. Y una vez que hayan percibido una pizca de insinceridad, te convertirás en un vendedor cualquiera que está intentando engañarlos.

Hay dos formas de esquivar los sensores del detector de mentiras de alguien. La primera es convertirte en un experto mentiroso. No es fácil, pero hay gente que lo consigue. Se les llama estafadores. Y si lo que deseas es convertirte en uno de ellos, hay otros libros ahí afuera esperándote. Éste no es para ti.

Pero hay otra opción para quienes desean dormir bien por las noches: dejar de intentar gustarle a la gente para empezar a ser quién eres de verdad. O, dicho de otra forma, no seas David Robert Jones cuando

---

11. Ten Brinke, Stimson, y Carney, «Some Evidence».
12. Pamela Tom, «The Unconscious Mind Can Detect a Liar–Even When the Conscious Mind Fails», Boletín de Novedades, Haas School of Business, University of California, Berkeley, 27 de marzo de 2014.

intentaba hacer la música que creía que la gente deseaba escuchar. Sé Ziggy Stardust y saca a pasear tu versión más honesta y maravillosa, por extravagante que sea, incluso aunque implique transgredir algunas convenciones sociales.

Te explicaré un ejemplo personal. Durante años fingí que me gustaba el vino. Debí de ir a Napa una docena de veces, y cada vez repetía la actuación: bebía y escupía; sostenía la copa junto a la luz y arremolinaba el vino; empleaba palabras como «amaderado» y «con cuerpo» como si supiese de lo que estaba hablando. Memoricé algunas regiones vinícolas, variedades de uva y maridajes apropiados para cada vino. Pensaba que era lo más.

Me convencí a mí mismo de que disfrutaba con todo aquello, pero no era cierto. De hecho, odio el vino. Es ácido, me tiñe los dientes de púrpura y, después de beberlo, me siento noqueado. Soy un tipo más activo que todo eso. Puedo tomar un mescal o un cóctel de vodka cualquier noche de la semana (cada noche, durante algunas semanas). Pero sentía que el vino era la clase de cosa que se suponía que debía gustarme, así que me dejaba arrastrar –especialmente, si estaba con alguien a quien quería impresionar.

Ahora, cuando me siento en un restaurante, le pido al camarero que retire mi copa de vino a la que se me presenta la ocasión. Resulta que la gente respeta eso. Los amantes del vino que conozco son los que más lo respetan, ya que, naturalmente, no desean pasar toda una noche escuchando a un bienqueda recitando algunas tonterías pretenciosas que ha intentado aprender en Napa. Además, eso significa que hay más vino para ellos.

Apagar tus filtros y mostrar un poco de trasfondo psicológico puede beneficiarte cuando estás intentando influir en tu audiencia. Hay diversos motivos por los que esto funciona. El primero, un ser humano original –con sus gustos y manías, con sus intereses y obsesiones sorprendentes– es algo que los demás pueden reconocer y, en base a eso, identificarse con esa persona o no.

A fin de cuentas, la diversidad es una de las cosas que todos tenemos en común.

Además, serás memorable, y eso te hará más creíble que a cualquiera que parezca estar llevando a cabo una función. Asimismo, te dará la oportunidad de compartir una parte de ti mismo y explicar historias personales.

A mí no me da ninguna vergüenza tener las paredes de mi despacho llenas de imágenes de artistas, músicos y personajes históricos que me gustan realmente y por los que me siento inspirado. Desde luego, es posible que un cliente al que estoy intentando convencer odie a The Clash o Prince, pero seguro que esa persona también amará algún tipo de música o arte, o algún otro icono cultural. Eso hace que la fotografía de Joe Strummer pueda relacionarnos de algún modo, y me convierte en un ser humano en lugar de un hombre de negocios que intenta conseguir algo de ella.

Pero hay otro motivo por el que dejar salir a tu auténtico yo cada vez que se pueda: es casi imposible anticipar qué partes de tu identidad seducirán a los demás. Puede que pienses que tu colección de gatitos de porcelana, de vasos de estaciones de esquí, de deportivas Nike retro, de cómics de Marvel, o lo que sea que te obsesione, será incomprensible para tu audiencia, pero quizá sea exactamente lo que más aprecien de ti. Eso te hará inolvidable. Y, por encima de todo, el hecho de que te hayas abierto, que hayas permitido que te escruten, da confianza. Y, cuando se trata de persuasión, la confianza es poder.

Cuando haces ondear la bandera de tu singularidad, muestras al otro que confías en él, que lo respetas y que es bienvenido. Y, además, le das a entender que estás dispuesto a escuchar sus propios intereses y obsesiones.

Esto es lo que hace rentable ser la versión más singular de ti mismo. Pero ahora viene la parte complicada: no deberías tener en la cabeza ninguno de estos motivos cuando estés intentando persuadir a alguien. Si únicamente estás mostrándote tal como eres para conseguir cerrar una venta, entonces no estás siendo genuino, sino manipulador. Debes lograr que la singularidad que muestras en tus interacciones provenga de un lugar real. Necesitas que sea algo que haces sin pensarlo. Permitir a las personas conocer tus excentricidades te hace interesante y memorable. ¿Quién querría tratar con alguien soso y anodino?

Algunas personas lo logran de forma fácil –y se vuelve más fácil con los años–, pero normalmente requiere concienciación, disciplina y práctica. Ni siquiera Bowie lo hizo de una forma natural; tuvo que apartarse y aprender cómo hacerlo.

Cómo tener interacciones más auténticas

¿Cómo puedes aprender a ser algo más que original? Ésta parece una pregunta trampa, pero no lo es. De hecho, hay un sencillo método que puedes poner en acción a diario. Consta de tres pasos.

Conciencia

En este caso, conciencia significa escuchar lo que estás diciendo. Empieza por prestar más atención a cada interacción en la que tomes parte. Lo que buscas cuando dices o haces algo que no refleja tus verdaderos sentimientos es avanzar hacia un objetivo. Puede ser una media sonrisa como respuesta al descafeinado intento de alguien por resultar gracioso. O que dejes de compartir algo sobre ti mismo porque no estés seguro de cómo la otra persona reaccionará o se sentirá respecto a ti.

La mayoría de nosotros hacemos estas cosas automáticamente. Y, por supuesto, lo hacemos de manera inocente. «Tan sólo estoy siendo educado», sueles decirte a ti mismo. O quizá estás intentando evitar una confrontación, terminar con una conversación incómoda y seguir con tu vida. Pero esos pequeños momentos de insinceridad pueden, rápidamente, desembocar en una completa falsedad. Y, cuanto menos, representan una oportunidad perdida de mostrar algo real sobre ti mismo.

Momentos como éstos toman diferentes formas según la persona, pero una vez sabes qué es lo que buscas, es difícil que no los percibas. Así que, cuando te veas a ti mismo embarcándote en uno de estos actos de insinceridad a baja escala, toma nota.

Análisis: estudio «pospartido»

De la misma forma que un deportista ve las grabaciones de sus partidos para afinar sus habilidades, tú también deberías hacer un análisis «pospartido» de tus interacciones para ver en qué momentos podrías haber sido más tú mismo. Después de que termines una conversación, hazte las siguientes preguntas:

- En esta conversación, ¿he sido mi yo más genuino?
- ¿En qué momentos he notado que era insincero o estaba ocultando algo?
- Una vez tengas esa información en tus manos, responde a:
- ¿Cómo puedo mejorar a partir de los momentos en los que soy yo mismo?

Respecto a los momentos en los que estabas siendo menos genuino, responde a:

- ¿Qué hubiese dicho o hecho si hubiese sido honesto, si se hubiese expresado mi yo más genuino, y no me hubiese importado cómo me viese la otra persona?
- ¿Cómo hubiese actuado si hubiese estado hablado con un viejo amigo, ese que me conoce mejor que yo mismo?

No me malinterpretes, no te estoy diciendo que seas un idiota irrespetuoso con el único propósito de destacar. Si tu respuesta a alguna de estas preguntas es: «¡Me estás chupando la vida! ¡Cállate, por favor», es que no lo has comprendido. Tu objetivo no es que la otra persona te atice un golpe, sino conducir la conversación de la forma más genuina posible.

Adaptación: Implementa lo que has aprendido

Después de responder a estas preguntas, necesitas poner en acción ese conocimiento. Mantén un registro en el que anotes tus fortalezas y debilidades. Por ejemplo, si hay algún tema de conversación que hace emerger tu yo más genuino, o si hay algún detalle de tu vida del que prefieres no hablar –o incluso que quieres ocultar–. Las personas te respetan cuando les explicas aspectos profundamente personales sobre tu vida. Seguro que hay cosas que dices sin pensar, o cosas que querrías que te gustasen pero que odias. No te avergüences de tus experiencias u opiniones, siéntete orgulloso de ellas.

El mero hecho de escribirlas te ayudará a interiorizar estas lecciones. Y, si adquieres el hábito de hacerlo, te permitirá ser mucho más consciente de cuando estás siendo falso. Con el tiempo, lograrás retenerte antes de que las palabras salgan de tu boca y, finalmente, lo harás automáticamente.

Es como aprender a tocar un instrumento musical, digamos, el piano. Al principio tienes que pensar en cada detalle: la forma en que te sientas, dónde colocas los pies, cómo de tensas están tus muñecas, la digitación, el tempo, cómo tocas cada tecla... Cada nota que tocas te exige una intensa concentración. Pero, a medida que vas dominando el instrumento, más y más cosas de las que haces te salen de forma automática. En ese punto, parece que la música simplemente emana de ti. O, incluso mejor, es como aprender una lengua extranjera. Al principio tienes que estar muy pendiente de la gramática, el vocabulario y los tiempos verbales. Conjugas los verbos en tu cabeza y luego pronuncias cada palabra cuidadosamente. Vas pasando páginas de un diccionario y memorizas palabras. Pero, cuando has logrado dominar el idioma, te desprendes de todo eso y las palabras fluyen directamente desde tu mente sin vacilación.

Ése es el proceso que deberías aplicar al desarrollo de cada uno de los hábitos de persuasión que se detallan en este libro. No te los tomes como algo nuevo que tienes que aprender. Piensa en ellos como en cualidades únicas que ya están en ti pero que debes descubrir y afinar.

Es como cuando los jugadores de golf hablan de «encontrar su *swing*». No están diseñando un movimiento perfecto para arañar algunos golpes a su tarjeta, sino que están descubriendo cuál es su *swing* natural a través de la práctica deliberada. Y, de alguna forma, eso te ayudará a encontrar *tu swing*.

Recopila modelos y estúdialos

Habrá momentos en los que te sientas cansado, o hambriento, o simplemente no te apetecerá mejorar. Lo que te falta en esas situaciones es inspiración. Y una buena forma de enfrentarse a la falta de inspiración es disponer de una selección de modelos en los que puedas fijarte.

Específicamente, deberías estar siempre buscando personas a las que admires por su sinceridad y por su comportamiento. Puede ser Steve McQueen. Puede ser Oprah. Puede ser Stephen Curry. Puede ser la persona que te corta el pelo. No importa, siempre que te funcione.

Ahora piensa en cómo hacen las cosas de la manera en que las hacen. Fíjate en su forma de hablar, su tono, su uso del contacto visual, en las palabras y en los temas que eligen..., en todo. También te recomiendo llevar un registro de los rasgos de carácter que admires. La oda a David Bowie que he escrito antes en este mismo capítulo proviene directamente de mi libreta.

Al hacerlo, estarás interiorizando esos aspectos de tus modelos que te parecen más admirables y, por lo tanto, podrás incorporarlos a tu propia vida. Y así, cuando sientas que estás deslizándote hacia una forma de ser complaciente con los demás, podrás volverte hacia estas figuras e imaginarte cómo actuarían en tu situación. Tu objetivo no es copiar la idiosincrasia de esas personas, sino inspirarte en ellas.

Por qué decirle a alguien que esté seguro de sí mismo es un consejo horrible

La gente segura de sí misma es persuasiva de una forma natural –no me necesitas a mí para saber eso–. Si dos mecánicos me ofrecen informes que se contradicen sobre el estado de mi coche, le haré caso al que me dice que está seguro de que el problema es la junta de la culata. Desde luego, no le daré mi dinero al tipo que parece que está tratando de adivinar cuál es el problema. La ciencia apoya este hecho.

En un experimento, los psicólogos Paul C. Price y Eric R. Stone mostraron a un grupo de 35 personas las predicciones de dos analistas financieros ficticios –uno llamado Brown y otro Green–. A los participantes se les explicó que Brown predijo con un 86 % de seguridad que unas acciones concretas subirían de valor, y después ellos verían si Brown estaba en lo cierto o se había equivocado. De cada analista, los participantes vieron 24 evaluaciones de los resultados que resultaban parejas, lo que les ofrecía un registro tanto de Brown como de Green.[13]

Se preguntó a los participantes a cuál de los dos analistas contratarían. Ninguno era mejor que el otro en sus predicciones bursátiles. De hecho, ambos hicieron las mismas predicciones globales sobre cada stock. La única diferencia era que uno de los analistas se mostraba siempre extremadamente confiado –prediciendo con un 99 % de confianza, mientras que su compañero, con un 84 %. El analista más seguro de sí mismo, incluso cuando estaba inseguro, se mostraba extremadamente seguro –ofreciendo predicciones con un 7 % de confianza, mientras que el otro ofrecía el 22 %.

Los participantes en el estudio prefirieron claramente al analista más seguro de sí mismo, incluso aunque no era mejor seleccionando stocks. Cuando tenemos delante dos opciones igual de buenas, la confianza marca la diferencia.

Esto sugiere que hay una buena razón para que, a menudo, la gente te diga que estés «seguro de ti mismo» si tu intención es persuadir. Pero yo no estoy de acuerdo con eso. Porque lo cierto es que decirle a alguien que esté seguro de sí mismo es un mal consejo. La próxima vez que alguien te lo diga, hazte un favor e ignóralo. Decirle a la gente que se muestre segura es como decirle a alguien esté adormecido o esté sorprendido –es algo que no puedes, simplemente, decidir hacerlo–. Lo que sí *puedes* decidir es *proyectar* una imagen de seguridad en ti mismo.

---

13. Paul C. Price y Eric R. Stone, «Intuitive Evaluation of Likelihood Judgment Producers: Evidence for a Confidence Heuristic», *Journal of Behavioral Decision Making* 17, n.º 1, 2004: 39-57.

O, más preciso, puedes adoptar hábitos y desarrollar rasgos de carácter que vuelvan real tu confianza en ti mismo.

Sentirte cómodo en tu propia piel es la mitad del trabajo cuando se trata de transmitir confianza, pero hay ciertas estrategias específicas para comunicar de forma más convincente.

Decir la verdad poderosamente

Si vas a decir algo, dilo. Si no estás dispuesto a expresar una idea importante sin tener que añadir un montón de argumentos, entonces, no lo digas. Deja de usar un lenguaje que diluya lo que estás diciendo o que sugiera dudas. Me refiero a palabras y frases como:

- quizá
- probablemente
- algo así como
- yo pienso que...
- podría equivocarme, pero...
- siento que...
- tal vez sea una idea estúpida, pero...

Simplemente, deshazte de ellas. Y lo mismo es aplicable a comentarios introductorios, precedidos por un carraspeo, como «¿Puedo hacerte una pregunta» o «Déjame darte una idea».

Estas cortesías, empleadas como descargo o protección, son lo que los investigadores del ámbito de la comunicación llaman «discurso estéril», y el motivo es obvio.[14] Cuando hablas de esta forma, muestras tu inseguridad a la audiencia y ofreces la impresión de que lo que dices

14. Lawrence Hosman, «Powerful and Powerless Speech Styles and Their Relationship to Perceived Dominance and Control», *The Exercise of Power in Communication: Devices, Reception and Reaction*, Rainer Schulze y Hanna Pishwa (eds.), Nueva York: Palgrave Macmillan, 2015: 221-232.

no merece ser tomado en serio. Ya puedes ir dándole un beso de despedida a cualquier posibilidad de persuadirlos, porque no van a comprar lo que quiera que estés vendiendo. ¿Por qué iban a hacerlo? Ni siquiera tú lo estás comprando.

Algunas personas se opondrán a esta estrategia considerando que es, en cierta manera, un engaño. A fin de cuentas, ¿no es deshonesto intentar hacer que parezca que estás más seguro de lo que realmente estás? Sí. Pero no te estoy diciendo que hagas que lo parezca, sino que cambies la forma de expresar cosas en las que sí crees. Porque si tu discurso está sembrado de expresiones estériles, incluso aquellas afirmaciones en las que creas profundamente serán percibidas como inverosímiles o, cuanto menos, cuestionables. Usar un lenguaje «poderoso» hará que comience a crecer tu seguridad en ti mismo. Usar un discurso estéril hará lo mismo, pero en sentido contrario.

Yo aprendí esto por las malas. En una ocasión fui invitado a aparecer en un programa de la FOX para comentar los anuncios de la Super Bowl de aquel año. Me sentía muy emocionado. Al fin y al cabo, si hay algo de lo que yo pueda hablar con autoridad es sobre la industria publicitaria. Además, soy un gran seguidor de las grandes campañas, por lo que la Super Bowl es para mí como la Navidad… digo, Janucá.

Me sentí bien durante la grabación. Luego, vi el programa. Desde el arranque de la entrevista, mi forma de hablar era vacilante. La mitad de las palabras en la primera frase que pronuncié fueron «Ya sabes…» o «Creo que…». Me sentía seguro y entusiasmado, pero jamás lo habrías dicho al escucharme. Me llevó dos o tres minutos situarme, encontrar mi espacio, y para entonces ya íbamos por la mitad de la entrevista.[15]

La entrevista tuvo que hacerse a distancia, desde una redacción llena de gente y desde la que no podía ver a la persona con la que estaba hablando. El presentador del informativo pronunció incorrectamente el nombre de mi agencia cuando me presentó, y eso me dejó más fue-

15. https://video.foxnews.com/v/5309865225001/#sp-show-clips

ra de juego de lo que ya estaba. Pero esta clase de pequeños tropiezos suceden y, si aquella experiencia me enseñó algo, es lo fácil que resulta retomar los malos hábitos cuando estamos bajo presión.

La única forma de evitar que estos episodios te hagan descarrilar es practicar. Y para depurar tu discurso de expresiones estériles, puedes seguir el mismo proceso en tres pasos que he indicado anteriormente:

- CONCIENCIA: En primer lugar, busca esas palabras y frases en tu habla cotidiana.
- ANÁLISIS: En segundo lugar, dedica un minuto a identificar dónde has empleado este tipo de discurso y piensa cómo podrías haberte expresado de una forma más directa.
- ADAPTACIÓN: Finalmente, toma nota de las palabras y las expresiones estériles que sueles usar con más frecuencia y haz un esfuerzo consciente por no usarlas.

Te darás cuenta de que dejar de usar el lenguaje estéril no cambia ni un ápice el significado de lo que dices. Compara estas dos frases y verás a qué me refiero:

- ESTÉRIL: «Si tengo que ser honesto, diría que Beyoncé debe de ser una de las mejores artistas en directo de la historia; al menos, ésa es mi opinión».
- PODEROSO: «Beyoncé es la mejor artista en directo».

- ESTÉRIL: «No me malinterpretes, no tengo nada en contra del autor. Es simplemente que sus libros no son para mí».
- PODEROSO: «No me gusta el estilo de este autor».

La gente no necesita que le recuerdes que estás intentando ser honesto; no necesita saber que eres tú el que está opinando, ya entienden que es así. ¿De quién iba a ser la opinión, si no?

Además, he descubierto que, si haces un esfuerzo para emplear un lenguaje más poderoso, afectará también a la forma en que piensas. Empezarás a formular tus pensamientos en frases más claras y firmes, en tanto que te habrás desprendido de las viejas muletillas lingüísticas en las que solías apoyarte.

Sé atrevido (con causa)

Si tomas posición, tienes que estar seguro de que es por una buena razón. Tienes que tomar partido por algo en lo que creas. Realizar afirmaciones rotundas sólo por parecer rotundo no es efectivo. Hay una fina línea entre la confianza en uno mismo y la imprudencia. Si haces algo extremo sólo para ser provocador, entonces es una pirueta. Y nadie cree a un temerario. Yo nunca seguiría un consejo de Evel Knievel[16] –salvo que quisiera aprender a saltar en motocicleta por encima de catorce autobuses.

La razón de ser de una pirueta es dar un espectáculo. Al contrario, cuando tú tomas partido en un asunto, necesitas que tu elección provenga de lo más profundo de tu ser y de tus creencias. Es la diferencia entre un *flash mob* y una marcha por los derechos civiles: uno es superfluo y, la otra, inspiradora.

Si te vas a arriesgar a posicionarte, necesitas estar al servicio de un sistema de valores. Para hacerlo, deberás identificar cuáles son tus valores fundamentales, y no me refiero únicamente a tus convicciones políticas y tu sentido de lo que está bien y lo que está mal, aunque también formen parte de esto. Me refiero a las cosas que son más importantes para ti en la vida –grandes conceptos como la lealtad, el optimismo, la creatividad, la sinceridad o la belleza–. Pregúntate: ¿cuáles son los principios y los compromisos a los que no renunciaría bajo

---

16. Robert «Evel» Knievel (1938-2007) fue un motociclista de acrobacias muy popular en Estados Unidos durante la segunda mitad del siglo XX.

ningún concepto? Y puedes trasladar esa pregunta a la organización para la que trabajes o que lideras.

Sea cual sea la respuesta, debe ser lo que te motive cuando tengas que tomar una decisión comprometida o expresar firmemente un punto de vista. Incluso si esa elección no funciona, habrá surgido de algo auténtico. Y eso es algo que la gente respeta, sin importar los resultados.

Bowie no se pintó un relámpago en la cara y se hizo llamar Ziggy Stardust sólo por el placer de hacerlo. Estaba intentando progresar en su visión creativa y explorar nuevas formas de hacer arte que eran auténticas para él.

* RESUMEN

El objetivo es conseguir que las cosas que haces y dices reflejen tu auténtico yo. Cuando hablas desde lo más profundo de tu ser, no te preocupas sobre cómo los demás te perciben, y esto es un gran logro. Si te contorsionas para parecer algo que tienes la esperanza que guste a los demás, a la única persona que lograrás engañar es a ti mismo. Una cosa que he aprendido durante mi carrera en el mundo de los anuncios es que tu audiencia tiene una habilidad mucho mayor para percibir el engaño de la que tú tienes para engañarlos.

El método que he desarrollado para evitar esta clase de insinceridad consiste en:

1. Sacar tu auténtico yo.
2. Hablar y actuar con confianza.
3. Coleccionar modelos inspiradores.
4. Seguir firmemente tus valores.

Si haces estas cuatro cosas, tu verdadero yo brillará de una forma que no hubieses imaginado.

La confianza es sentirte bien siendo tú mismo, y procede del convencimiento y el conocimiento de quién eres. Desarrollar un carácter conmovedoramente persuasivo exige algo más que ser tú mismo, pero sin partir de esta premisa básica sobre tu personalidad no tendrás mucha suerte intentando convencer a los demás.

Como ya dijo el diseñador gráfico Sean McCabe, nunca influirás en el mundo tratando de ser como todo el mundo.[17]

---

17. Ezequias Rocha, «Sean McCabe», *Medium*, 8 de marzo de 2013.

Capítulo 2

El poder persuasivo del *storytelling*

Siempre hay sitio para una historia que pueda transportar a las personas a otro lugar.

J. K. Rowling

Cuando la gente me pregunta a qué me dedico –o a qué se dedica mi compañía, Mekanism–, mi respuesta es siempre la misma: a contar historias. Sí, somos una agencia de publicidad, por lo que formamos parte del negocio de la venta de productos, ya sean helados, zapatillas o desodorante. Pero la forma en la que tratamos de afrontar esta tarea es averiguar cuáles son los valores fundamentales de las marcas y contar *historias* que comuniquen esa verdad de una forma convincente, conmovedora y entretenida.

Esta actitud es muy diferente de la que los anunciantes solían usar para vender productos. Hasta hace algunas décadas, lo habitual era que los anuncios enumerasen los beneficios y las características del último modelo de coche, producto de limpieza o electrodoméstico, y alardeasen de su precio «realmente bajo». Los anuncios decían de forma directa a los consumidores por qué era buena idea comprar algo. Lo único que se le pedía a un anuncio era que ofreciese datos (incluso aunque esos datos estuviesen ligeramente deformados).

Pero en el mundo actual tienes que comunicarte con tu audiencia de un modo más emocional, sincero y conmovedor si quieres conectar. En este ámbito, los hechos y las características por sí mismas no bastan. El *storytelling* es lo que conmueve, conecta y crea vínculos profundos entre las marcas y los consumidores. El *storytelling* tiene la mayor capacidad de persuasión, y no sólo en el ámbito publicitario.

Los investigadores han identificado el *storytelling* como una actividad humana universal –y beneficiosa– que tiene su origen en los primeros días de nuestra especie. Tal como escribe el historiador Yuval Noah Harari, «la diferencia real entre nosotros y los chimpancés es el misterioso pegamento que permite a millones de seres humanos cooperar de manera efectiva. Este misterioso pegamento está hecho de historias, no de genes».[1]

Así que, sí, podría decirse que debemos nuestra existencia al *storytelling*. Una investigación llevada a cabo por el antropólogo Daniel Smith, de la University College London, y su equipo descubrió que la narración de historias «podría haber jugado un papel esencial en la evolución de la cooperación humana, al difundir normas sociales y cooperativas para la coordinación grupal de la conducta».[2] Contamos historias para comunicar nuestros valores y convencer a los demás de que los adopten.

Hay una buena razón por la que hemos estado contando historias para persuadir a los demás desde nuestros orígenes: más que ninguna otra forma de comunicación, las historias tienen el poder de inspirar lealtad, de abstraernos del presente y de hacernos comprender las cosas a nivel emocional. Así que si tu objetivo es transformar mentalidades y mover a la gente a la acción, el dominio del *storytelling* es una necesidad básica.

---

1. Yuval Noah Harari, «Power and Imagination», www.ynharari.com/topic/power-and-imagination
2. Daniel Smith *et al.*, «Cooperation and the Evolution of Hunter-Gatherer Storytelling», *Nature Communications* 8, 2017: 1853.

A continuación, expondré qué hace exactamente que las historias sean una herramienta de persuasión tan poderosa. Pero también revelaré los hábitos y los rasgos de carácter que le permitirán a cualquiera convertirse en un contador de historias persuasivo.

De los presidentes a París: Meciéndose en la historia

Cuando se cuenta bien, una buena historia absorbe a las personas, las traslada a un mundo distinto del suyo propio y crea una conexión casi sobrenatural con los protagonistas. Por un instante, la audiencia se olvida de sí misma y empieza a habitar la historia. Tú mismo lo habrás experimentado viendo una película apasionante o extraviándote entre las páginas de una novela. Y, una vez que estás inmerso en la historia, estás mucho más dispuesto a bajar la guardia y desprenderte de tus nociones preconcebidas.

No es una coincidencia que las grandes religiones del mundo transmitan sus mensajes a través de los mitos, las alegorías y las historias bíblicas. O que los mayores líderes de nuestro tiempo también hayan sido algunos de los mejores *storytellers*, como Martin Luther King Jr., Mahatma Gandhi, Ruth Bader Ginsburg o Nelson Mandela.

Quizá, el mayor practicante de la persuasión a partir del *storytelling* en la historia de Estados Unidos sea Abraham Lincoln. «Dicen que cuento grandes historias. Sí que lo hago; pero he aprendido, a través de mi larga experiencia, que el pueblo llano [...] es más fácilmente influenciable por medio de una ilustración sencilla y humorística que por ningún otro medio», dijo en una ocasión.[3]

Para Stephen Douglas, su famoso oponente en los históricos debates Lincoln-Douglas sobre la esclavitud, la habilidad de Lincoln para

3. Donald T. Phillips, *Lincoln on Leadership: Executive Strategies for Tough Times*, Nueva York: Warner Books, 1992: 155.

contar historias era temible. «Cada una de sus historias era como si me propinase un golpe en la espalda», señaló Douglas en una ocasión. «No hay nada, ni sus argumentos, ni sus réplicas, que me desconcentre. Pero, cuando comienza a contar una historia, siento que me deja fuera de juego».[4]

Incluso el discurso más famoso de Lincoln, el Discurso de Gettisburg, fue presentado de manera que transportase a la gente al momento de la fundación de Estados Unidos: «Hace ochenta y siete años...».

Cuando la Guerra Civil estaba próxima a su fin, el general William Tecumseh Sherman le preguntó al presidente cómo debían tratar los militares al presidente confederado Jefferson Davis. La principal preocupación de Lincoln era mantener a la Unión cohesionada tras la sangrienta contienda y asegurarse de que aquellos que habían luchado en el bando contrario se reintegrasen pacíficamente en la sociedad americana. Castigar públicamente a Davis hubiese generado tensiones a lo largo y ancho del país. Pero permitir que Davis se marchase de rositas hubiese sido, políticamente, igual de tóxico. Tal como lo veía Lincoln, el mejor escenario para una nación que había sido desgarrada en dos mitades era que el presidente confederado huyese del país. Por supuesto, Lincoln no podía expresar su deseo públicamente, así que expresó su postura por medio de una historia, que tenía que ver con un hombre que había dejado de beber. Cuando un amigo le preguntó a ese hombre si quería tomar un trago, éste declinó la invitación y pidió un vaso de limonada. Mientras le servía la limonada, el amigo sugirió que el refresco sabría mejor con un chorrito de brandy. El hombre respondió que no se opondría, siempre que el brandy fuese añadido sin que él lo supiese. Sherman lo captó: Lincoln quería que el general dejase escapar a Davis, pero sin que él lo supiese.[5]

---

4. Donald T. Phillips, *Lincoln Stories for Leaders: Influencing Others Through Storytelling*, Arlington, Texas: Summit, 1997.
5. Doris Kearns Goodwin, *Team of Rivals: The Political Genius of Abraham Lincoln*, Nueva York: Simon and Schuster, 2006: 713.

Sin su capacidad para el *storytelling* es probable que Lincoln jamás hubiese podido construir la red política –o el apoyo popular– que le permitió llegar a ser presidente. De hecho, parece que las historias fueron algo más que herramientas de persuasión para Lincoln. Algunos sospechan que contar divertidas y desenfadadas anécdotas era una forma de gestionar su depresión, y una forma de reorganizar su propio cerebro.

Afortunadamente, no tienes que ser un político magistral de la talla de Lincoln para sacarle partido al *storytelling*. Imagina que estás tratando de convencer a tu pareja para ir de vacaciones a París en lugar de a Londres. Podrías argumentar que París tiene una gastronomía de primera, museos sin parangón y mejor clima que Londres. Pero, de nuevo, desde el punto de vista de la persuasión –como en la publicidad–, escuchar únicamente los beneficios y las características no es una forma muy efectiva de convencer a nadie.

En el mejor de los casos, explicarle a alguien por qué debe hacer algo –comprar un producto, votar a un determinado candidato, hacer una donación– apela a su intelecto. Lo invita a sopesar las ventajas y los inconvenientes de la situación y a razonar hasta alcanzar una conclusión lógica. Es cierto. Pero la lógica es solamente una parte del rompecabezas, y los argumentos rara vez son la mejor manera de hacer que alguien cambie de opinión.

En el peor de los casos, esta forma de abordar el asunto derivará en una confrontación. A fin de cuentas, a nadie le gusta que le digan lo que tiene que hacer, como sabrá cualquiera que haya tenido que educar a los niños. Y, si tu audiencia ha adoptado una posición firme previamente, sermonearla sobre su equivocación puede hacer que se enroquen.

Ahora, imagina que, en lugar de darle una lista a tu pareja de los motivos por los que debería preferir París a Londres, vais a ver una proyección de *Al final de la escapada* de Jean-Luc Godard –o, si la *nouvelle vague* no te va, *Medianoche en París*, de Woody Allen, o *Antes del atardecer*, de Richard Linklater, o cualquier otra película que muestre París en toda su belleza, y que os transporte a sus pintorescas calles. El caso es que, esa experiencia, hará mucho más por convencer a tu pareja que cualquier relación de atracciones turísticas, ya que las historias nos permiten conectar de forma emocionalmente profunda.

Para mí, el ejemplo más formativo sobre el poder persuasivo del *storytelling* lo brinda una de las bandas más mediocres de todos los tiempos: Kiss. Sí, estoy hablando de esa banda formada por unos tipos maquillados, que calzaban plataformas, sacaban la lengua e incendiaban cosas mientras tocaban música rock.

Cómo Kiss usó el *storytelling* para triunfar

De niño, me encantaba Kiss. Ya sabes, aquellos tipos parecían venidos de otro planeta. Vestían alocados trajes de cuero negro. Prendían fuego a las cosas y tocaban instrumentos que flotaban en el aire. Incluso escupían sangre. Rayé todos sus discos, desde *Dressed to Kill* a *Destroyer*. Me sabía cada una de sus (vulgares) letras y, a menudo, me pintaba la cara con maquillaje blanco y negro. Y, por supuesto, mis padres enarcaban las cejas y negaban con la cabeza cuando salía de mi habitación enseñando la lengua y haciendo los cuernos con los dedos.

Si Bowie era un auténtico genio musical, los miembros de Kiss, ciertamente, no lo eran. No me malinterpretéis, la música siempre me hacía disfrutar, incluso aunque fuese básica. Pero, de alguna forma, a pesar de su falta de talento como músicos, la banda llegó a producir un total de treinta discos de oro. Esto es más de lo que ninguna otra banda estadounidense haya logrado nunca, de acuerdo a la Recording Industry Association of America. Catorce de sus álbumes fueron disco de platino, y tres alcanzaron el multiplatino.[6]

Pero el éxito de Kiss iba mucho más allá de sus cifras de ventas. El grupo generó una masa de seguidores sin precedentes en el ámbito

---

6. «Kiss–America's #1 Gold Record Award Winning Group of All Time», Boletín de Novedades, Recording Industry Association of America, 15 de septiembre de 2015.

musical. Nos hacíamos llamar «Kiss Army» (el ejército de Kiss) y, entre otras cosas, nos dedicábamos a llamar a las emisoras de radio para atosigar a los DJ hasta que pinchaban la música de Kiss. Esta forma brillante de abordar el marketing es algo que adopté en mi propio trabajo como anunciante. Pero, en aquella época, yo no lo veía como marketing, si no como un acto de devoción por una banda que me motivaba. Me encantaba ser una pequeña parte de una comunidad enorme. En cierta manera, el Kiss Army fue la primera red de *influencers* del mundo. Los fans construyeron la banda.

Kiss también fueron pioneros en el ámbito del merchandising de marca. Produjeron una gama de productos extravagantes casi inagotable. Kiss logró colocar su imagen en todas las partes, desde figuras de acción y cómics, hasta protectores labiales, navajitas, carteras, preservativos, ataúdes, e incluso chequeras.[7] Imagina cómo de devoto tenías que ser para pagar el alquiler con un cheque de Kiss.

¿Cómo explicarías semejante nivel de popularidad en una banda que, desde el punto de vista musical, estaba lejos de ser brillante? ¿Cómo lograron inspirar un ejército de seguidores y vender tantos discos sin haber llegado a producir ni un solo sencillo que alcanzase el número uno en Estados Unidos?[8] Es fácil: lo lograron gracias al *storytelling*. Ya fuese el monstruo de lengua larga llamado Gene Simmons, o el percusionista Peter Criss «Catman», Paul Stanley «Starchild» o Ace Frehley «Spaceman», aquellos tipos no eran músicos, sino unos demonios psicóticos que formaban parte de una mitología alienígena que ellos mismos habían inventado. Dicho de otra forma, eran personajes de una historia inmersiva que a mí y a millones de personas nos resultaba irre-

---

7. Mikey Baird, «Top 10 Krazy Kiss Merchandise», *Hit the Floor Magazine*, 14 de mayo de 2015; figuras articuladas de Kiss: www.kissarmywarehouse.com/action_figures_and_toys/; navajas: www.budk.com/KISS-Black-Folding-Knife-in-Collectible-Tin-14990; bálsamo labial: www.kissarmy warehouse.com/the-spaceman-blister-pack-lip-balm/; cheques bancarios: www.bradfordexchangechecks.com/products/1801119001-KISSand153-Personal-Check-Designs.html
8. Keith Caulfield, «15 Surprising Artists Without a No. 1 Album», *Billboard*, 11 de agosto de 2014.

sistible. Su música era sólo un vehículo para transportar a su audiencia al interior de su trastornada y estimulante narrativa.

Antes de que creasen esa historia, eran un grupo más de melenudos rockeros de Nueva York que apenas lograban conseguir el público suficiente como para llenar un bar. Sin embargo, cuando crearon su historia de un mundo alternativo, eso dejó de importar. De hecho, ni siquiera prestabas atención a la música. Sólo atendías a la historia que te estaban explicando.

Esta forma de conexión profunda e irracional con la audiencia es algo que sólo se puede conseguir a través de un gran *storytelling*. Por este motivo las historias son una herramienta tan poderosa para conseguir cambiar el punto de vista de las personas, forjar alianzas o transformar mentalidades: te permiten acceder a una parte de la psique humana que la argumentación lógica ni siquiera puede rozar. Y por esa razón, aprender a ser un buen contador de historias es una parte fundamental en la construcción de un carácter persuasivo.

Las historias convencen porque nos transportan

El sentimiento de sentir que una historia te atrapa, de la misma forma que me sentía un joven soldado del Kiss Army, es una sensación básica de los seres humanos a la que los psicólogos han dado el nombre de transportación. Los investigadores han descubierto que, cuando somos transportados por una historia, nuestros cerebros procesan la información de una forma distinta. Prestamos menos atención al mundo real y nos concentramos más en el mundo de la historia. Y, por supuesto, esto hace que estemos más abiertos a modificar nuestras creencias. De alguna forma, los científicos finalmente están descubriendo algo que Gene Simmons ya sabía en la década de 1970.

Un estudio de los psicólogos sociales Melanie C. Green y Timothy C. Brock ofrece evidencias concluyentes sobre el poder de la transportación. Los investigadores llevaron a cabo numerosos experimentos en los que se pedía a los participantes que leyesen una historia claramente perturbadora. En ella, una joven llamada Katie iba al centro comercial con su hermana mayor, Joan, y acababa siendo brutalmente asesinada, a puñaladas, por un enfermo mental que se había escapado del psiquiátrico. Una narración macabra, sin duda. Pero se trataba de que lo fuese. Para que el experimento funcionase, los investigadores necesitaban una historia que fuese emocionalmente impactante. Además, la historia estaba diseñada para comunicar una serie de ideas, aunque sólo implícitamente. Por ejemplo, la narración sugiere que los centros comerciales no son seguros, que los pacientes de los psiquiátricos requieren mayor supervisión y que el mundo es un espectáculo de mierda.

Lo que Green y Brock descubrieron en el transcurso de sus numerosas investigaciones fue que los lectores que experimentaban mayores niveles de transportación acostumbraban a integrar ideas que estaban en consonancia con la historia –como que los pacientes de los psiquiátricos necesitan mayor supervisión–. Los lectores que se veían más transportados por la lectura también mostraban más sentimientos positivos hacia las protagonistas. Los lectores que se veían menos transportados, desarrollaban menos creencias cimentadas en la historia y sentían menos afecto por las protagonistas. Sorprendentemente, los resultados no se veían afectados de una manera significativa por el hecho de que la historia se presentase como verdadera o como ficción.[9]

Ahora, imagina que tienes que convencer a alguien de que los centros comerciales no son seguros o que los pacientes de los psiquiátricos requieren de una mayor supervisión empleando únicamente argumentos lógicos. Necesitarás ofrecer evidencias, ya sea en forma de estadísticas o a través del testimonio de un experto. Y, de alguna manera, tendrás que demostrar que tu investigación demuestra tu conclusión. Tendrás que organizar todo esto en un PowerPoint, con gráficos y enumeraciones.

---

9. Melanie C. Green y Timothy C. Brock, «The Role of Transportation in the Persuasiveness of Public Narratives», *Journal of Personality and Social Psychology* 79, n.º 5, 2000: 701-721.

Asumamos que tu audiencia es capaz de mantenerse sentada, atendiendo a tu presentación sin que le entre sueño (como alguien que ha sido sometido a cientos de presentaciones en PowerPoint, puedo decir que este presupuesto no es nada fiable). Cuando acabases, tu audiencia podría mostrarse de acuerdo contigo. Pero hay una gran probabilidad de que, según su propia experiencia en los centros comerciales o los sanatorios, no lo esté.

¿Por qué? Para empezar, porque las tablas y las enumeraciones pueden ser un festival de bostezos. Y prestarles atención suele requerir un gran esfuerzo. Así que, de entrada, estás pidiéndole a tu audiencia que te haga un favor al escucharte. Ésa no es una buena forma de comenzar si tu objetivo es persuadirla. Los datos son importantes, pero son sólo una parte de la ecuación.

En sentido opuesto, no exige demasiado esfuerzo o disciplina prestar atención a una buena historia. Es algo que te atrapa automáticamente, tanto si lo quieres como si no. De hecho, estarán interesados en escucharla –como si se tratase de entretenimiento, más que de trabajo–. Y eso hace que sea mucho más fácil de recordar. De hecho, la información presentada en forma de historia es veintidós veces más fácil de recordar que los hechos.[10]

Cuando persuades a través del *storytelling*, no tienes que machacar a tu audiencia con tu idea principal. Como ponen de manifiesto los experimentos de los centros comerciales de Green y Brock, basta con que tus ideas estén implícitas en la historia para que la audiencia las capte por sí misma –si le das la oportunidad de que lo haga–. Esto es crucial, porque las conclusiones que alcanzamos por nosotros mismos son siempre más poderosas que las que nos vemos forzados a aceptar. Las conclusiones que alcanzo por mí mismo son mías –me pertenecen de una forma personal–. Y, en consecuencia, estoy mucho menos dis-

---

10. Jennifer Aaker, «How to Use Stories to Win Over Others» (vídeo), *Lean In*, https://leanin.org/education/harnessing-the-power-of-stories; Cody C. Delistraty, «The Psychological Comforts of Storytelling», *The Atlantic*, 2 de noviembre de 2014.

puesto a renunciar a ellas cuando se ponen en cuestión. Por este motivo, cuando necesito comunicar una idea a mis clientes, colegas y trabajadores, normalmente suelo emplear una historia en la que pueda incorporar los datos para hacer que el mensaje les llegue.

Usar historias para transmitir valores: Una historia ejemplar de Walt Disney

Mi agencia de publicidad, Mekanism, es una compañía dedicada a vender marcas a través del *storytelling*. Ése es el servicio que ofrecemos a nuestros clientes. Mi desempeño como CEO de la agencia se basa en un *storytelling* efectivo.

Mi cometido consiste en vender ideas a los clientes y convencerlos de que nuestro trabajo resonará en su público objetivo. Cuando están aferrados a una mala estrategia, intento hablar con ellos para que la abandonen. Y si no están seguros de si deberían o no contratarnos, les explico por qué nosotros somos la agencia adecuada para ese trabajo. En cada uno de estos casos, depende de mí y del equipo contar una historia que ayude a persuadir a los clientes.

Pero hay otro aspecto de mi trabajo en el que el *storytelling* resulta fundamental: motivar a mi equipo y reunirlo en torno a los valores y las creencias fundamentales de la empresa. Uno de nuestros valores fundamentales es la colaboración. Mekanism se enorgullece de ser una organización que cuenta con personas talentosas procedentes de contextos y disciplinas muy diversos. Pero no es suficiente con reunir a un grupo de personas con grandes habilidades, cerrar los ojos y esperar lo mejor. Hacer un trabajo realmente bueno requiere que los miembros de ese grupo diverso se complementen unos a otros, y que sean capaces de trabajar juntos sin problemas de ego, compartiendo metas y un sistema de creencias común.

Al expresar esta idea de forma sencilla, como acabo de hacer, puede que le encuentres sentido. O puede que suene como un montón de sensiblerías sin sentido, dependiendo de tu punto de vista. Así que, cuando necesito comunicar el valor que la cooperación y el trabajo en equipo tienen para mi compañía, a menudo empleo una historia que remite a los primeros días de Mekanism.

Dicha historia se remonta a la primera vez en que mi socio –el fundador y director creativo de Mekanism, Tommy Means– y yo trabajamos juntos. El cliente era una pequeña empresa llamada Disney. Por aquel entonces, Mekanism era todavía una agencia formada por cinco o seis personas que luchaba por hacerse un nombre. En aquella ocasión, formamos equipo con dos luminarias de la publicidad de la Bahía de San Francisco, Vince Engel y Wayne Buder. Ambos ejercieron una gran influencia en mi carrera. Estaban bien conectados y se encontraban a las puertas de Disney.

Para una ambiciosa y joven compañía, recién nacida, de hecho, tener una reunión con ejecutivos sénior de Disney era un gran asunto. Esto era especialmente cierto en el caso de Mekanism, ya que en aquel momento nos estábamos quedando sin combustible financiero. Si cerrábamos el acuerdo con Disney, no sólo íbamos a solventar nuestros problemas económicos, sino que nos catapultaría a las grandes ligas, al estamparnos el codiciado sello de aprobación de Disney.

Recibimos la instrucción de diseñar una campaña para la división Imagineereing de Disney. Los Imagineers son un grupo de diseñadores e ingenieros de élite responsables de cómo luce y se hace sentir todo lo que Disney hace en el mundo físico –*resorts*, parques temáticos, atracciones, hoteles, parques acuáticos, salas de conciertos, cruceros–. Dentro de Disney, los Imagineers son tratados como místicos chamanes. Y nuestro trabajo consistía en dar vida a los Imagineers y revelar al público infantil el proceso que seguían para transformar sus ideas en realidad.

Nuestro concepto era el de un elenco de personajes animados, cada uno de los cuales ilustraba un concepto fundamental en el proceso de Imagineering.

Por ejemplo, teníamos a Spark –un pequeñajo de aspecto divertido con un cuerpo que parecía una chispa de bujía. Spark producía ideas que se manifestaban como un relámpago desde el electrodo que había en lo alto de su cabeza. Otro personaje, Fable, era una escritora con un teclado como regazo y un monitor en lugar de pecho. Ella traducía las ideas de Spark a un idioma poético para que, después, Sketch –un artista– las convirtiese en animaciones. Dos personajes más, Rock y Block, tomarían esas ideas para convertirlas en las famosas atracciones de los parques temáticos de Disney. En resumen, se trataba de eso. Pensábamos que era condenadamente brillante. Y lo era.

La presentación del proyecto tuvo lugar en la sede de Disney en Burbank, y nuestra audiencia estaba formada por tres de los más poderosos y sabios ejecutivos en la industria del entretenimiento en aquel momento: Michael Mendenhall, director de marketing de Disney; Leslie Ferraro, vicepresidenta de parques temáticos, y Jay Rasulo, el inteligente, trabajador y decisivo ejecutivo que supervisaba no sólo Imagineering, sino también los parques temáticos y los cruceros, y que terminaría convirtiéndose en el CFO de la compañía y número dos del CEO, Bob Iger.

Rasulo entró en la sala de reuniones detrás de Ferraro y Mendenhall en modo alto ejecutivo: traje y corbata, una corte de asistentes tomando nota de cada sílaba que pronunciaba, y una expresión de «no me toques los cojones» en la cara. Después, con un simple gesto, sus asistentes se esfumaron. Empezaba el partido.

Con tanto como había en juego, nuestra ansiedad podía cortarse con un cuchillo. Así que hice las presentaciones y traté de romper el hielo con una alegoría sobre la importancia de los Imagineers. Entonces, Tommy, Vince, Wayne y yo nos llevamos el asunto a nuestro terreno. Habíamos creado un cronograma tan grande como la mesa de reuniones –tan grande, de hecho, que tuvimos que alquilar una furgoneta para transportarlo hasta la sede de Disney–. El cronograma estaba encabezado por la leyenda «Implantación de los Imagineers». Extendimos aquella monstruosidad sobre la mesa y comenzamos a colocar los elementos clave de la historia sobre el cronograma para mostrar cómo, dónde y cuándo explicaríamos al mundo nuestra historia sobre Imagineering.

Explicamos nuestra idea –aprovechar la reputación de Disney como creadores de grandes personajes y *storytellers* para ofrecer al público una mirada entre bambalinas a Imagineering–. Usaríamos elementos experienciales, cómics, una colaboración con la editorial de literatura infantil Scholastic, y cortometrajes digitales. Promocionaríamos la historia en localizaciones estratégicas dentro de los parques de Disney para entretener a la gente mientras hacía cola para subir a las atracciones. Es decir, podíamos tener tantas extensiones de la marca como las había tenido Kiss. Expusimos el concepto general e hicimos salivar a los ejecutivos pensando en las posibilidades que ofrecía para el *merchandising* y otras oportunidades de venta. No estábamos sólo creando historias; estábamos creando productos.

Después, desvelamos los personajes. Habíamos gastado una suma importante de dinero en crear prototipos de figuras articuladas, cajas, etc., que encargamos especialmente a un fabricante de juguetes de China. Tommy es uno de los mejores presentadores que jamás haya visto. Es un experto en cautivar a la audiencia y contar buenas historias. Así que Tommy, suavemente y como el mago de este juego que es, presentó a cada Imagineer: Spark, Fable, Sketch, Rock y Block. Los sacamos de sus cajas y los colocamos junto a nuestro enorme cronograma. Nosotros estábamos a un lado, los ejecutivos de Disney en el otro, y nuestros recién creados personajes, en la mesa, justo frente a los ojos de Rasulo.

La expresión de Rasulo se relajó y su primera reacción fue alentadora. «No me suelo impresionar fácilmente –dijo–, pero esto es muy muy impresionante». Sus siguientes palabras aclararon que el trabajo todavía no estaba hecho. «Mi único problema es que estos personajes parecen robots, y los niños quieren personajes que se parezcan a ellos. Necesitan reflejar a su público. Quieren ver rostros humanos, no robots. ¿Qué pensáis de eso?».

Ya podía oler la victoria. Era una crítica con la que, a mí, me resultaba fácil lidiar. Había estado en docenas de reuniones como aquélla y, sabía, por mi experiencia, que si aquél era el único problema que tenían con la idea, estábamos en una buena posición. Debíamos haber asentido, explicado que se trataba únicamente de prototipos y decir algo así como «¿quiénes somos nosotros para decirle a Disney cómo hay que diseñar un personaje? Éste es solamente un punto de partida para empezar a trabajar con vosotros. Es una prueba de concepto».

Pero Tommy se sintió audaz en aquel momento y no iba a dejarlo pasar. Tomó la decisión de defender nuestro trabajo. Y antes de que yo pudiese decir una sola palabra, dijo: «No me parece correcto. Éstos son los personajes tal como los vemos nosotros. Explica quiénes son los Imagineers sin tener que mostrarlos ». En otras palabras, les estaba diciendo que lo tomaban o lo dejaban. Luego procedió a explicar por qué un joven ejecutivo creativo de una agencia de la que nadie había oído hablar tenía una visión de lo que les gustaría a los niños mejor que la de tres de los principales responsables del mayor productor de entretenimiento infantil en la historia mundial. Intenté darle una patada por debajo de la mesa, pero no pude alcanzarlo con mi pie.

En aquel momento, la reunión se había terminado. Jay miró su reloj, apartó su silla de la mesa y dijo algo como «gracias por vuestra presentación, pero, mala respuesta». La corte de asistentes reapareció inmediatamente, y todos salieron tan rápido como habían entrado. Os juro que vi una nube de dibujos animados detrás de sus pasos. Estaba claro, no íbamos a conseguir ni la cuenta, ni el dinero.

¿Qué había ido mal? Por resumirlo: no habíamos colaborado en un elemento clave. En la preparación de la presentación, Tommy me permitió hacer mi trabajo y yo dejé que hiciese el suyo. El resultado fue una campaña genuinamente inspirada que tenía la oportunidad real de lograr el acuerdo, y hacer que Disney y nosotros ganásemos toneladas de dinero. Éramos dos jóvenes publicistas realmente buenos en lo que hacíamos. Confiábamos el uno en el otro. Pero aquello no era suficiente. No habíamos jugado en equipo durante la presentación. No habíamos preparado cómo responderíamos a las críticas o a las posibles preguntas, el tipo de actitud que debíamos mantener, o qué decir durante aquella reunión crucial. No preparé adecuadamente la parte de preguntas y respuestas de la reunión, y no colaboramos cuando era más importante. El resultado fue catastrófico. (Sin embargo, sí que colaboramos aquella noche, vaciando una botella excesivamente cara de un lujoso vodka ruso en nuestro hotel de Burbank).

Cómo persuadir a través del *storytelling*

Los seres humanos seguimos vivos gracias a nuestra habilidad para persuadir mediante las historias. Hemos visto cómo el *storytelling* permitió a Lincoln inspirar a una nación, y cómo llevó al estrellato a una banda mediocre –y también cómo me permite lograr que en nuestra compañía se trabaje colaborativamente.

La historia de Disney se ha convertido en parte del folclore de Mekanism, un clásico interno sobre la colaboración y la preparación, que nos ha ayudado a inculcar el valor de la cooperación y la preparación en cientos de empleados a lo largo de los años. El motivo por el que funciona tan bien es porque la historia obedece a ciertas reglas fundamentales del *storytelling* persuasivo.

Los pasos que describo a continuación son básicos en el *storytelling*, pero pueden servirte de recordatorio.

Empieza con una verdad sencilla

El primer paso es obvio: si estás tratando de comunicar una idea a través de una historia, necesitas saber cuál es el mensaje antes de empezar. Los grandes contadores de historias son también buscadores de la verdad: su objetivo es transmitir una verdad humana esencial a través de la narración.

En el ejemplo de Disney, nuestro mensaje era que incluso aunque seas bueno en tu trabajo, fallar al prepararlo en equipo puede conducirte al desastre. Es una idea sencilla y cierta al mismo tiempo.

Si no puedes enunciar tu mensaje en una sola frase sencilla, no tienes mensaje. Y si estás intentando comunicar más de un mensaje con una sola historia, probablemente pierdas a tu audiencia. Las historias complejas que permiten múltiples interpretaciones pueden ser estupendas para la literatura o el arte, pero no son buenos vehículos para la comunicación persuasiva.

Cíñete a una estructura clásica

La historia también debe ajustarse a una estructura básica que es tan antigua como el propio arte de contar historias. En su forma más sencilla, la estructura sería algo como:

El objetivo: ¿Quiénes son tus personajes y qué quieren?

Comienza con uno o varios protagonistas que desean o necesitan algo intensamente. Esta motivación debe ser lo suficientemente fuerte como para impulsar la historia, y también necesitas que sea algo con lo que tu audiencia pueda conectar. En el caso de la *Odisea*, de Homero, Odiseo necesita desesperadamente regresar a casa con su familia tras la guerra de Troya.

En nuestro ejemplo, Tommy y yo queríamos conseguir una gran cuenta para impulsar la compañía. Ése era nuestro objetivo en la historia: el dinero y el éxito. Y es uno con el que cualquiera en nuestra agencia, o en cualquier otra parte, puede identificarse. Es una verdad universal que debes cerrar buenos acuerdos para seguir creciendo.

El obstáculo: ¿Qué se encuentran por el camino?

El protagonista (o los protagonistas) se encontrará con obstáculos que debe sortear para alcanzar su objetivo. En nuestro caso, necesitábamos diseñar una buena campaña y, después, vendérsela a los tipos de Disney en una reunión. En el momento en el que introduces el obstáculo, la audiencia debe saber qué está en juego y qué necesita que ocurra, de manera que sientan cierta incertidumbre. Plantéatelo como si se tratase de contar un pequeño chiste. Lo que hace que la frase final de un chiste sea tan poderosa es cómo se ha construido la expectativa hasta llegar a ese momento final. La frase final llega después de que el planteamiento haya creado tensión. Lo mismo puede aplicarse a una gran historia.

En nuestro ejemplo, teníamos que lograr aquella cuenta para conseguir seguridad financiera. Convencer a los clientes era nuestro obstáculo.

La resolución: ¿Cuál es el resultado?
El protagonista consigue superar los obstáculos y logra su objetivo, o no. Sea como sea, las emociones que suscita el final de una historia bien contada es su parte más memorable. Así que es en ese momento cuando tu mensaje tiene que hacerse evidente. Puede que el protagonista consiga su objetivo o puede que no, pero la forma en la que ha tenido éxito o ha fracasado es lo que transmite tu mensaje.

En nuestro ejemplo, no tuvimos éxito –Tommy y yo fallamos, concretamente porque no colaboramos al preparar nuestras respuestas para la parte final de la presentación–. En un universo alternativo, hubiésemos logrado la cuenta porque Rasulo hizo una pregunta difícil, Tommy se mantuvo en sus trece, y a Rasulo le encantó su bravura. Esa historia hubiese sido sobre mantenerte firme en tus convicciones y luchar por tu trabajo creativo.

Cómo ser un gran *storyteller*

Entender las mecánicas básicas de una gran historia persuasiva es una cosa, y convertirse en un gran *storyteller* es otra completamente distinta. Todos conocemos a personas que pueden convertir la historia más entretenida que jamás hayas oído en un galimatías. Quizá tú seas una de ellas.

Si lo eres, tranquilo, no estás solo. La mayoría de las personas no nacen con un don natural para contar historias, de la misma forma que no nacen como cantantes de ópera o diseñadores gráficos. Afortunadamente, el buen *storytelling* puede aprenderse a través del esfuerzo consciente y constante. Yo siempre estoy trabajando en ello. A este respecto, te presento cinco técnicas que pueden ayudarte a dominar los fundamentos del *storytelling* persuasivo.

Primera técnica: Colecciona grandes historias

¿Qué es lo que hace buena una historia? En cierto sentido, es el hecho de que se ajuste a la estructura adecuada. Pero, realmente, lo que diferencia una historia correcta de una gran historia es que te toque. Es ese «algo» especial que hace que tengas ganas de contársela a tus amigos. En mi ejemplo, la historia es algo que los empleados quieren repetir a los nuevos miembros del equipo. Es una pizquita de cotilleo.

Historias como ésa están por todas partes, sólo necesitas encontrarlas y estructurarlas. Quizá haya un capítulo de la historia de tu familia que sea entretenido, o algo extraordinario que te ocurrió de camino al trabajo, o aquella vez que tus amigos y tú fuisteis a Barcelona. Quizá sea simplemente una historia que has leído o visto en las noticias de la tarde. Sea cual sea la fuente, cuando te encuentres con una auténtica gran historia, anótala tan detalladamente como puedas. Reserva una libreta, o una sección de tu libreta, para recopilar esas historias.

Una vez que tengas la historia en papel, necesitas determinar cuál es su mensaje central. Toma nota de la idea o de la lección a la que esa historia insufla vida. La historia puede ilustrar la importancia de mantener las promesas, o de aprovechar el momento, o de reservar tus vacaciones en el último instante. Sea el que sea, el mensaje debería ser evidente la primera vez que la escuches. Con el tiempo irás ampliando tu colección de grandes historias. Y la próxima vez que intentes convencer sobre, digamos, aprovechar el día, tendrás una buena historia desde la que comenzar.

Segunda técnica: Edita

Una vez que hayas encontrado una historia que exprese tu mensaje y la hayas escrito detalladamente, aún tendrás que hacer algo para lograr que impacte a tu audiencia: editarla. Y cuando se trata de darle forma a una historia, me gusta plantearme tres preguntas concretas.

¿Le estoy proporcionando a mi audiencia la información adecuada?

Tu audiencia probablemente no haya escuchado la historia nunca, así que asegúrate de que le proporcionas toda la información que necesita para comprender la acción. Por ejemplo, ten cuidado con los personajes fundamentales que aparecen de la nada o con el empleo de un lenguaje técnico, que puede ser familiar para ti, pero que tu público no tiene por qué conocer.

¿Estoy pintando una imagen suficientemente vívida?

Tu objetivo es transportar a tu audiencia, así que necesitas darle suficientes detalles como para prender la chispa de su imaginación. Esto significa encontrar oportunidades para añadir detalles que permitan a la historia cobrar vida. En la historia de Disney, menciono cómo va vestido el ejecutivo y el séquito de asistentes que lo acompaña, qué aspecto tenían algunos de los personajes que diseñamos, y el enorme cronograma. No quieres que la acción se ralentice demasiado, pero tampoco quieres que tu historia suene como un informe. Escoge tus detalles sabiamente.

¿Qué puedo recortar?

Cualquier elemento de la historia que no ayude a comunicar el objetivo, el obstáculo o la resolución, probablemente, puede ser eliminado. En mi caso, no profundizo en la historia de los Imagineers, ni cuento mi primer viaje a Disneylandia cuando era niño, ni hablo de mi escena preferida de *Fantasía* (que es en la que aparece Mickey como aprendiz de mago –una historia ejemplar sobre la limpieza–). Nada de eso tiene que ver con los tres componentes principales de la estructura de la historia, así que los omito.

Huelga decir que he podido permitirme el lujo de escribirla a lo largo de varias páginas de un libro. Pero la mayor parte del *storytelling* es oral. Y, en mi experiencia, las mejores narraciones orales no duran más de un par de minutos. Así que tenlo presente cuando estés dándole forma a tu historia. Una buena referencia es que nos lleva un minuto pronunciar 125 palabras. Así que, si vas a escribir la historia, no debe de tener más de 250 o 300 palabras.

Tercera técnica: Ensaya

Cuando ya tengas un borrador con el que te sientas satisfecho, es el momento de ensayar. Yo lo hago, más o menos, de la siguiente forma:

primero, lo leo en voz alta varias veces. El objetivo no es memorizarlo, sino familiarizarte con él. Cuando llega el momento de contar la historia, no quieres que suene como si estuvieses recitando un guion, pero sí tener en la cabeza la estructura básica y los detalles para no divagar, ni dudar.

Después, consigue una grabadora. Te sorprenderá la diferencia. A los principiantes, el micrófono los ayuda a mantenerse honestos. Sin tener una grabadora delante, es tentador querer acabar demasiado deprisa con el ensayo o volver a empezar cuando te atascas. Pero cuando tienes una grabadora funcionando, es mucho más difícil hacer trampa.

Memoriza las primeras y las últimas líneas

Sí, memorizar tu historia por completo puede hacer que suene falta de vida. Pero a veces ayuda decir la primera y la última frase de memoria. Si hablar en público te pone un poco nervioso, tener claras la primera y la última frase te infundirá un poco de confianza extra.

Cuarta técnica: Aprende de los mejores

Busca ejemplos de *storytellers* a los que admires y trata de averiguar qué es lo que los hace buenos –de la misma manera que un gran realizador de cine analiza el trabajo de otro director brillante, o un gran compositor estudia las sinfonías de Mozart–. Estás buscando técnicas, tanto grandes como pequeñas, que puedas incorporar a tu propio *storytelling*. Puede ser desde su elección de los temas a su tono de voz. Quizá sea la forma en que pasan de un tema a otro, la manera en la que empiezan una frase concreta, el uso de las manos, el ritmo del fraseo, o la cadencia de su voz.

Quinta técnica: No ignores las historias conocidas

Resulta tentador creer que las buenas historias deben ser originales –o, cuanto menos, poco conocidas–, con tal de cautivar a la audiencia. Esto no siempre es así. De hecho, contar una historia que tu público conoce, a veces, puede ser más efectivo que explicarles una de la que nunca han oído hablar. Así lo concluye un estudio reciente de los psicólogos Gus Cooney, Daniel Gilbert y Timothy D. Wilson.[11]

Estos investigadores llevaron a cabo una serie de experimentos en los que participaron noventa alumnos de Harvard. En uno de los experimentos, los participantes fueron divididos en grupos de tres. Dos de los estudiantes actuaban como oyentes y el tercero, como *storyteller*. A los oyentes les mostraban un vídeo de diez minutos con una historia –llamado vídeo A–. En otra habitación, el *storyteller* veía o bien el vídeo A, o bien una historia completamente distinta, llamada vídeo B. Posteriormente, reunían al grupo y el *storyteller* debía explicar en dos minutos el vídeo que acababa de ver.

Antes de que lo hiciese, se le preguntaba al *storyteller* si consideraba que los oyentes reaccionarían más positivamente a la narración del vídeo A, que ya había sido visto por la audiencia, o a la del vídeo B, que contenía una historia nueva que ninguno de los oyentes había visto. La mayoría de los narradores pensaba que el público disfrutaría más con una historia nueva. Sin embargo, los oyentes reaccionaron de forma más negativa a la nueva historia que a la que ya habían visto. Los *storytellers* recibieron lo que los investigadores denominaron «penalización de la novedad».[12]

¿Por qué alguien disfruta más escuchando una historia que ya conoce que una que no ha oído antes? Es un asunto complicado. Pero una de las razones que Cooney, Gilbert y Wilson nos ofrecen es que «a diferencia de las historias nuevas, las conocidas activan los recuerdos de los oyentes sobre su propio pasado y hace que sea más probable que les suscite emociones más ricas».[13]

Cuanto más lo piensas, mayor sentido cobra. Algunas películas son más impactantes la segunda o la tercera vez que las ves. Y escuchar una

---

11. Gus Cooney, Daniel T. Gilbert, y Timothy D. Wilson, «The Novelty Penalty: Why Do People Like Talking About New Experiences but Hearing About Old Ones?», *Psychological Science* 28, n.º 3 (2017): 380-394.
12. Cooney, Gilbert, y Wilson, «The Novelty Penalty…».
13. Cooney, Gilbert, y Wilson, «The Novelty Penalty…».

canción que conoces y que te gusta puede ser una experiencia mucho más profunda que escuchar una por primera vez. De la misma manera, cuando tu objetivo es comunicar un mensaje, usar una historia con la que los oyentes ya tienen una conexión emocional puede otorgarte una gran ventaja.

Aprendí esto hace años y años, durante una de mis primeras experiencias como *storyteller* persuasivo. Me habían pedido que diese un discurso en el instituto en que cursaba el bachillerato. Si alguna vez te has sentado a escuchar uno de esos discursos con estilo de principiante, sabrás que fácilmente pueden derrumbarse o parecer cursis, incluso aunque el ponente posea un pedacito de sabiduría genuinamente profunda que compartir. El peligro es incluso mayor si tu audiencia es un grupo de estudiantes de instituto hastiados y sus padres.

Pero yo estaba decidido a que tal cosa no sucediese. El mensaje que quería transmitir era suficientemente sencillo: que nuestras vidas son preciosas y fugaces, y que no deberíamos dejar que se fuesen por el sumidero. Sabía que la mejor forma de comunicar esta idea era a través de la narrativa, así que busqué una historia que me parecía que resultaría tanto familiar como emocionalmente relevante para mi audiencia: la de la película *Blade Runner*, de Ridley Scott, basada en la novela corta de Philip K. Dick *¿Sueñan los androides con ovejas eléctricas?* La principal pregunta que nos formula la película es: «¿qué significa ser humano?».

La cinta se ubica en una versión futurista de Los Ángeles, en la que los humanos artificiales, conocidos como los replicantes, viven entre nosotros. El protagonista, Deckard –interpretado por Harrison Ford–, es un policía retirado que trabaja como *blade runner*, una especie de cazador de recompensas al que se le encarga localizar y eliminar a esos androides.

Buena parte de la audiencia conocía estos detalles. Casi todos los adolescentes habrían escuchado, al menos, hablar de la película, fuesen unos frikis de la ciencia ficción o no. Y, muchos de ellos, como yo, estaban obsesionados con ella. Así que usé esa familiaridad en mi beneficio, al terminar mi discurso con una narración de la icónica escena con la que termina la película.

Deckard va tras los pasos de un letal replicante llamado Roy, brillantemente interpretado por Rutger Hauer. Roy trata de sobrevivir desesperadamente, como un humano, cree que su vida es algo por lo que merece la pena luchar. Mientras saltan por las azoteas de varios edificios bajo una preciosa tormenta cinematográfica, Deckard acaba colgado de la cornisa de un edificio, a punto de morir. En ese momento, Roy hace algo inesperado en un replicante: salva a Deckard, el hombre que trataba de darle caza. El replicante declama entonces el célebre monólogo de las «lágrimas en la lluvia», que trata sobre la naturaleza preciosa y efímera de la vida de forma mucho más bella de lo que yo podría haber escrito:

> He visto cosas que no creerías. Atacar naves ardiendo más allá de Orión. He visto rayos-C brillar en la Puerta de Tannhäuser. Todos esos momentos se perderán en el tiempo, como lágrimas en la lluvia. Es hora de morir.

La vida de Roy termina con un acto de humanidad, ya que salva la vida de Deckard, al que habían enviado a matarlo. Incluso él –un androide que también estaba intentando matar a su cazador–, no puede negar el asombroso valor de una vida humana. Y si un androide puede darse cuenta del valor y la fugacidad de la vida, entonces un grupo de estudiantes de instituto no debería malgastar la suya.

Ésas fueron mis últimas palabras a nuestros graduados. Tenía la esperanza de que los animara a experimentar todo lo que pudiesen en nuestras cortas vidas, tal como yo mismo planeaba hacer. Los padres y los familiares de mis amigos con los que nunca había hablado se me acercaron después de la ceremonia para decirme cuánto les había gustado el tema. Incluso, aunque la historia no habría sido tan poderosa si la audiencia no hubiese visto la película anteriormente o no estuviese conectada a la cultura pop del momento, podrían haber visto en sus cabezas la escena que estaba describiendo. Fueron transportados.

Sólo porque una historia sea bastante conocida no significa que no pueda ser un buen vehículo para comunicar un mensaje persuasivo.

En algunas situaciones, la familiaridad es exactamente lo que necesitamos.

* RESUMEN

Los seres humanos nos hemos contado historias desde nuestros primeros días en este planeta –en realidad, ésta es una de las razones por las que hemos sobrevivido tanto tiempo–. Las narraciones son la forma en que contamos nuestras historias y comunicamos nuestros valores; son la manera en que estructuramos nueva información y dotamos de sentido al mundo que nos rodea.

Así que, cuando te encuentres con una historia poderosa, atrápala –tanto si es una anécdota personal como una obra literaria, una experiencia única o un pedazo recurrente de cultura popular–. Asegúrate de que cuenta con un objetivo, un obstáculo y una resolución. Y hazla tuya.

Si tu objetivo es hacer cambiar de idea a las personas e incitarlas a la acción, aprender a contar historias atractivas y profundas es esencial –y será mejor que cualquier cantidad de argumentos lógicos–. La razón puede revelar por qué deberíamos creer en una determinada verdad, pero una historia bien contada logrará algo mucho mejor: nos transportará a un lugar en el que podremos ver o experimentar esa verdad por nosotros mismos.

Como dice el psicólogo Jonathan Haidt: «La mente humana es un procesador de historias, no un procesador lógico».[14]

---

14. Jonathan Haidt, *The Righteous Mind: Why Good People Are Divided by Politics and Religion*, Nueva York: Vintage, 2013: 328.

Capítulo 3

Nunca estar vendiendo

En esta vida sólo cuenta una cosa:
lograr que firmen en la línea de puntos.
Es el ABC: siempre estar vendiendo.
Siempre estar vendiendo. Siempre estar vendiendo...
¿Están interesados? Sé que lo están
porque aquí funciona así.
O cierras la venta o te vas a la calle.

BLAKE en GLENGARRY GLEN ROSS[1]

Pensar y actuar de una manera puramente transaccional saboteará tus intentos de persuasión. Seguro. La persuasión tiene que ver con lograr que alguien diga «sí». Pero ésa es una forma cortoplacista de pensar y nunca te conducirá a una persuasión genuina. Para lograr crear las condiciones que muevan a la gente a ponerse de tu parte, necesitas mostrar claramente que hay algo que te importa más que tu propio beneficio inmediato.

Ser una persona auténtica en todas tus interacciones es esencial para desarrollar un carácter persuasivo. Enfatizar tu humanidad y forjar

1. En versión original, el discurso que pronuncia el personaje interpretado por Alec Baldwin a los aspirantes a vendedores gira en torno al lema «Always Be Closing». En el doblaje español se pierde la correspondencia entre las letras «ABC» y el lema «Siempre estar vendiendo».

relaciones humanas es lo que te proporcionará dividendos reales cuando tu objetivo es ganarte a alguien.

Cuando somos persuadidos para tomar una decisión concreta, a menudo evaluamos a la persona que nos transmite el mensaje, su carácter y sus motivaciones tanto como cualquier otro detalle. Nos preguntamos: «¿Esta persona es de fiar?» o «¿Me veo haciendo negocios con esta persona?» o, más a menudo, «¿Qué le va en ello?» o «¿Por qué lo hace?». Si el objetivo de alguien es lograr que compremos un producto o firmar un contrato, se hará evidente, de manera que esta persona será mucho más difícil de creer y mucho menos persuasiva.

La persuasión no tiene que ver con presionar a tu audiencia para que haga lo que tú quieres. Al contrario, tiene que ver con atraerla hacia una conclusión particular, y dejar que la alcancen por sí mismos. Siempre es preferible ser conducido a ser empujado. Y una manera de lograr que alguien se ponga de tu lado es conectar con sus emociones a través de la más humana de las actividades: el *storytelling*.

Veremos ahora los rasgos de la personalidad y los hábitos que seducen a la gente, haciendo que tus interacciones vayan más allá de una decisión coyuntural, siendo algo más *grande*, más a largo plazo, más *humano*. En la mayoría de los casos, desarrollar estos rasgos implica eludir los escollos habituales que hacen que nuestras relaciones sean menos genuinas y más transaccionales. Y esto empieza por olvidarse de buena parte de lo que el saber popular dice sobre la persuasión.

Por qué «Siempre estar vendiendo» es siempre un error

En una escena de la adaptación cinematográfica de 1992 de la obra de David Mamet *Glengarry Glenn Ross*, el personaje interpretado por Alec Baldwin se encuentra en un aula llena de comerciales impartiendo un curso sobre los aspectos básicos de la venta. Su lema es: «Siempre estar vendiendo». Se trata de un mantra de las ventas que, cuanto menos, lleva décadas repitiéndose. Lástima que sea un lema completamente erróneo.

De hecho, enfocar las ventas desde el «Siempre estar vendiendo» entra en contradicción con la persuasión conmovedora. Quizá funcionase en el pasado, pero esta época de desconfianza requiere un tipo de enfoque completamente distinto de la persuasión. Bajo este infame lema subyace el presupuesto básico de que cualquier cosa que una persona diga o haga durante el proceso de persuadir a alguien debe estar motivado únicamente por el objetivo de conseguir un «sí». Se trata de presionar agresivamente a la audiencia para que tome la decisión que nosotros queremos que tome, tanto si redunda en su interés como si no. Se trata de encontrar la manera de cerrar la venta de la manera que sea.

Ésta es una forma cortoplacista de pensar, en toda su crudeza. Es manipuladora. Y no funciona. La gente no desea ser forzada a tomar una decisión; quieren tomar sus propias decisiones, hacerlo a su manera, según sus propios argumentos y tomándose su tiempo.

Ese estilo que consiste en hablar deprisa y presionando, simplemente, confirma las peores intuiciones de la gente sobre tus motivaciones. Les recuerda que, para ti, su decisión es puramente transaccional, y que estás dispuesto a decir o a hacer cualquier cosa para que ellos hagan lo que tú quieres que hagan. Este aspecto de la naturaleza humana fue bellamente resumido por otro de mis ídolos, Bruce Springsteen, en su canción «Badlands», en la que canta:

Poor man wanna be rich,
Rich man wanna be king,
And a king ain't satisfied
Till he rules everything.[2]

«Badlands» habla sobre el hecho de que la gente nunca está satisfecha, y siempre está tratando de conseguir más y más y más. Es la clase

---

2. El hombre pobre quiere ser rico, / el hombre rico quiere ser rey, / y un rey no está satisfecho / hasta que lo gobierna todo. *(N. del T.)*

de actitud (ganar a toda costa) que mata la persuasión. En la mayoría de las interacciones persuasivas, la gente ya sabe que quieres algo de ellos. La única forma de elevar la situación sobre lo puramente transaccional es demostrarles que hay algo que te importa más que tu beneficio inmediato, más que ser rico, o ser rey, o gobernarlo todo. Así que, si te descubres a ti mismo en modo «Siempre estar vendiendo», debes saber que vas en una dirección absolutamente equivocada.

No seas una marca, sé un ser humano

En algún momento a lo largo de las dos últimas décadas se puso de moda que las personas hablasen de sí mismas como marcas. El concepto data de 1997, cuando la revista *Fast Company* publicó un conocido artículo titulado «The Brand Called You[3] (La marca llamada Tú). Desde entonces, se ha instalado en el imaginario colectivo la creencia en el poder persuasivo de cultivar la propia marca. Los cursos de *personal branding* se han convertido en un fijo de las escuelas de negocios, pero la mayoría de las personas se topa con esta idea mucho antes, durante su educación.[4] A los estudiantes universitarios se les enseña que diseñar una marca personal puede ayudarlos a caer de pie después de la graduación. E incluso en el instituto, a los alumnos de bachillerato se les aconseja crear un «valor de marca» personal para ayudarlos a conseguir una plaza en la facultad de sus sueños.[5] La idea es que una imagen pública perfectamente moldeada, y una «voz de marca» consistente presente en todos los canales sociales pueden ayudar a venderse al mundo.

---

3. Tom Peters, «The Brand Called You», *Fast Company*, 31 de agosto de 1997.
4. «Maximizing Your Personal Brand», curso MKSB1-CE8500, School of Professional Studies, New York University; resultado encontrado al buscar «*personal branding*» en la página web Coursera, www.coursera.org/courses?languages=en&query=personal%20branding
5. Stacey Ross Cohen, «Personal Branding: A Must for the College-Bound, CEO and Everyone in Between», *Huffington Post*, actualizado el 6 de diciembre de 2017.

Pero, como alguien que trabaja cada día con las mayores marcas del mundo, considero que es una manera de pensar anticuada. La idea del *personal branding* se basa en una concepción de las marcas que ya no está vigente, y según la cual, las marcas son identidades corporativas muy pulidas, diseñadas con un único objetivo: obtener beneficios. Es decir, transaccionales.

Una marca ya no es eso. De hecho, la mayoría de las marcas, hoy en día, están haciendo todo lo que pueden para huir de esa concepción. Buena parte del trabajo que hacemos en Mekanism consiste en dar significado y una resonancia emocional real a las marcas. Dicho de otra forma, nuestro trabajo es hacer que las marcas sean más humanas y reconocibles. Por eso le damos una importancia capital al buen *storytelling*.

También es el motivo por el que les pedimos a nuestros clientes que inviertan en proyectos que no estén motivados por sus objetivos económicos. A través de una fórmula que hemos desarrollado –llamada «*Make Good*» [Hazlo bien]–, Mekanism trabaja con las marcas para identificar su propósito nuclear, la razón por la que existen más allá de obtener beneficios. A partir de ahí, las ayudamos a identificar qué parte del bien común se alinea con ese propósito y a encontrar formas de avanzar hacia ese bien común que no beneficien únicamente a la marca. Esto nos permite lograr que las marcas tengan más alma.

Lo que hace necesario nuestro trabajo es el hecho de que el antiguo modelo enfocado en los beneficios, de marcas transaccionales, deja fríos a los consumidores. De acuerdo con una encuesta reciente, a tres cuartas partes de los norteamericanos les daría exactamente igual que mañana mismo desapareciesen las marcas que suelen consumir.[6]

Por otra parte, las marcas que demuestran preocuparse por algo más que obtener ganancias conectan bastante más con los consumidores. El estudio Cone/Porter Novelli de 2018 concluyó que el 88 % de los norteamericanos comprarían un producto de una marca que se

---

6. www.meaningful-brands.com/en

rigiese por un propósito. Es decir, que a tres cuartas partes de los norteamericanos no les importan las marcas que consumen, pero el 88 % querría comprar los productos de marcas que tuviesen un propósito. Estos números son demasiado impactantes como para ignorarlos. Por ese motivo, una marca moderna debe, además de ofrecer un producto o servicio, y obtener beneficios, representar algo significativo. Entre las marcas que han hecho esto de manera exitosa se cuentan nuestro *partner* Ben & Jerry's, que utiliza los helados para ayudar en la lucha contra las injusticias raciales, promoviendo el comercio justo, y animando al voto; Warby Parker, que lanzó su compañía de gafas con la campaña «consigue un par, regala un par»; y, por supuesto, Patagonia, que es una fuerza global en la lucha por la protección del medio ambiente.

Los objetos que motivan nuestras respuestas emocionales –y las cosas con las que desarrollamos relaciones de manera natural– no son identidades corporativas, sino otros seres humanos de carne y hueso. Nuestro trabajo ayuda a las marcas a adoptar atributos propios de las personas, en parte, confiriéndoles un propósito y un sentido que transciendan las ganancias. Los investigadores en marketing se refieren a este fenómeno como «antropomorfización de la marca» que, básicamente, consiste en ayudar a personificar las marcas. Y existe una rica bibliografía que trata de descubrir cómo funciona el poder persuasivo de la antropomorfización de las marcas y los factores cruciales que hacen que sean percibidas como más humanas.[7]

De todo esto surge una pregunta obvia: si las marcas de hoy en día se esfuerzan tanto en ser más como las personas, ¿por qué hay personas tan empecinadas en convertirse en marcas anticuadas? Un carácter persuasivo evita muchas de las características que hacen que la gente desconecte de las marcas tradicionales, sobre todo de su preocupación por maximizar los beneficios y su obsesión con la apariencia externa.

---

7. Sivan Portal, Russell Abratt y Michael Bendixen, «Building a Human Brand: Brand Anthropomorphism Unravelled», *Business Horizons* 61, n.º 3, 2018: 367-374.

Éste era la idea subyacente en un titular de la revista satírica *The Onion*, que rezaba: «"Soy una marca", dice un hombre patético». El artículo describe al personaje como «una triste excusa» y «desesperado».[8]

La historia de dos marcas

Así, no es de extrañar que algunos de los mayores errores de marketing que he visto en los últimos años se hayan producido al confirmar una empresa los prejuicios negativos que existían sobre sus marcas. Uno de mis ejemplos favoritos es del de la campaña «Create Your Taste» (Crea tu sabor) de McDonald's, de hace ya algunos años. La premisa era permitir a los clientes crear las hamburguesas personalizadas empleando pantallas táctiles en sus restaurantes. Los clientes podían enviar sus creaciones a través de Internet y el público podía votar por su hamburguesa favorita.

Cuando la campaña se lanzó en Nueva Zelanda se convirtió rápidamente en objeto de los trolls de Internet. Creaciones con nombres tan inapropiados como «Pound My Behind Daddy» (Dame en el trasero, papi)[9] y «Thin Privilege» [Privilegio de delgado][10] inundaron la red.[11]

El sentimiento que movía la campaña era bueno. McDonald's estaba tratando de mostrar que se preocupaba por las preferencias de sus

---

8. «'I Am a Brand,' Pathetic Man Says», *The Onion*, 29 de noviembre de 2012.
9. Los trolls jugaban con la polisemia del término *pound*, que significa tanto 'libra' (una de las hamburguesas típicas de McDonald's es el «cuarto de libra con queso») como 'golpear'. *(N. del T.)*
10. «*thin privilege*» es una expresión inglesa que remite a un privilegio social del que gozan las personas más delgadas, según el cual, pueden llevar a cabo actividades sociales sin tener que preocuparse por ser juzgadas, mientras que las personas con sobrepeso son juzgadas o cuestionadas, o bien expuestas a una posible burla. La escritora y experta en lencería Cora Harrington resumió en un tweet que se trata de no tener problemas para hacer cosas cotidianas por culpa de tu tamaño. *(N. del T.)*
11. Tristan Cooper, «McDonald's Let the Internet Create Their Own Burgers and Guess What Happened», *Dorkly*, 20 de julio de 2016.

clientes y trataba de ir un poco más allá, ofreciéndoles cierto control creativo sobre su menú. La empresa no tuvo la culpa de que unos cuantos payasos secuestrasen su campaña. Pero, cuando las cosas se torcieron, la marca no respondió como un humano. En lugar de admitir el incidente, comentarlo y, tal vez, bromear un poco al respecto, como hubiese hecho un ser humano, McDonald's cerró la página web e hizo como si nada hubiese sucedido.

Comparemos este episodio con un contratiempo relacionado con el *crowdsourcing* que padeció otra gran marca: Walmart. En 2012, la compañía lanzó una campaña que prometía organizar un concierto del artista Pitbull en la tienda de Walmart que obtuviese más «me gusta» en Facebook. Como en el caso de McDonald's, la campaña era un intento de transcender lo puramente transaccional, implicando a sus clientes y haciendo algo más que maximizar los beneficios. De nuevo, como si hubiesen recibido una señal, los trolls salieron de sus cavernas. Dos bromistas de Internet usaron el hashtag #ExilePitbull para lanzar una campaña cuyo objetivo era enviar al rapero al Walmart más remoto de Estados Unidos, que se encontraba en la isla de Kodiak, Alaska, una población de sólo 6130 habitantes.[12]

Walmart, fácilmente, podía haber reaccionado como McDonald's, cortando las pérdidas y silenciando la campaña discretamente, de este modo hubiese sido tan sólo una compañía más que se aseguraba la protección de su imagen. Sin embargo, decidieron jugar. Pitbull grabó un vídeo anunciado que, efectivamente, iría a Kodiak. Incluso si era debido a «alguien que piensa que está gastando una broma iría a cualquier lugar del mundo por mis fans», dijo.[13] Además, en un movimiento realmente inspirado, invitó a la persona que había orquestado el

12. Connor Simpson, «The Internet Wants to Send Pitbull to an Alaskan Walmart», *Atlantic*, 30 de junio de 2012; Sophie Schillaci, «Pitbull 'Exiled' to Alaska, Poses with Stuffed Bear at Walmart», *Hollywood Reporter*, 30 de junio de 2012.

13. Todd Wasserman, «Congrats, Internet: Pitbull Is Going to Alaska», *Mashable*, 17 de julio de 2012.

#ExilePitbull, el escritor del *Boston Phoenix* David Thorpe, a unirse a él en el viaje y postear una foto juntos.

Al responder como un ser humano, Walmart logró convertir un potencial fracaso en una oleada de publicidad positiva y de buena onda, y la campaña tuvo mucho mayor alcance que si nunca se hubiese producido el incidente. Al fin de cuentas, es difícil escuchar esta historia y no ponerse de parte de Walmart –una marca– en lugar de simpatizar con los chicos que estaban tratando de sonrojar y acosar a la compañía.

No desperdicies tu humanidad

Para una marca, presentarse como humana exige una gran cantidad de reflexión, esfuerzo y suerte. Pero tú y yo ya somos seres humanos. Y si tu objetivo es ser persuasivo, la última cosa que debes hacer es desperdiciar esta ventaja convirtiéndote en otra marca más.

Las personas son más persuasivas que las marcas. Echemos un vistazo a la encuesta Global Trust in Advertising de Nielsen de 2015, que examinaba el tipo de anuncios que los consumidores están más dispuestos a creer. El formato en el que más ampliamente confiaban eran las recomendaciones de los familiares y los amigos, con un 83 % de los encuestados respondiendo que las creerían en la mayor parte de las ocasiones. Asimismo, dos tercios respondieron que tendían a confiar en los comentarios *online* de personas que no conocían. Los patrocinios de las marcas y sus e-mails, por otra parte, obtuvieron bastante menos credibilidad.[14] Si tenemos en cuenta todo esto, comprobaremos que muchas personas confiarían antes en un extraño que en una marca.

No es ninguna sorpresa, ya que para los seres humanos es posible actuar desinteresadamente o sacrificarse por el bien común. Podemos

---

14. «Global Trust in Advertising: Winning Strategies for an Evolving Media Landscape», Nielsen, septiembre de 2015.

estar motivados por valores y objetivos que transcienden el dinero. Nos importan cosas como la justicia, la amistad y la lealtad. Por supuesto, las interacciones más persuasivas son, en esencia, transaccionales, ya que quieres algo de la otra persona. Pero tu audiencia necesita algo más para ser persuadida. Necesita sentir, intuitivamente, que a quien la está persuadiendo le importa algo más que obtener un «sí». A los persuasores efectivos les importa el propósito. Tienen alma.

Al diablo con las transacciones

El viejo enfoque de «Siempre estar vendiendo» y la actual preocupación por la «marca personal» son dos ejemplos de un estilo de persuasión que ha quedado obsoleto. Específicamente, estas estrategias enfatizan en la naturaleza transaccional de las interacciones persuasivas mientras minimizan –o ignoran por completo– el tipo de consideraciones humanas que, de hecho, son las que cambian las mentalidades y mueven a actuar a las personas. La mejor alternativa para estas técnicas persuasivas cortoplacistas es una que sea capaz de sacrificar oportunidades de ganancias inmediatas pensando en grande –o, como me gusta llamarlo: *jugar a largo plazo.*

Jugar a largo plazo

Las transacciones tienen que ver con conseguir lo que quieres; jugar a largo plazo, con forjar relaciones. «Siempre estar vendiendo» se enfoca en empujar a la gente a hacer algo; jugar a largo plazo, en conducirla hacia tu forma de ver las cosas, conectando con ella a un nivel humano. Y mientras que el viejo enfoque transaccional prácticamente anuncia a la audiencia de uno que les están vendiendo algo, el juego a largo plazo pone el acento en la decisión.

Probablemente el mejor practicante del juego a largo plazo que yo haya conocido es el legendario representante Shep Gordon. Es el hombre que hay detrás de algunos de los mayores fenómenos del entretenimiento, incluyendo a Alice Cooper, Blondie, Rick James y Jimi Hendrix. También es el creador del concepto del chef *celebrity*, como Emeril Lagasse, Wolfgang Puck y Daniel Boulud.[15] Es adorado en Hollywood, por la casa real británica, e incluso por el Dalai Lama.

Lo fascinante es, que a lo largo de medio siglo en las industrias del entretenimiento y la restauración, Gordon ha construido su cartera de clientes sin firmar jamás contratos formales. Sus relaciones están principalmente basadas en apretones de manos. ¡Apretones de manos! Tal como él explica, nunca le ha gustado introducir contratos en la ecuación porque «no he querido ese momento. Quiero decir, si tú no sientes que te estoy valorando, si piensas que se trata de una relación en un solo sentido, busca otra persona».[16] Confiaba en su habilidad y en su talento.

Practica el *negocio compasivo* –él lo llama «usar cupones»–. Son favores o préstamos que reparte entre sus clientes o amigos en momentos de dificultad. Cuando el legendario cómico Groucho Marx estaba pasándolo mal en sus últimos años, Shep gastó algunos de estos «cupones» en revivir la carrera de Groucho.

Esta forma de hacer negocios logra que las personas con las que trabaja sepan desde el principio que no está interesado en las ganancias inmediatas, sino en mantener una relación a largo plazo. Y esta dinámica es una de las principales razones por la que algunas de las mayores estrellas del mundo confían en él para velar por sus intereses. Desde luego, así ha renunciado a algunos cheques. Pero si hubiese estado enfocado únicamente en hacer crecer su propia riqueza, nunca habría alcanzado el éxito –o la influencia– que tiene. Quiero decir, Shep ha viajado con el Dalai Lama. Habla sobre el buen karma.

---

15. Joshua David Stein, «The Unfamous Man Who Made Everything Famous», *GQ*, 5 de octubre de 2016.
16. «How a Punch in the Face Sparked Shep Gordon's Incredible Hollywood Career», *CBS News*, 12 de noviembre de 2016.

Un ejemplo de cómo Shep ha diseñado carreras artísticas de una forma brillante es cuando llevó a Alice Cooper desde Estados Unidos a tocar en el estadio de Wembley. «Era un concierto con 10 000 asientos. Habíamos vendido solamente 50 entradas. Así que pensé en cómo hacer que la gente en Inglaterra supiese quién era Alice Cooper y que les importase».

Shep había concebido la carrera del músico sobre una sola verdad: los adolescentes quieren hacer cualquier cosa que sus padres no querrían que hiciesen. Así que Shep ideó un plan rápido y barato. Imprimió una foto enorme de Alice Cooper desnudo, con una serpiente enroscada a su alrededor, y lo colocó en el lateral de un camión de mercancías. Pagó al conductor para asegurarse de que el camión pasase por Piccadilly Circus a hora punta, lo que provocó un atasco. Shep también filtró a los tabloides británicos que algo importante iba a pasar en Piccadilly Circus y que debían cubrirlo. Y en mitad de Piccadilly Circus, en una hora punta, se vio un gigantesco cartel de Alice Cooper desnudo con una serpiente enroscada alrededor de su cuerpo, y docenas de redactores de prensa tomando fotos, cámaras de las noticias locales grabándolo, cientos de policías y una manada de londinenses atrapados. A los adolescentes les encantó la maniobra; los adultos la odiaron. Alice Cooper apareció en todos los tabloides y noticieros del día siguiente, y las entradas para el concierto de Wembley se agotaron en 24 horas. Además, el himno antipadres «School's Out» alcanzó el número 1 en Inglaterra. Este tipo de energía, su audacia y su capacidad para pensar deprisa ha hecho que Shep sea indispensable para sus clientes. Y solamente era necesario un apretón de manos.

El documental *Supermensch: The Legend of Shep Gordon* está dedicado a Shep y al estilo que lo ha hecho tan querido por sus clientes. El título no podría ser más apropiado. *Mensch* es una palabra en yidis que se utiliza para referirse a una persona íntegra y honorable, que se traduce literalmente como 'ser humano'.

Los apretones de manos y el enfoque a largo plazo también me han funcionado en mis propios negocios. Mi amigo Jon Bier dirige la firma PR Jack Taylor. A lo largo de los años, hemos desarrollado una relación en la que nos hacemos favores el uno al otro, nos pasamos clientes, compartimos ideas y, generalmente, nos cuidamos mutuamente. Hace unos meses, Jon vino a verme con una idea de negocio realmente inspirada –y un poco difícil de llevar a cabo–. Él y un *partner*, Brent Underwood, estaban planeando invertir en un pueblo fantasma en la sierra de Inyo, en California, a algo más de trescientos kilómetros de Los Ángeles.[17] El lugar, conocido como Cerro Gordo, es un auténtico retazo del salvaje Oeste, que incluye un viejo *saloon* y un teatro, y estaba a la venta. Cerro Gordo tiene veintidós estructuras, incluyendo una iglesia y un hotel abandonado. A finales del siglo XIX, era el principal foco productor de plata de California. Actualmente se encuentra abandonado y casi intacto, y se cree que está embrujado. Jon y Brent están planeando convertirlo en un destino vacacional, repleto de comodidades modernas, pero sin destruir su carácter histórico.

Ambos querían que invirtiese y formase parte del negocio. Jon me preguntó si invertiría el dinero que tanto me había costado ganar en un pueblo fantasma abandonado.

Si se hubiese tratado de cualquier otra persona, hubiese sido algo más que sospechoso. Al fin y al cabo, Jon estaba tratando de hacerme copropietario de unos edificios ruinosos en mitad de ninguna parte. No podía parecerse más a *Glengarry Glen Ross*. Pero no se trataba de alguien tratando de vender. Jon y yo hemos establecido un *rapport*. Él siempre me había aconsejado gratuitamente y nunca había tratado de capitalizar nuestra relación. Yo tenía muy claro que no hubiera acudido a mí si no hubiera pensado que su proyecto podía beneficiarme. Así que le di un talón, basándome únicamente en el tipo de relación que teníamos. Como a Shep, me bastaba con un apretón de manos. Jon jugaba a largo plazo, y en esa situación me sentí feliz de recompensarlo por ello. Y como yo hicieron otros amigos, como Ryan Holiday, Tero Isokauppila, Kelley Mooney, y otras almas confiadas que avalaron a Jon y Brent.

---

17. Melissa Gomez, «They Bought a Ghost Town for $1.4 Million. Now They Want to Revive It», *New York Times*, 18 de julio de 2018.

Vender es derrotarse

Una de las razones por las que la influencia del juego a largo plazo es tan efectiva es que ayuda a lidiar con la principal paradoja de la comunicación persuasiva: el hecho de que, cuando las personas piensan que están siendo persuadidas, a menudo, se muestran menos dispuestas a dejarse convencer.

Veamos un estudio de los psicólogos Elaine Walster y Leon Festinger de 1962. Su objetivo consistía en evaluar si los mensajes eran más persuasivos cuando el oyente los escuchaba sin que lo supiese el orador que cuando éste le transmitía el mensaje abiertamente. A tal efecto, diseñaron un experimento para el que utilizaron estudiantes de una clase de introducción a la psicología de la Universidad de Stanford.

Los participantes fueron divididos en dos grupos y se les ofreció una visita guiada por el laboratorio de psicología que, aparentemente, formaba parte del programa del curso. En un momento de la visita, los participantes eran conducidos a una sala de observación. Se trataba de una pequeña zona desde la que los estudiantes podían ver una habitación más grande a través de un cristal-espejo y escuchar con auriculares –la clase de escenario que vemos en los interrogatorios de las series policiales.

Al otro lado del espejo había unos cuantos estudiantes de posgrado que, simplemente, pasaban el rato. El guía de la visita les explicó que, en tanto que el área de observación no estaba siempre en uso, los estudiantes solían utilizarla como sala de estar. Se pidió a los participantes que practicasen la «escucha a ciegas» oyendo las conversaciones entre los estudiantes de posgrado.

Y aquí es donde la cosa se pone interesante. Se hizo creer a algunos participantes que los estudiantes de posgrado que se hallaban al otro lado del espejo no sabían que estaban siendo escuchados. Hasta donde podían saber estos participantes, estaban colándose en una conversación privada. En cambio, a otros participantes se les explicó que los estudiantes a los que escuchaban eran completamente conscientes de ello.

En ambos casos, los estudiantes mantenían una interesante y detallada discusión en la que sostenían que fumar no causaba cáncer de pulmón. Haciendo referencia a una serie de estudios científicos inventados, argumentaron que fumar podía ser incluso beneficioso para la salud en tanto que ayuda a la gente a relajarse. Por supuesto, eso era pura basura, pero los estudiantes elaboraron los argumentos para defender esta idea de una manera que pareciesen razonable.

Los participantes convencidos de que habían escuchado casualmente esa conversación estaban significativamente más seducidos por aquel falso argumento que quienes sabían que los estudiantes eran conscientes de que se hallaban frente a una audiencia. En otras palabras, escuchar un mensaje –aparentemente– sin pretenderlo demostró ser más persuasivo que transmitirlo de forma deliberada.

Walster y Festinger sugieren una razón para esto: cuando un mensaje es expresado abiertamente, los receptores pueden sospechar que el emisor está tratando de seducirlos y que, por lo tanto, actúa según motivos ulteriores. Cuando escuchas algo casualmente, en cambio, esta idea no se te pasa por la cabeza.[18] Hasta donde puedes saber, el emisor no tiene ni idea de que estás escuchándolo, así que, ¿cómo podría esa persona intentar persuadirte?

Este argumento tiene sentido. Si un vendedor me dice directamente que tendría que comprar un iPhone en lugar de un Android, una de las primeras cosas que pensaré es: «¿Qué interés tiene en que lo haga?». Pero si escucho a esa persona hablando con uno de sus compañeros, detrás del mostrador, sobre por qué Apple fabrica mejores teléfonos, está claro. No se me ocurrirá pensar que está tratando de influenciarme.

Pero, naturalmente, no se trata de contratar a actores para que anden arriba y abajo charlando sobre el mensaje que quieres transmitir esperando que sea escuchado de forma casual. Sin embargo, emplear

---

18. Elaine Walster y Leon Festinger, «The Effectiveness of 'Overheard' Persuasive Communications», *Journal of Abnormal and Social Psychology* 65, n.º 6, 1962: 395-402.

estrategias de venta dura con la gente es una de las formas más difíciles de hacerla cambiar de idea –quizá, la peor–. Las personas necesitan saber que están formándose su propia idea respecto a tu credibilidad, sobre si merece la pena apoyarte o comprar lo que vendes. Permitirles que lo hagan implica jugar a largo plazo.

Se les llama *influencers* por un motivo

Los beneficios persuasivos del juego a largo plazo pueden apreciarse en la práctica reciente de lo que los anunciantes llaman *influencer marketing*. Ésta es una forma de vender que se apoya en los famosos de las redes sociales –o, como se los conoce ahora, los *influencers*.

Las personas que han cultivado una enorme cantidad de seguidores en plataformas como YouTube o Instagram lo han hecho, sobre todo, jugando a largo plazo. Han conseguido ser creíbles para sus seguidores mostrándose abiertos y honestos respecto a sus valores, intereses y caracteres. Por otra parte, sus fans han podido conocer y apreciar a estas personas gracias a su exposición diaria a lo largo de meses o años. Como Brendan Gahan, director de comunicación de Mekanism y de nuestra división de *influencer marketing*, Epic Signal, escribió: «Los *youtubers*, y particularmente los *vloggers*, son capaces de establecer relaciones con sus fans que éstos pueden sentir como cercanas e íntimas, tan duraderas y profundas como una amistad».[19]

Así que, cuando una personalidad de YouTube comunica el mensaje de una marca, logra un grado de credibilidad y persuasión para ese producto que sólo puede conseguirse a través de esa relación a largo plazo que los *influencers* han construido con sus seguidores. Éste es el motivo por el que una mención de un *influencer* en la red social ade-

---

19. Brendan Gahan, «Limbic Resonance - The Science Behind the Success of YouTubers», 2 de diciembre de 2014, http://brendangahan.com/limbic-resonance-science-behind-success-youtubers

cuada puede disparar las ventas en una página web o hacer que una multitud asista a un evento.

Estos individuos no son marcas, y la mayor parte de ellos no participan en el negocio de lograr ventas rápidas. Son personas habilidosas creando relaciones humanas reales. En otras palabras, jugar a largo plazo significa cultivar el mismo tipo de credibilidad, respeto e influencia que hacen que estas estrellas de las redes sociales sean tan persuasivas.

Cómo jugar a largo plazo

Si se trata de lograr este tipo de carácter, hay algunas reglas que debes observar para poder jugar a largo plazo y obtener sus profundos y sólidos beneficios.

Regla n.º 1: Nunca vendas algo que no comprarías

La idea es muy sencilla: si no crees realmente en la idea, el producto, el destino vacacional, el restaurante o el concierto que estás vendiendo, no deberías hacerlo. Fin de la historia.

Ahora y siempre, deberías huir de ser deshonesto. Pero, si por costumbre vendes cosas en las que no crees –o, incluso, respecto a las que eres simplemente agnóstico–, te van a atrapar enseguida. Con el tiempo, se hará evidente a los demás, de un millón de formas, que no eres el tipo de persona en el que pueden confiar. Y ésa será la reputación que te habrás ganado.

Es un reto. La vida está presentándonos continuamente atractivas oportunidades para violar este principio. Siempre habrá ocasiones en las que será cómodo o potencialmente lucrativo adoptar una posición que no apoyas realmente. Así que es crucial que, en cualquier momento en el que estés intentando cambiar la manera de pensar de alguien, te preguntes: «¿Pienso que esta persona estará mejor si adopta mi postura? ¿O sólo estoy intentando influenciarla para enriquecerme, hacer mi vida más fácil, ahorrarme trabajo o avanzar hacia otro objetivo?».

Habitualmente, la respuesta es obvia, pero no siempre. Somos increíblemente hábiles engañándonos a nosotros mismos, sobre todo cuando la verdad se entromete en nuestros deseos más inmediatos. Tomarte un momento para ser honesto contigo mismo antes de empezar a persuadir a la gente hará más difícil sucumbir a este impulso.

El proceso comienza con la decisión consciente de rechazar persuadir a alguien para que haga algo que tú mismo no harías.

El caso de Vine: El alto precio de la persuasión deshonesta

Algunos de mis peores errores, que he transformado en oportunidades de aprendizaje, se deben a mi voluntad de vender algo en lo que no creía. Un ejemplo memorable sucedió hace algunos años, cuando uno de mis colegas tuvo una idea para capitalizar una aplicación llamada Vine, que había suscitado una gran expectación en las redes sociales. Para aquellos que no la recordéis, Vine era una plataforma de vídeo, propiedad de Twitter, que permitía a los usuarios publicar vídeos de seis segundos que se reproducían en bucle. Era una versión breve de YouTube, precursora del tratamiento de los vídeos en Facebook e Instagram. En aquel momento parecía que iba a ser la gran cosa.

Mi colega Andre Ricciardi consideraba que uno de los grandes problemas de Vine era que había limitaciones reales a cómo podías ver esos vídeos. Por ejemplo, no había forma de organizar o buscar los bucles de Vine. No había canales, ni un lugar en el que se agrupasen. Su idea era emplear los recursos de Mekanism para construir algo así como un motor de búsqueda para Vine, que decidimos llamar PEEKit. Al principio, cuando él y algunos otros colegas compartieron conmigo sus ideas, sentían que era una oportunidad única en la vida para ganar mucho dinero. En aquel momento, Twitter se encontraba inmerso en un festival de compras, adquiriendo compañías como TweetDeck o Tweetie por pequeñas fortunas.[20] Todas esas tecnologías ofrecían una

---

20. Rip Empson, «Twitter Buys TweetDeck for $40 Million», *TechCrunch*, 23 de mayo de 2011; Jason Kincaid, «Twitter Acquires Tweetie», *TechCrunch*, 9 de abril de 2010.

mejor forma de organizar y visualizar los tweets. Si podíamos hacer lo mismo con los bucles de Vine, pensamos, Twitter también nos haría ricos a nosotros.

Además, si Vine despegaba, podríamos atraer clientes, ofreciéndoles un posicionamiento privilegiado en los canales de PEEKit en Vine. En aquel momento, Mekanism ya se había hecho un nombre como líder en marketing en redes sociales, así que aquélla parecía una forma obvia de seguir construyendo esa reputación. El hecho de que Twitter hubiese comprado Vine a sus creadores antes incluso de que el servicio se lanzase sólo reforzaba nuestro punto de vista. Si los billonarios de Silicon Valley estaban tan entusiasmados con el producto, debía de haber oro (ni siquiera plata) en aquellos montones de paja, pensamos. Así que mis compañeros y yo decidimos ir a por ello.

Pero, en el fondo, nunca creí realmente en el proyecto. Honestamente, no entendía por qué alguien querría usar Vine o por qué estaba captando tanta atención. Y, definitivamente, no estaba seguro de por qué la gente tenía la necesidad de una aplicación que concentrase aquellos vídeos supercortos y permitiese buscarlos. Quiero decir, Twitter tenía que ver con el libre fluir de pensamientos condensados y conversaciones. Vídeos mal grabados de seis segundos no encajaban con la esencia de la experiencia de Twitter.

Después de varios meses de intenso trabajo de nuestros equipos de producción y de una considerable inversión, teníamos la página web en línea y funcionando. Visité a nuestros clientes e hice todo cuanto pude para explicarles por qué era una oportunidad tan extraordinaria para sus marcas.

Twitter clausuró Vine en enero de 2017, después de que el entusiasmo inicial se desbravase. Al parecer, mucha gente se sentía de la misma forma que yo respecto a Vine. Y de la misma forma que se fue Vine, se fue PEEKit.

No era el primer negocio que había ayudado a lanzar que no daba resultados. Y tendré tropezones similares en el futuro –es un riesgo que corres siempre que arrancas con una nueva aventura–. Lo que me molestó especialmente sobre aquel proyecto en concreto no fueron ni el tiempo ni el dinero gastados en construir la plataforma y promocionarla. No. Era el hecho de que había intentado vender el producto a pesar de que yo mismo no creía en él. Me había abalanzado sobre lo que vi como una oportunidad de ganar un poco de dinero rápido. Pensé transaccionalmente. Si hubiese jugado a largo plazo, habría sido honesto conmigo mismo y me habría dicho que no creía en aquella empresa, y hubiese mantenido mi pólvora seca para oportunidades en las que sí hubiese creído.

Regla n.º 2: El poder de un simple «no»

De algún modo, ésta es la otra cara de la moneda de la regla anterior. Si sólo vas a comprometerte con posturas con las que estés genuinamente de acuerdo, vas a tener que decir que no a un montón de cosas. El sentido común debería decirte que, si estás tratando de conducir a alguien, deberías decir «sí» tanto como sea humanamente posible. Pero nadie cree a alguien que siempre dice que sí. ¿Por qué deberían hacerlo? Si, por costumbre, dices cosas sólo para hacer que los demás se sientan mejor consigo mismos, entonces no eres una fuente de información fiable. Por otra parte, si eres un ser humano auténtico, con pasiones, principios e integridad –es decir, una persona de carácter– te encontrarás a ti mismo diciendo «no». De la misma manera, si estás interesado en el bienestar a largo plazo de otra persona, cuando creas que está cometiendo un error, tendrás que decírselo, y no limitarte a dejar que lo cometa. Algunas veces eso es lo que pide una relación.

Si pienso que la estrategia de marketing de un cliente potencial no está bien concebida o es incoherente, y me piden abiertamente que dé mi opinión, les diría que su marca necesita un poco de trabajo y por qué. Lo haría de un modo profesional y que fuese respetuoso con su opinión, especialmente si no conozco bien a esa persona. Tampoco tendrías que temer decirles a los clientes potenciales que tal vez no seas la mejor empresa o persona para llevar a cabo un proyecto concreto. Tengo clientes que a veces vienen a mí con ofertas muy atractivas que tengo que rechazar porque el calendario es muy ajustado o porque no tenemos el equipo apropiado para realizarlas. Les podría decir «no hay problema», tomar su dinero y hacer para ellos un trabajo mediocre. Pero seguramente nunca más nos llamarían.

Por supuesto, las cosas no van siempre sobre ruedas cuando le dices que no a alguien. No es una palabra que a la gente le guste escuchar. Y es tentador ceder a la presión cuando la relación se tensa. En esos momentos hay que mantenerse firme. Si alguien –un cliente, un colega, un vecino, cualquiera– me pide algo que mi propio sentido de la integridad me impide hacer, no me importa que piense que soy un cretino. Si es por una buena razón, por una razón positiva, mantenerte firme y afrontar un pequeño conflicto no sólo es aceptable, sino que es respetable. Por otra parte, ir contra tus principios y complacer a alguien sólo por alzarte con una minúscula victoria te hará mucho menos influyente a largo plazo.

Decir que no cuando es importante es algo que debes hacer instintivamente, sin pensarlo. Desde el punto de vista de la persuasión, este hábito tiene también beneficios tácticos, al menos, si estás jugando a largo plazo. Que dejes pasar una oportunidad para obtener elogios fáciles o dinero rápido le muestra a la otra persona que te importan otras cosas, además de cerrar un trato lucrativo o de dar la respuesta que el otro espera escuchar. Te hace más digno de confianza, y, sobre todo, más humano. En la lengua inglesa no hay una palabra más poderosa que «no». Te ayudará a conseguir el proyecto, el empleo o la oportunidad adecuada cuando se presente.

Cómo Martin Puris usó el poder del «no» para hacer historia de la publicidad

Tomé conciencia del poder del «no» a través de una de mis figuras preferidas en la historia de la publicidad, Martin Puris. Él es el hombre que hay detrás de uno de los hitos más legendarios en la historia de este negocio: la campaña de BMW «The Ultimate Driving Machine».

Este eslogan ha sido utilizado ininterrumpidamente durante más de cuarenta años –un logro inaudito–. Y ayudó a transformar la marca de un oscuro fabricante de coches bávaro en la que, probablemente, sea la marca de automóviles de lujo más icónica en Estados Unidos. Lo que aprendí de mis conversaciones con Martin, sin embargo, es que este hito publicitario no hubiese tenido lugar de no ser por su habilidad para decir «no» cuando era importante hacerlo.

Puris tuvo la primera oportunidad de trabajar para BMW en 1974, sólo unos meses después de que él y sus socios, Ralph Ammirati y Julian AvRutick fundasen la agencia Ammirati Puris AvRutick (que más tarde sería A&P). Todos ellos procedían de grandes agencias con la esperanza de salir adelante por sí mismos y llevando a cabo el tipo de trabajo creativo subversivo que estaba transformando la industria publicitaria en aquel tiempo.

Al principio, nadie habría confundido A&P con una refinada operación de Madison Avenue. Excepto para una secretaria, Ammirati Puris AvRutick no era solamente el nombre de una empresa: era la empresa. Y operaban desde una suite en el Hotel Delmonico de Nueva York.

Tal como lo explica Puris, aquellas primeras semanas fueron excitantes. Desafortunadamente, la joven agencia no había conseguido atar una sola cuenta desde que había abierto sus puertas, lo que era un problema, porque en cuestión de semanas la compañía entraría en quiebra y sus socios deberían volver a trabajar por cuenta de otro. A&P empezaba a parecerse menos a una agencia creativa y más a tres chicos que mataban el tiempo en una habitación de hotel alquilada.

La falta de negocios en aquellos primeros meses no fue puramente accidental. De hecho, era un pequeño problema de diseño. El proceso habitual para formar una cartera de clientes no atraía a los fundadores de A&P, especialmente a Ammirati. Como lo describió en una ocasión, «empezar con un montón de pequeños gatos y perros, y pasar el resto de tu vida tratando de mejorar». Así no es como iba a hacer las cosas A&P. Estaban en el sector para hacer trabajos impresionantes para clientes prestigiosos. Acumular unas cuantas cuentas pequeñas les permitiría mantenerse a flote, pero haría más difícil que lograsen el tipo de negocio del que andaban detrás: «Ninguna cuenta de primera quiere ese tipo de agencia, y nosotros queríamos cuentas de primera». Así que rechazaron un montón de propuestas, y pusieron su fe en el poder del «no» para que los catapultase a las grandes ligas.

Por casualidad, se enteraron de que una empresa automovilística alemana llamada BMW estaba tratando de irrumpir en el mercado norteamericano. Puris se puso en contacto con ellos a través de un viejo amigo de Young&Rubicam, y A&P entró en la carrera por el contrato. La cuenta, sin embargo, iba a ser difícil de conseguir. Otras dos agencias –mucho más grandes, Benton&Bowles, y Ted Bates– también andaban detrás. Ambas agencias tenían décadas de experiencia trabajando con marcas de primer nivel, como Budweiser, M&M's y el dentífrico Colgate.

Además, Puris se dio cuenta muy pronto de que no sería fácil introducir el BMW en el mercado americano. El fabricante se presentaba como una marca de coches de lujo, pero sus coches estaban muy lejos de ser lo que un consumidor norteamericano consideraba un vehículo de lujo. A principios de la década de 1970 se encontraban en pleno apogeo los enormes rectángulos de chapa, cromo y vinilo, aderezados con accesorios innecesarios como asientos ajustables, relojes de Cartier en el salpicadero, paneles de madera... Si pagabas un montón de dinero, esperabas un montón de coche a cambio, así como una gran variedad de colores entre los que elegir. El BMW 2002, en cambio, era un sedán compacto que recordaba bastante al Chevy Corvair –un coche que los norteamericanos no asociaban con el lujo–. Y, sin embargo, tenía un precio que rivalizaba con el de los Cadillac.

Fue durante un viaje a Múnich, mientras hablaba con uno de los ingenieros de BMW, cuando Puris tuvo la primera gran idea sobre la identidad de la marca y cómo presentarla en América. BWM tenía más que ver con la sustancia que con el estilo. Era el coche que los ingenieros fabricarían si no tuviesen que rendir cuentas a nadie, si pudiesen deshacerse de las normas escritas por el hábito. Era un coche para personas que valoraban un coche por lo que hacía, y no por lo que parecía.

Puris comprendió también a qué tipo de norteamericano interpelaría un coche como aquél –a las personas como él–. Fue uno de los primeros en darse cuenta de que había un creciente número de personas como él, en que se combinaban la pasión contracultural de la década de 1960 con la voluntad de alcanzar el éxito profesional y financiero. Si alguien podía abrazar la noción de «la excelencia por la excelencia» que representaban los coches de BMW, eran los adinerados hijos del *baby boom*.

Además, para Puris era obvio que los coches de lujo que impresionaban a la generación de sus padres dejaban fría a la gente como él. No había un Lincoln Continental para la gente joven con dinero. Un BMW podía ser ese coche.

Ya tenía su idea. Ahora debía ejecutarla, y eso significaba crear un eslogan perfecto. Su primer impulso fue ser ingenioso, con lemas como «Our status symbol is under the hood, not on it» (Nuestro símbolo de estatus está bajo el capó, no sobre él). Pero sabía que no era el bueno. El eslogan transmitía la idea, pero se regocijaba en su propio ingenio.

Siguió garabateando lemas en la pared para ver qué encajaría mejor. Uno decía «The ultimate driving machine vs. The ultimate sitting machine» (La máquina de conducir definitiva vs. la máquina de sentarse definitiva). Pero, de nuevo, le parecía que implicaba demasiado juego de palabras. Esa clase de eslogan funcionaría mejor en un anuncio individual –como, de hecho, sucedió con algunas de las ideas que descartó–. Pero aquel eslogan tenía que anunciar la identidad de BMW sin ambages. Con todo, había algo en su último lema que sonaba auténtico. Como en muchos logros creativos, el éxito se consigue después de un proceso de edición reflexivo. Y, cuando Puris se fijó en su eslogan, vio lo que era necesario que sucediese. «Olvídate de las comparaciones y de los juegos de palabras habilidosos», pensó. Hay sólo una cosa que los clientes necesitan saber sobre este coche, y se puede decir en cuatro palabras: «The Ultimate Driving Machine». Sí, era la máquina de conducir definitiva. Todo el dinero se invertía en lo que había bajo el capó, no en el claxon, ni en la decoración del habitáculo.

Puris sabía que lo tenía. Sus socios, sin embargo, no estaban tan seguros. Aquélla era una frase demasiado simple, se quejaron, demasiado fría y utilitaria. No sonaba como un gran eslogan. Además, nadie piensa en el lujo cuando escucha la palabra «máquina». Todas aquellas críticas eran razonables –especialmente, si tenemos en cuenta que la existencia de A&P dependía de aquel asunto–. No había tiempo para experimentos.

Y, de nuevo, el poder del «no» demostró ser absolutamente crucial. Puris no estaba de acuerdo con sus colegas y rechazó cambiar la propuesta. Habían fundado su empresa para hacer un gran trabajo, un trabajo innovador... Y, si iban a irse a la bancarrota, lo harían con algo realmente original. Así que A&P se presentó en Múnich para conseguir la cuenta de BMW y afianzar su negocio con cuatro palabras que solamente Puris creía que podían vender.

Puris me explicó que en el momento en el que reveló el eslogan «The Ultimate Driving Machine» durante la presentación, se hizo evidente que habían conseguido el negocio. Los tres ejecutivos presentes en la sala se volvieron de inmediato a discutir entre ellos sobre la idea, serenamente, asintiendo y sonriendo durante todo el tiempo.

Pero, aunque el cliente estuviese convencido, no lo estaban tanto de la solidez que pudiese tener A&P, de su estabilidad y, sobre todo, de su precio. Así que vivieron un mes de negociaciones. BMW quería comprar el eslogan, pero trabajar con otra agencia.

Una vez más, Puris confió en el poder del «no». Insistió en que era todo o nada. «Ellos seguían diciendo: "Es muy caro"; y nosotros repetíamos: "Bueno, es que no es una oferta. Es lo que va a costar"». Era finales de 1974, y la agencia tenía recursos para aguantar exactamente tres o cuatro semanas. «Ellos ya sabían entonces que nosotros no teníamos otros clientes –me contó Puris–. Éramos como el Pato Lucas, ¿sabes?». Ésa es una gran definición de una posición de debilidad en una negociación.

Pero los tres socios no tenían intención de rebajar sus tarifas o de limitarse a vender su eslogan. Para empezar, sabían que el hombre que tomaría la decisión definitiva, el director de marketing de BMW, Bob Lutz, adoraba su idea. «Fue el más efusivo durante la reunión –recordaba Puris–. Requería pelotas, pero se mantuvieron firmes en su respuesta: "Si no lo queréis hacer, simplemente no lo hagáis"». Puris se enteró después de lo que Lutz le dijo a su equipo de marketing: «O son los chicos más listos del mundo, o los más jodidamente idiotas del mundo. Y no vamos a saber cuál de los dos son hasta que los contratemos. Así que limitémonos a contratarlos, joder».

A&P aterrizó en BMW cuando le quedaba dinero para sobrevivir solamente diez días. Con una facturación de 900 000 dólares al año (que era una buena cantidad, en aquel momento), la cuenta era suficiente para pagar sus facturas e invertir en nuevas contrataciones.

Desde una perspectiva general, el éxito de una pequeña agencia de publicidad no cambia el mundo. Pero la historia de Puris demuestra que el poder del «no» puede transformar en realidad las convicciones de uno. Dijo «no» a un montón de acuerdos rápidos con clientes pequeños para mantener la agencia a flote. Dijo «no» a sus socios cuando le pidieron que escribiese un eslogan más convencional para BMW. Y dijo «no» cuando el fabricante de coches le pidió que bajase su precio y comprometió su visión creativa. En cada ocasión, Puris estaba demostrando que tanto él como su joven agencia se preocupaban por algo más que por obtener beneficios. Y estas decisiones aumentan la capacidad de influencia, tanto en la negociación con BMW como en la carrera de Puris durante los siguientes años.

Regla n.º 3: Nunca dejes que las relaciones caigan a cero

Las personas realmente persuasivas se preocupan más de las relaciones que de las transacciones. Así que no debería sorprendernos que el hábito de forjar, mantener y dar valor a las relaciones en sí mismas sea central para desarrollar un carácter persuasivo.

Ser la persona que sólo te llama cuando necesita algo de ti no es una buena actitud para ser persuasivo. Y la razón es que está claro que no le importas una mierda. No tiene una relación contigo y no quiere tenerla. Pero empieza a cultivar relaciones y los frutos de la persuasión crecerán por sí mismos.

Según mi experiencia, el principal destructor de las relaciones es el abandono. Tomar medidas para asegurarte de que ninguna de tus relaciones cae a cero –es decir, que nunca pierdas el contacto con nadie durante demasiado tiempo– es la mitad de la batalla, si se trata de mantenerlas vivas. A continuación, encontrarás unas cuantas técnicas que puedes usar para mantener el contacto de forma un poco más automática.

Programa un recordatorio

Programa un recordatorio para mantener el contacto con una persona, normalmente, trimestral. Todo depende de quién sea la persona y qué tipo de relación tengáis. Pero, si es suficientemente importante para estar entre tus contactos, entonces es suficientemente importante como para que mantengas el contacto.

Conecta con cuatro

Elige cuatro personas cada semana y contacta con ellas. No tiene que ser un correo electrónico extenso, o una llamada telefónica –puede ser un rápido mensajes con un «Estaba pensando sobre X y me he acordado de ti». También puede ser un encuentro cara a cara, o una llamada telefónica previamente agendada.

Yo me aseguro de tener encuentros cara a cara regularmente con todo el mundo en mi compañía. Esto consume mucho tiempo, pero le da a todo el mundo la oportunidad de compartir sus perspectivas únicas con el CEO y me permite saber qué necesitan para tener éxito, o qué ideas tienen para mejorar la empresa. Este hábito me facilita entablar relaciones reales con todos y cada uno de los empleados de la compañía y, por eso, es una gran forma de invertir el tiempo.

Pasa de lo social a lo personal

La próxima vez que vayas a compartir un pensamiento en las redes sociales –tanto da si estás twitteando sobre una nueva serie de televisión o dando un «me gusta» a un artículo de Facebook–, no lo hagas. En lugar de eso, busca entre tus contactos a alguna persona que creas que puede valorar la recomendación o la idea. Entonces, envía correos electrónicos o mensajes de texto a esas personas concretas. En otras palabras, usa tu pensamiento para reiniciar una conversación personal.

Junta a la gente

Busca oportunidades para presentar a personas. ¿Tienes un cliente al que le encantan las guitarras clásicas? Preséntale a tu amigo del instituto que restaura Les Pauls antiguas. ¿Tu vecina está pensando en matricularse en derecho? Ponla en contacto con ese primo tuyo que da clases en la facultad de derecho de la Universidad de Nueva York. No fuerces la interacción, sólo preséntalos y deja que ellos se ocupen de lo demás. Tu objetivo es dar valor a las relaciones por sí mismas –y eso incluye las relaciones entre otras personas.

Trata un «no» como un «no... por ahora»

Otra manera de priorizar las relaciones por encima de las transacciones es tratar las interacciones persuasivas no como finales o momentos de verdad, sino como comienzos, o episodios de una relación duradera.

Por ejemplo, si un cliente del que voy detrás me rechaza, no pienso en su respuesta como un «no», sino como un «no... por ahora». Lo hago así incluso aunque parezca evidente que no habrá oportunidad de hacer cambiar de idea al cliente en el futuro inmediato. ¿Por qué? Porque intentaré mantener el contacto con esa persona y es probable que nos volvamos a encontrar. Cuando actúo así, ese «no» se convierte simplemente en un momento en el curso de nuestra relación. Esa relación puede conducirnos a nuevas y mejores cosas en el futuro. Puede que sí, o puede que no. Pero el *pitch* no es el final de una relación.

Una ventaja de esta forma de pensar es que quita un poco de presión del *pitch* y me hace sentir más seguro, más relajado y menos desesperado en mis interacciones con la persona a la que estoy tratando de convencer. Al mismo tiempo, esto ayuda al cliente a no sentir que está siendo forzado a tomar una decisión por parte de un vendedor agobiado. Quita el énfasis de la transacción y lo sitúa en la relación, incluso aunque esta diferencia sea puramente subconsciente. La tendencia habitual a enmarcar las situaciones de esta manera sin pensarlo es uno de los rasgos distintivos de un carácter persuasivo.

A lo largo de mi carrera, esta forma de ver las cosas me ha sido de utilidad. De hecho, puedo decir con certeza que si no hubiésemos aprendido a valorar las relaciones por encima de las transacciones de este modo, Mekanism no habría conseguido tener actualmente a uno de sus mayores clientes, la firma de servicios financieros Charles Schwab.

Hemos trabajado con su marca durante más de cinco años. Pero, cuando al inicio fuimos a por su negocio, ni siquiera nos abrieron la puerta para poder hacer un *pitch* oficialmente. Sin embargo, en lugar de tratar su reacción como un firme «no», nos lo tomamos como un «no... por ahora». Durante los años que siguieron nuestro equipo se esforzó por mantener la relación con nuestros contactos allí.

Nos aseguramos de que recibiesen nuestros emails trimestrales, en los que anunciamos los galardones y logros de la empresa –no sólo para alardear, sino para convertirlos en miembros no oficiales de nuestra comunidad–. Y, por encima de todo, nos asegurábamos de no pedir nada a cambio. Estábamos manteniendo una relación y transmitiéndole a la compañía una idea de cómo hacíamos negocios y de cómo trabajábamos para otros clientes, no les vendíamos nada. En Año Nuevo, les enviamos unos regalos con nuestra marca. Estábamos en contacto y evitábamos que la relación cayese a cero en algún momento.

Ocasionalmente conseguimos un pequeño encargo, que tratamos como si fuese el más importante de nuestras carreras. Aquel proyecto se convirtió en otro. Y estoy bastante seguro de que, cuando en Charles Schwab tuvieron que buscar una nueva agencia en el mercado, nos convirtieron en candidatos inmediatamente, y ganamos. Esto sucedió, en buena parte, porque nos habíamos mantenido en contacto y porque les demostramos que nos importaban las relaciones. Si lo único que hubiésemos querido era firmar un contrato, mantenernos en contacto a lo largo de los años no habría sido una forma muy efectiva de lograrlo. Jugamos a largo plazo, y gracias a eso hoy somos su agencia.

Regla n.º 4: Pon un poco de tu piel en juego

Por supuesto, forjar una relación a largo plazo no siempre es suficiente. Y en muchas ocasiones te encontrarás teniendo que persuadir a alguien a quien acabas de conocer. En estos casos, debes buscar otras formas de demostrar que eres alguien que se preocupa por los intereses a largo plazo de la otra persona y no sólo de tu propio beneficio inmediato. Una estrategia es poner algo de tu propia piel en el juego. ¿Cómo puedes hacer eso? Asumiendo alguno de los riesgos que implique tomar la decisión en torno a la que estéis debatiendo.

Algunos de los anuncios más efectivos se sustentan precisamente en este principio. Un estudio reciente llevado a cabo por investigadores de la Northwestern's Kellogg School of Management analizó qué tipo de mensajes en los anuncios le parecían más efectivos a los consumidores. En la parte más alta de la lista aparecían anuncios que incluían la garantía de reembolso, y anuncios que prometían igualar el precio de un competidor si era más bajo para un determinado producto.[21] Ahora bien, éste no es exactamente el tipo de publicidad en la que trabaja Mekanism, pero el estudio dio en el blanco.

En ambos ejemplos, el vendedor está demostrando que los intereses del consumidor son más importantes para él que cerrar una venta o exprimir todo el dinero posible de esa transacción. En otras palabras, está invirtiendo en una relación a largo plazo a expensas de las ganancias a corto plazo. De paso, algunos de los mensajes que menos confianza inspiraron, de acuerdo con el estudio de la Kellogg School, eran aquellos que forzaban a los consumidores a decidir rápidamente con una oferta de tiempo limitado –un caso clásico del tipo de venta dura que siempre es mejor evitar.

Si estás tratando de convencer a un nuevo amigo para ir a un restaurante japonés en lugar de a un mexicano, podrías ofrecerte a pagar la cuenta y llevarlo al mexicano la próxima vez si no le gusta el arcoíris de sushi que tanto te apetece. Esta forma de plantearlo no sólo minimiza los riesgos para la otra persona, sino que también le demuestra que te importa su satisfacción y no solamente la tuya, y que te ofreces a hacerte cargo de las consecuencias si no queda contento con su decisión.

---

21. «How to Make Ads That Even Savvy Customers Trust», Kellogg Insight, Kellogg School of Management, Northwestern University, 13 de abril de 2017.

Pero, si no estás realmente convencido de que la otra persona disfrutará con el sushi, entonces, no deberías intentar hacer que cambiar de idea. Poner tu propia piel en juego es una excelente manera de hacer que este aspecto de tu carácter se haga aún más evidente.

★ RESUMEN

Es una extraña ironía que algunos de los consejos más conocidos sobre cómo vender socaven la herramienta de persuasión más poderosa que poseemos: nuestra humanidad.

Ya sea la actual obsesión con la marca personal o el mantra de la vieja escuela («Siempre estar vendiendo»), ambas técnicas reducen la persuasión transaccional. Desde este punto de vista, la persuasión no es más que una manera escurridiza de decir: «Dame lo que quiero». Además de ser bastante indecoroso, esta forma de abordarlo es inefectiva. A las personas no nos gusta que nos vendan cosas y, raramente, cerraremos un trato con una marca antes que con otro ser humano.

Las relaciones deben estar por encima de las transacciones. Siempre es mejor jugar a largo plazo. Y éstas son las cuatro reglas:

1. Nunca vendas algo que tú mismo no comprarías.
2. No tengas miedo a decir «no».
3. Nunca dejes que las relaciones caigan a cero.
4. Pon algo de tu piel en juego.

Cuando me descubro a mí mismo en modo «Siempre estar vendiendo» y tratando de realizar una venta dura, suele ser porque he fallado en atenerme a uno o más de los cuatro preceptos anteriores. Idealmente, estas reglas básicas deberían formar parte de tu propia naturaleza. Pero, hasta que eso suceda, ceñirte a ellas te exigirá esfuerzo y concentración.

Cuando persuades jugando a largo plazo, nunca estás únicamente cerrando una venta.

*

CONSIDERACIONES FINALES
PRIMER PRINCIPIO: ORIGINAL

Ser tu yo real, original, en cada interacción es una obligación para lograr una persuasión conmovedora. La mayoría de las personas pueden reconocer la falsedad instintivamente. Si estás escondiendo tus verdaderas intenciones, fallarás al intentar resonar a nivel humano; si piensas de forma puramente transaccional, se hará evidente, no importa cuánto trates de evitarlo.

Hay tres hábitos que, cuando se aplican en conjunto, pueden combatir este tipo de artificialidad y permitir a tu audiencia saber que partes desde algún lugar real y personal, que estás siendo auténticamente tú.

Sé tú mismo, los demás ya están cogidos

De vez en cuando, todos nos sentimos tentados de ser el tipo de persona que los demás querrían que fuésemos. Esto es especialmente cierto en las interacciones de alto riesgo, en las que las impresiones personales cuentan. Pero esto siempre es un error.

Tu objetivo debería ser abandonar tus preocupaciones sobre cómo los otros te perciben, y hablar desde tus entrañas. No temas mostrar tu idiosincrasia y tus pasiones personales. Colecciona modelos de conducta e inspírate en su singularidad. Y cíñete a tus valores fundamentales.

Aprende a ser un gran storyteller

El hecho, el argumento y la razón pueden dirigirse al intelecto, pero para lograr conectar realmente necesitarás también el *storytelling*. Si quieres conseguir que tu punto de vista sea real para una audiencia –especialmente si se trata de una audiencia escéptica–, necesitas ser capaz de transportarla emocionalmente a través de la narración.

Afortunadamente, el *storytelling* es una habilidad como cualquier otra, lo que significa que, con suficiente práctica, puede ser aprendida. Recopila historias originales que tengan un significado especial para ti y que expresen ideas que te parezcan importantes. Fíjate en *storytellers* a los que te gustaría parecerte y disecciona qué es lo que los hace tan buenos. Y recuerda que las narraciones familiares, a menudo, suelen ser las más poderosas.

Nunca «estés vendiendo»

Ser real significa resistir la urgencia de ir a cerrar una venta rápida o presentarte a ti mismo como una marca anticuada. Hoy en día, las mejores marcas tratan de evitar que se las perciba como entidades puramente transaccionales. Quieren ser más humanas.

Demuestra que te preocupas por otras cosas que no son ganar dinero o conseguir lo que quieres tan rápido como sea posible. No vendas nada que no comprarías tú mismo –ya sea un producto, un servicio o una idea–. No tengas miedo a decir «no», incluso aunque tenga un coste a corto plazo. Preocúpate por las relaciones y hazlo lo mejor que sepas para evitar que caigan a cero. Y muestra que estás genuinamente comprometido con lo que sea que estás defendiendo, poniendo tu propia piel en juego. Deja ir el pensamiento transaccional y cortoplacista, y empieza a jugar a largo plazo.

SEGUNDO PRINCIPIO

GENEROSO

Todos conocemos a personas que podrían ser descritas como naturalmente generosas. Éste es un rasgo de carácter profundo, que se hace evidente a través de muchos pequeños gestos. Al igual que otros rasgos tratados en este libro, la generosidad es un atributo que es bueno en sí mismo. Las personas generosas son ese tipo de personas a las que, si les hacemos un favor, disfrutamos de ello. Cuando tienen éxito, nos sentimos realmente felices por sus logros. Y, cuando entran en una habitación, siempre nos alegra verlos. Queremos ayudarlos a que tengan éxito en cada intento. Y, lo más importante, cuando expresan un punto de vista o apuestan por una forma de actuar, queremos estar de acuerdo con ellos. Éste es el motivo por el que, cuando das, terminas recibiendo.

Capítulo 4

Date a los demás

Los que dan, tienen todas las cosas.
Los que retienen, no tienen nada.

(Proverbio hindú)

A menudo nos dicen que, si queremos algo de otra persona, ayudará a que la relación fluya el hecho de que seamos nosotros quienes demos en primer lugar –el clásico trueque–. La efectividad de esta estrategia ha sido repetidamente confirmada por rigurosos experimentos de investigadores académicos. Pero no tienes que consultar una revista sobre psicología para ver esta idea en acción. Ésta es la razón por la que determinadas marcas de comida y bebida ofrecen muestras gratuitas, o las compañías farmacéuticas hacen que los doctores puedan nadar en ellas, así como bolígrafos y tazas con el logotipo de la marca. Es el motivo por el que Netflix y Spotify te ofrecen una prueba gratuita antes de pedirte dinero, y es, a menudo, el motivo por el que los empresarios adinerados hacen donaciones a las campañas políticas (y por el que los políticos hacen favores a sus potenciales donantes).

En su clásico de la ciencia de la persuasión, *Influencia*, el psicólogo Robert Cialdini identifica esta regla –a la que llama «la regla de la reciprocidad»– como «una de las más potentes armas de influencia» que tenemos a nuestra disposición.[1] Por ejemplo, Cialdini cita un estudio en

1. Robert B. Cialdini, *Influence: Science and Practice*, Boston: Pearson, 2009: 13.

que los camareros de un restaurante que ofrecían un caramelo de menta gratuitamente a sus clientes al final de la comida vieron incrementadas sus propinas en un 3 %. Los que daban dos caramelos de menta –cuando se suponía que debían dar solamente uno– experimentaron un aumento del 14 % en sus propinas.[2] La lección básica que podemos extraer de este estudio está clara: si quieres algo, tienes que dar algo.

Sin embargo, mi acercamiento a la persuasión no tiene que ver con «armas de influencia», sino con desarrollar los rasgos de carácter que harán que la gente se ponga de tu parte, no sólo porque hayas ejecutado con éxito una maniobra táctica, sino por quién eres.

Teniendo esto en mente, podemos modificar la lección sobre la regla de la reciprocidad de Cialdini: si quieres ser persuasivo, no busques oportunidades para el trueque; sé el tipo de persona que piensa de forma natural en dar, intenta que cada persona con la que te encuentres se marche con algo valioso que no tuviese antes de interactuar contigo –información útil, algún consejo, un regalo que les anticipe algo que podría ser valioso para ellos.

En resumen: *sé generoso.*

Al contrario de lo que haría alguien que ha convertido la regla de la reciprocidad en un arma con la que conseguir un «sí» rápido, una persona generosa da habitualmente, sin pensarlo, y sin esperar nada a cambio. Ve el mundo a partir de las necesidades de los demás, e identifica naturalmente formas de ayudarlos. El sociólogo Christian Smith define la generosidad como «la virtud de dar cosas buenas a los demás libremente y en abundancia».[3] Es el opuesto al egoísmo y la avaricia –incluso aunque esto pueda beneficiarte a largo plazo.

De hecho, es una fantástica ironía que, cuando das sin esperar nada a cambio, acabes recibiendo muchísimo. Ésta es una idea central en muchas religiones y filosofías antiguas.

---

2. «Principles of Persuasion» (vídeo), www.influenceatwork.com/principles-of-persuasion
3. Christian Smith, «What Makes Us Generous?», Boletín de Noticias, University of Notre Dame, 27 de mayo de 2014.

Un proverbio chino dice: «El que da constantemente, constantemente recibirá riquezas y honor».

El Nuevo Testamento nos enseña: «Es una mayor bendición dar que recibir».[4]

Y el Buda creía que «dar ofrece felicidad en cada una de sus fases».[5]

A las investigaciones científicas más recientes les ha costado alcanzar este antiguo saber, pero sus autores suelen estar de acuerdo. La generosidad ha sido vinculada a mayores niveles de felicidad personal, menores niveles de estrés, mejor salud y mayor esperanza de vida.[6] Pero también presenta beneficios significativos en el ámbito de la persuasión.

Dar nos hace humanos

El ser humano tiene una capacidad natural para entregarse desinteresadamente –al menos, en determinadas circunstancias–. Pero, hasta hace poco, la ciencia ha observado esta tendencia innata como un misterio. Específicamente, nuestra disposición para ser generosos con personas con las que quizá no volvamos a encontrarnos ha dejado mudos a los investigadores en disciplinas que van desde la economía y la teoría del juego a la psicología evolucionista. Por ejemplo, ¿por qué nos sentimos obligados a dejar propina a los camareros de un restaurante

---

4. Acts 20:35.
5. Richard Alan Krieger (ed.), *Civilization's Quotations: Life's Ideal*, Nueva York: Algora, 2007.
6. Jordan Michael Smith, «Want to Be Happy? Stop Being So Cheap!», *New Republic*, 21 de septiembre de 2014; Elizabeth W. Dunn, Lara B. Aknin, y Michael I. Norton, «Prosocial Spending and Happiness: Using Money to Benefit Others Pays Off», *Current Directions in Psychological Science* 23, n.º 1, 2014: 41-47; Ashley V. Whillans, Elizabeth W. Dunn, Gillian M. Sandstrom, Sally S. Dickerson, y Ken M. Madden, «Is Spending Money on Others Good for Your Heart?», *Health Psychology* 35, n.º 6, 2016: 574-583; Elizabeth Renter, «What Generosity Does to Your Brain and Life Expectancy», *US News and World Report*, 1 de mayo de 2015.

cuando estamos de vacaciones en una ciudad a la que nunca volveremos? ¿Si, en mitad de la calle, un extraño nos pide ayuda para arrancar su coche, por qué sentimos la necesidad de ayudarlo?

Desde un punto de vista evolutivo, no hay razón para que los humanos hayamos desarrollado esta voluntad para sacrificarnos por los extraños, ya que es poco probable que la persona a quien ayudamos esté alguna vez en posición de devolvernos el favor o de contarles a nuestros amigos que no le prestamos ayuda. Si la evolución nos ha diseñado para cuidar de nosotros mismos y de nuestra progenie, este aspecto de la psicología humana no debería estar tan extendido. A fin de cuentas, los chicos amables llegarán más tarde a la meta. Y, de acuerdo con la lógica brutal de la selección natural, las especies que llegan más tarde no duran mucho. Sin embargo, estudio tras estudio, los humanos han demostrado una sorprendente buena disposición para actuar de una forma altruista con personas anónimas a las que es poco probable que vuelvan a ver.

En 2011, un grupo de científicos de la Universidad de California, Santa Bárbara, finalmente resolvieron este rompecabezas. El estudio –del que son coautores, entre otros, Leda Cosmides y John Tooby, los fundadores de la psicología evolucionista– usaba una serie de modelos computacionales para probar cómo esta característica podría haber evolucionado en el *homo sapiens*. Eso les permitió hacer algo que no se había hecho antes con seres humanos de carne y hueso en un laboratorio: simular cómo nuestras habilidades para la toma de decisiones han cobrado forma a lo largo de cientos de generaciones.

La simulación comenzó con quinientas personas virtuales, que fueron emparejadas para enfrentarse a una situación clásica de la teoría del juego conocida como «el dilema del prisionero». En ese escenario, dos compañeros (A y B) son arrestados por cometer un crimen y separados en diferentes celdas. Deben afrontar una elección: ¿se vuelven en contra de su compañero o mantienen la calma? Siguiendo las reglas del juego, si uno de ellos confiesa y el otro guarda silencio, el delator queda libre y el otro pasa tres años en prisión. Si los dos callan, ambos serán sentenciados a un año de prisión. Y si los dos se delatan, pasarán cada uno dos años entre rejas. Así, las sentencias van desde uno a tres años dependiendo de la elección de cada jugador.

Debido a que las reglas del juego están escritas, siempre es racional confesar –en tanto que el juego no se repite–. Pero si se repitiese el juego, entonces habría que asumir costes significativos por delatar al otro y se obtendrían beneficios significativos por colaborar. Si me vuelvo en contra de mi compañero en la primera ronda, él me traicionará en la siguiente. Si creo que el juego es una interacción única, en cambio, tengo menos motivos para cuidar de mi compañero de fechorías. De esta forma, el juego refleja la situación que afrontamos cada vez que decidimos dar una propina a un camarero en una ciudad extranjera. Si nunca más volvemos a ver a esa persona, sería racional racanear con la propina.

Pero los investigadores incluyeron un aspecto crítico en su simulación informática. En concreto, construyeron su modelo introduciendo la variable de que sus personas virtuales no sabían si cada dilema del prisionero sería una interacción única (como el camarero que nos sirve en otra ciudad) o si se repetiría el encuentro. Debían deducir este detalle empleando una serie de pistas no del todo fiables brindadas por el entorno y, entonces, decidir si guardaban silencio o si delataban. De nuevo, todo esto fue modelado en un programa de ordenador, de manera que los investigadores pudieron ver qué comportamientos de toma de decisiones resistirían el paso el tiempo a lo largo de diez mil generaciones.

Lo que descubrieron fue que las mismas fuerzas y circunstancias que nos llevan a involucrarnos en los trueques también resultan en una proclividad a la generosidad con los extraños. En un mundo en el que la gente tiende a devolver los favores, en otras palabras, las personas que hacen favores sin esperar nada a cambio –incluso cuando no es completamente racional– obtienen bastante mejores resultados a la larga.

La razón que explica esto es muy sencilla: cuando interactúas con una persona nueva, nunca puedes estar seguro de si te volverás a topar con ella o no. Probablemente podrías deducirlo con cierta probabilidad de acierto. Pero, si asumes erróneamente que nunca más te cruzarás con alguien, tu equivocación te puede salir cara. Es mejor ser generoso por si acaso que cabrear a alguien que podría llegar a ayudarte. Así, los autores del estudio concluyeron que la «generosidad, lejos de ser una delgada capa de barniz del condicionamiento cultural sobre un núcleo maquiavélico, puede convertirse en una característica fundamental de la naturaleza humana».[7] Entonces, la razón por la que merece la pena ser generoso puede tener menos que ver con el karma de la filosofía oriental, y más con la vieja teoría del juego.

La generosidad no es sólo una valiosa herramienta para inspirar confianza y lograr que las personas cooperen contigo, también podría incluso superar la vieja alternativa del trueque que los expertos en persuasión llevan años defendiendo.

Lo que resulta extraño es que haya llevado tantos años a los científicos darse cuenta de esto.

Las ventajas de la generosidad habitual

El «si tú me rascas la espalda, yo rascaré la tuya» tiene limitaciones reales. Para empezar, no inspira mucha confianza. Cada persona estaría haciendo simplemente lo que más le conviene. Y si se le ofrece un mejor acuerdo, o la otra persona necesita cambiar, el acuerdo puede romperse en un instante. Este enfoque está solamente un poco por encima de la Guerra Fría –período de la *realpolitik*–, y no resulta exactamente reconfortante.

En las décadas que siguieron a la Segunda Guerra Mundial, lo único que evitó que se desencadenase una guerra entre Estados Unidos y la Unión Soviética fue el reconocimiento de que, si uno de los países

---

7. Andrew W. Delton, Max M. Krasnow, Leda Cosmides, y John Tooby, «Evolution of Direct Reciprocity Under Uncertainty Can Explain Human Generosity in One-Shot Encounters», *PNAS* 108, n.º 32, 2011: 13335-13340.

atacaba al otro, el país objetivo devolvería el golpe, y el resultado sería la total aniquilación nuclear de ambas partes: es decir, que la destrucción mutua estaba asegurada. No hubo persuasión alguna más allá de las amenazas.

No hace falta decir que esto no suena como una buena estrategia para lograr un acuerdo, como evidencia el hecho de que los numerosos equívocos menores que hubo entre Estados Unidos y la Unión Soviética casi terminaron en un apocalipsis nuclear. Veamos lo que sucedió en noviembre de 1979, cuando los ordenadores en el centro de alerta nuclear de Colorado detectaron lo que parecía un ataque soviético a gran escala. Los ordenadores mostraban que varios misiles nucleares iban de camino a diversas instalaciones nucleares norteamericanas, así como a otros enclaves estratégicos en distintos puntos del país, incluyendo el Pentágono y el Alternate National Military Command Center. Enseguida, los pilotos de los bombarderos nucleares estadounidenses –diez jets interceptores– despegaron, los operadores de los misiles fueron puestos en alerta, y el avión «doomsday» del presidente despegó, preparándose para lo peor. Estábamos esperando una guerra nuclear que no terminaría bien para ninguno de los países, ni para nadie en el planeta.

Aquélla fue una falsa alarma. Alguien en la comandancia de la Defensa Aeroespacial de Estados Unidos (NORAD, por sus siglas en inglés) había implementado un programa de entrenamiento muy creíble en los ordenadores –ya fuese por accidente o como la broma más imprudente de la historia–.[8] Cuando los acuerdos se basan puramente en la reciprocidad y en el trueque, incluso el menor paso en falso puede, potencialmente, hacerlo saltar todo por los aires (en ocasiones, hasta todo el maldito planeta).

Lo mismo sucede cuando la persuasión se cimenta sólo en la expectativa de un beneficio mutuo. Si alguien te está ayudando porque cree

---

8. Geoffrey Forden, «False Alarms in the Nuclear Age», PBS, 6 de noviembre de 2001; David Wright, «A Nuclear False Alarm That Looked Like the Real Thing», *Union of Concerned Scientists*, 9 de noviembre de 2015.

que le devolverás el favor, esta alianza es inherentemente frágil. No hay una base para confiar en ella porque es puramente transaccional.

En cambio, estamos dispuestos a darle una oportunidad a una persona que sea generosa por naturaleza, nos alegramos cuando las cosas le salen bien y nos sentimos bien al hacer negocios con ella. Incluso les concedemos el beneficio de la duda si, de vez en cuando, no cumplen con las expectativas, ya que sabemos que su corazón está en el lugar correcto –en lugar de hacer despegar nuestros cazas de combate lo más rápido posible y apuntar nuestros misiles hacia ellos.

Como muestra el estudio de la Universidad de California Santa Bárbara, la generosidad también resulta de más ayuda para superar un problema importante en comparación con el enfoque del trueque. Si sólo le das a aquellos que crees que pueden ayudarte, estarás mucho peor a largo plazo que alguien que sea generoso *per se*.

La evolución nos ha hecho ser generosos por defecto, ante la posibilidad de que el extraño que necesita hoy un empujón para arrancar sea la persona que mañana nos estará haciendo una entrevista de trabajo. Al ser habitualmente generoso, te preparas para beneficiarte de esos felices accidentes cada vez que ocurren. Estas pequeñas ganancias ocasionales pueden acumularse con el tiempo, como el interés compuesto.

La tendencia a ser generosos fue integrada en todos nosotros a lo largo de millones de años de evolución. Sin embargo, como cualquier rasgo de carácter, algunas personas son muy generosas, mientras que otras..., bueno, no tanto. Independientemente de si en la actualidad formas parte de los primeros o de los segundos, es posible aprender a ser generoso de forma habitual a través de la práctica.

Para mí, sin embargo, el proceso de ser más generoso comienza con una regla simple.

Cómo ser generoso: Da algo en cada interacción

Como ha escrito el filósofo Christian B. Miller, para que una acción sea un acto de verdadera generosidad, «los motivos de la persona para donar tienen que ser principalmente altruistas, o partir de la preocupación por el bienestar de quienes van a ser ayudados, independientemente de si el donante se beneficiará en el proceso».[9] La persona que sólo aparece cuando necesita algo de ti es, por naturaleza, un persuasor de mierda. La gente así nos chupa la vida. Cuando vemos su nombre en nuestra bandeja de entrada, nuestro día automáticamente se vuelve un poco más *meh* y ponemos los ojos en blanco. Y cuando llaman a la puerta de nuestra oficina, inmediatamente pensamos: «Jesús, ¿qué querrá este tipo ahora?». Incluso en las mejores circunstancias, esa persona tendrá complicado el hecho de ganarse tu confianza.

Por otra parte, una persona que te deja un poco mejor cada vez que os encontráis es alguien que probablemente captará tu atención cuando te presente una propuesta, necesite un favor o quiera hacerte cambiar de parecer respecto a algo. ¿Cómo te conviertes en ese tipo de persona? Sencillo. Cada vez que interactúes con alguien, ya sea en una reunión de negocios o en un encuentro familiar, en un partido o en una cena, trata de dar algo. Considera todos tus encuentros como una oportunidad de ser generoso.

Si te comprometes a hacer esto, descubrirás que la generosidad se presenta de muchas formas. Puedes ser generoso con el dinero y pagar siempre, pero el dinero es lo menos importante que puedes dar. Si llegas a cada una de tus citas pensando: «¿Qué puedo aportar? ¿Cómo puedo dar algo valioso?», habitualmente la respuesta procederá de unas pocas tipologías básicas.

Tiempo, atención y paciencia

Soy un tipo ocupado. Dirijo una empresa con oficinas en cuatro ciudades, que sirven a docenas de clientes sin un horario fijo. También tengo una familia maravillosa y unos amigos que me apoyan. Además, me encanta hacer deporte, viajar, leer libros (y, en ocasiones, hasta la

---

9. Christian B. Miller, «True Generosity Involves More than Just Giving», *Aeon*, 4 de mayo de 2018.

tontería de intentar escribirlos) y aprender cosas nuevas. Soy una persona muy activa. Y, por todo ello, casi siempre ando escaso de tiempo. Los días no tienen suficientes horas.

Esto hace que el tiempo sea uno de mis bienes más preciados. Y no cualquier tiempo, sino el que tiene que ver con la atención y la paciencia genuinas. Para mí, ser generoso con mi tiempo significa que, cuando sea que alguien que conozco me pida un poco de él, mi respuesta por defecto sea «sí».

Por ejemplo, si alguien me pide que asista a una reunión o que atienda una llamada telefónica en el trabajo, mi respuesta es «sí» –incluso aunque me obligue a mover mi agenda–. Si mi presencia y mi atención pueden ayudar, por poco que sea, quiero estar ahí. Si un familiar, un amigo o un colega necesita alguien que lo escuche, trato de ser todo oídos. Y si un compañero de trabajo o un amigo se equivoca y quiere explicar lo sucedido, le dejo hablar antes de formar mi opinión.

No siempre consigo hacerlo. En ocasiones, no tengo tiempo para dar ese día concreto, o esa semana. Pero a poco que sea posible dedicar mi tiempo a mejorar la situación de alguien, intento hacerlo.

No hace mucho, mi respuesta instintiva, cuando alguien me pedía una pizca de mi tiempo, era encontrar una manera de decir que no y librarme del tema –generalmente explicando lo ocupado que estoy–. Pero me di cuenta de que la mayoría de las personas que forman parte de mi vida ya saben que estoy siempre ocupado, lo que significa que probablemente no me pedirían mi tiempo si no fuese por un motivo importante para ellos.

Y cuando inviertes tu valioso tiempo en los demás, esas personas estarán mucho más dispuestas a ayudarte.

Consejos, recomendaciones e información

¿Acabas de escuchar un nuevo disco increíble, pero del que nadie está hablando? ¿O has encontrado un restaurante singular que ha hecho explotar tu cabeza? Quizá hayas leído un artículo o un libro transformador. Quizá hayas tenido una idea increíble relacionada con tu trabajo, o aprendido por las malas una lección sobre la paternidad.

Si es así, no te guardes esas revelaciones para ti. Al contrario, anótalas en una libreta. Luego piensa detenidamente qué persona de las que forman parte de tu vida podría beneficiarse de esa información. Finalmente, contacta con las personas que te hayan venido a la cabeza. En lugar de encerrar bajo llave los descubrimientos que te han ayudado, recuerda que el conocimiento debe ser compartido. Y a las personas les encanta que se acuerden de ellas. Las hace sentir bien.

Elogios y reconocimiento

Esto puede parecer obvio, pero es fácil olvidar elogiar a los demás, especialmente si tú mismo te sientes estresado o estás teniendo un día difícil. La verdad es que tomar conciencia de algo positivo de otra persona y expresarle honestamente tu aprecio puede cambiar su día. Hay que trabajar conscientemente en ello. Cuando pienses en algo positivo, no te lo calles, dilo.

En este sentido, ayuda que tus elogios sean lo más específicos posible. En lugar de decirle a una compañera de trabajo: «Gracias por trabajar tan duro», dile: «Sé que te has estado dejando los cuernos durante las últimas semanas en tal proyecto. Quería que supieses cuánto lo valoro, porque tu esfuerzo está teniendo un impacto muy positivo en la empresa» –y explícale exactamente cuál es ese impacto tan positivo.

Del mismo modo, si consigues un éxito, del tipo que sea, profesional o personal, piensa en quién más ha desempeñado un papel en esa victoria que has alcanzado. Lo más probable es que no lo hayas conseguido solo. Así que asegúrate de compartir el mérito. Habla con quien haya contribuido, comparte las buenas noticias y exprésale tu agradecimiento.

Quizá sea suficiente con decirle, «Oye, esa investigación que hiciste fue decisiva en el *pitch* de ayer». Si admiten a tu hijo en una gran universidad, hazle saber a su profesor que las clases de preparación que le dio le permitieron marcar la diferencia. Y hazle saber a tu pareja que las horas que pasasteis haciendo esa actividad extra realmente merecieron la pena. Sólo asegúrate de ser honesto y claro.

Del mismo modo, cuando las cosas salgan mal, contén el impulso de culpar a una sola persona. Debes explicar qué ha salido mal, pero trata de hacerlo de forma honesta, clara y, también, amable. Ser generoso en la derrota es tan importante como serlo en la victoria.

Cosas materiales

También hay momentos en los que expresar generosidad exige cosas materiales. Estoy hablando de regalos. Sin duda, regalar es un todo un arte. También puede ser un fastidio. ¿A quién no se le ha echado encima el Día de San Valentín, un aniversario o el cumpleaños de un amigo, y ha tenido que buscar a toda prisa en Internet y valorar los pros y los contras de una vela aromática, un albornoz o algún otro regalo de los de siempre? Es muy difícil tener en la cabeza todas las fechas de todas las personas con las que te gustaría celebrar. Yo nunca me acuerdo de las fechas. Pero una forma que he encontrado de evitar estas cosas es hacer regalos a lo largo de todo el año y no sólo en las ocasiones oficiales, legalmente designadas como fechas en las que hay que regalar.

¿Qué implica eso? Por una parte, si compro algo para mí con lo que estoy superemocionado o que me parece realmente útil, me aseguro de comprar otro ejemplar –algunas veces, incluso un par más, si no es algo increíblemente caro–. Puede ser una funda para el teléfono, una aguja para la corbata o el *space pen* perfecto.[10] Muy a menudo, se trata de un libro (cuando encuentro un libro que me encanta, acostumbro a comprar varios ejemplares). Habitualmente no tengo ni idea de a quién terminaré dándoselo, lo que forma parte de la diversión. El regalo podría quedarse en un cajón durante meses antes de que se me ocurra quién lo apreciaría o lo necesitaría realmente en ese momento. Pero, cuando surge la ocasión, tengo a punto el regalo perfecto.

De esta manera, me aseguro de que, cuando encuentro algo que me gusta, también estoy cuidando de alguien a quien quiero.

---

10. Un *space pen* es un bolígrafo antigravedad, inventado en 1965. *(N. del T.)*

La sudadera del millón de dólares

Mi agencia se enorgullece de diseñar regalos geniales para enviar a nuestra gente: amigos, familiares y clientes. Por supuesto, muchas empresas lo hacen, pero tratamos de conseguir que los nuestros sean un poco diferentes. Por ejemplo, un año diseñamos una sudadera que llevaba el nombre de Mekanism xerografiado con la misma tipografía que el logotipo de Metallica. Otro año optamos por una caja de cereales personalizada que escondía un juguete sorpresa en su interior. Otro, enviamos un falso libro de autoayuda que llevaba un sacacorchos con nuestro logo escondido en su interior. Queremos que las personas vistan nuestra marca o la mantengan en sus despachos u oficinas.

De hecho, fue una sudadera lo que nos ayudó a conseguir a uno de nuestros clientes más antiguos: el fabricante de helados Ben & Jerry's. Conocí a un representante de la marca, Jay Curley, en una conferencia a la que asistí, y estuvimos charlando. Soy un gran amante de Ben & Jerry's, por lo que me sentía feliz de conocer a alguien de la empresa e intercambiar información. Inmediatamente lo agregué a la lista de correo de nuestra agencia para enviarle material gratuito como nuestros boletines de novedades, invitaciones a conferencias, artículos y, por supuesto, la sudadera de Mekanism.

Por suerte, unos diez meses después, Jay me llamó para contarme que Ben & Jerry's iba a salir al mercado para buscar una nueva agencia de publicidad. Probablemente no se hubiese acordado de nuestra agencia de no haber sido porque, según me dijo, le encantaba nuestra sudadera y la usaba. Nos invitaron a participar en la competencia y, finalmente, ganamos. En el momento en que escribo esto, hemos sido su agencia durante seis años. Esa sudadera de veintipocos dólares nos recompensó con un gran cliente e ingresos de millones y millones de dólares.

¿Estaba tratando de armar una jugada ganadora que convirtiera una sudadera gratuita en un gran éxito empresarial? *Nah*. Sólo estaba regalando un producto genial a personas geniales a las que conocía. Y resulta que poner cosas increíbles en el mundo es un hábito que reporta dividendos inesperados.

Un curso intensivo en generosidad

He detallado algunas de las cosas más comunes que te encontrarás en condiciones de dar a los demás: tiempo, consejos, elogios, regalos. Pero lograr que la generosidad forme parte integral de tu carácter requerirá práctica. Ese proceso se divide en tres prácticas estratégicas que puedes implementar.

Identificación del estado de necesidad

Afronta tus interacciones clave pensando de qué manera puedes contribuir, si puedes, o qué se te está pidiendo. ¿Es ésta una oportunidad para ofrecer información útil? ¿O la situación requiere un poco de *feedback* honesto? Podría ser que la persona con la que has conectado apreciase un ejemplar de un libro que acabas de leer. No sientas la necesidad de saber de antemano cuál será la respuesta correcta en cada caso; una vez que comienzas a concebir las interacciones como oportunidades para dar cosas, la respuesta, habitualmente, se hace nítida. Aplica tu instinto.

«Sí» automático

Si empiezas a comprender las interacciones en estos términos, poco a poco te resultará evidente cuáles de tus valores estás más dispuesto a ofrecer desinteresadamente, y qué cosas eres más reticente a compartir. A algunas personas no les gusta compartir experiencias personales. Otras son más tacañas con su tiempo o su atención. Y algunas no son capaces de hacer cumplidos. Anota a qué actos de generosidad dices automáticamente que no en tu cabeza, y entonces esfuérzate en convertir esos «no» automáticos en «sí» automáticos.

Seguimiento

Siempre que sea posible, asegúrate de que tu acto de generosidad no quede como un incidente aislado. Si envío un ejemplar de uno de mis libros favoritos a alguien, también le mando un correo electrónico para asegurarme de que lo ha recibido, comparto con esa persona mis ideas sobre el libro y le explico por qué me gusta tanto. Con un poco de suerte, convierto ese regalo en una conversación significativa. Esto no siempre es posible, claro. Pero, cuando se da el caso, hacer seguimiento es una buena forma de convertir un simple acto de generosidad en algo más profundo y gratificante.

◈ RESUMEN

Durante mucho tiempo se ha pensado que una de las mejores maneras de ejercer influencia es participar en los intercambios recíprocos, tú-me-das-yo-te-doy. Pero éste es un ejemplo paradigmático de pensamiento transaccional, que socava la capacidad de persuasión de alguien a largo plazo.

Céntrate solamente en «dar». Por sencillo que parezca, las personas que son generosas habitualmente son más persuasivas. Así que adquiere el hábito de dar cosas en tantas interacciones como sea posible.

La ciencia más reciente me respalda. Resulta que los seres humanos evolucionaron hacia la generosidad porque era una forma fiable de conseguir que la gente cooperase. Y en un entorno en el que las personas no siempre están en condiciones de corresponder, ser generoso por defecto es una forma probada de ganarse la confianza y el aprecio de los demás.

Cuanto más consideres tus interacciones con los demás como oportunidades para dar, más reconocerás lo que se te pide o lo que tienes que aportar. Dar se divide en cuatro categorías:

1. Tiempo y atención
2. Consejo y recomendaciones
3. Elogios y reconocimiento
4. Cosas materiales

Lo crucial, sin importar qué es lo que estés regalando, es que debe tratarse de algo que te parezca valioso. Algo tan importante que, simplemente, no puedas esperar recibir nada a cambio. Ser generoso te convertirá en una persona más feliz y te facilitará crear relaciones y vínculos más estrechos con los que te rodean. Si llegas a ser el tipo de persona que exhibe un carácter generoso, el hecho de ser persuasivo será el fruto de ello.

La recompensa por poner cosas buenas en el mundo será una acumulación de intereses compuestos.

Capítulo 5

El impulso de la positividad

La mente lo es todo. En lo que piensas, te conviertes.

(BUDA)

En términos generales, los casos de persuasión se dividen en dos categorías: negativos o positivos. Cada vez que tratas de ganarte a alguien inspirándole miedo, odio, disgusto o ansiedad, se convierte en una persuasión negativa. Y, lamentablemente, no es necesario fijarse en culturas lejanas para ver este tipo de tácticas en acción. Un caso paradigmático es el del ataque político que retrata a un candidato como peligroso o malvado.

El objetivo de estos anuncios es hacer que tengas tanto miedo o estés tan enfadado con la posibilidad de que el candidato X gane, que no puedas hacer otra cosa que votar por el candidato Y. Sólo tienes que pensar en el anuncio de «Daisy», del presidente Lyndon B. Johnson, durante la campaña electoral de 1964, en el que una niña de tres años aparece en un campo soleado, con pajarillos cantando, mientras deshoja una margarita pétalo a pétalo, hasta que cuando llega a diez, explota una bomba nuclear. «Éstos son los desafíos», escuchamos decir a la voz de Jonhson.[1] Este anuncio se emitió una sola vez, pero fue deci-

1. Robert Mann, «How the 'Daisy' Ad Changed Everything About Political Advertising», *Smithsonian Magazine*, 13 de abril de 2016.

sivo en la victoria de Johnson contra Barry Goldwater. Aunque el nombre de Goldwater no se mencionase, el espectador pensaba «es mejor que vote a este tipo si no quiero morir en una sucia guerra nuclear». Éste es un caso exitoso de persuasión basada en el miedo.

Unos cincuenta años después, Donald Trump fue más allá en materia de ataques imaginativos, empleando puras tácticas de matón de recreo y acuñando apodos condescendientes para cada uno de sus oponentes: Jeb «Poca energía» Bush, Ben «El débil» Carson, Hillary «Torcida» Clinton, Ted «Mentiroso» Cruz, «El pequeño» Marco Rubio, «Pocahontas» Elizabeth Warren, o Joe «El loco» Biden, entre muchos otros.

Los mensajes negativos sencillos y consistentes funcionan. De hecho, pueden ser una forma increíblemente poderosa de cambiar el pensamiento de alguien o de movilizarlo para que vaya a votar. Pero la pregunta a la que debes responder es: ¿necesita el mundo más miedo, odio, ansiedad o ira? Por supuesto que no, ya tenemos de eso en cantidades industriales.

De hecho, tenemos una sobredosis de ansiedad. El panorama es tan negativo que mucha gente no puede esperar la oportunidad de pisar al otro para trepar. Pero la mayoría de nosotros tenemos buen corazón y, si vas a inspirar algún tipo de emoción en otra persona, sé siempre positivo. Mantente saludable. Seguramente se pueden obtener ganancias a corto plazo entorpeciendo a otros o desprestigiando a la competencia, pero ese proceder nunca funciona a largo plazo.

La persuasión positiva se apoya en emociones que afirman la vida para atraer a las personas a tu postura. En lugar de recordarle a tu audiencia los peligros de una elección determinada, llénalos de emoción y con un sentido de oportunidad. Haz que las personas se sientan bien con sus elecciones en lugar de mal con la idea de escoger la opción equivocada.

La persuasión que conmueve, que tiene alma, se fundamenta en cultivar el carácter –el tipo de carácter que hace que la positividad surja por defecto–. No se trata de ser esa persona odiosamente alegre que no puede dejar de reír, que usa la muletilla «no worries» y que describe como «emocionante» cualquier cosa que haya bajo el sol. Eso no es positividad. Eso es puta falsedad. Tampoco estoy hablando de esa persona que se entrega a sus ilusiones y ve algo positivo en cada nubarrón, incluso cuando no lo hay. No creo que la positividad ilusoria ayude a nadie. Obviamente, se necesita mucho más que pensamientos felices para lograr objetivos.

El tipo de persona predispuestamente positiva a la que me refiero es esa que prioriza sus emociones positivas genuinas en todo lo que hace y, en consecuencia, logra que las personas que la rodean se sientan un poco mejor. Estas emociones positivas pueden ir desde la alegría y la satisfacción hasta la confianza, pasando por el optimismo y la gratitud.

Nada en todo esto sugiere que las personas que son positivas habitualmente nunca se sientan mal. Pueden estar de mal humor o enfadadas, como cualquier otra. Sin embargo, se entrenan para dejar que la mayor parte del tiempo sean sus sentimientos positivos los que guíen sus decisiones, acciones, comentarios y pensamientos. De esta forma, muestran una forma de generosidad –la generosidad de espíritu.

¿Una disposición predominantemente positiva te hará más feliz, saludable, creativo o que seas mejor en la cama? Probablemente. Pero lo que sabemos con certeza es que las personas que son positivas habitualmente son el tipo de gente que a otros les gusta tener cerca. Las buscamos cuando necesitamos consejo, tenemos un problema o debemos hacer algo. Y las queremos con nosotros cuando las cosas van bien. Simplemente, nos gustan. Cuando están ahí, hacen que las cosas sean mejores.

Pero, respecto al tema que nos ocupa, son también el tipo de personas con las que nos gusta estar de acuerdo.

El resultado de la positividad

Deberíamos preferir difundir emociones edificantes, que afirmen la vida, en lugar de lo contrario. Pero ¿cómo poner en práctica esa preferencia, especialmente si no forma parte de tu naturaleza? En muchas ocasiones, se reduce a una regla sencilla y fácil de cumplir: en caso de duda, subraya el potencial de una decisión determinada, en lugar de señalar sus desventajas.

El fundamento de esta regla no es difícil de entender. A fin de cuentas, ¿qué preferirías que te dijesen: que cierto tipo de entrenamiento hará que estés menos flácido y nada en forma, o que te ayudará a sentirte más saludable, a tener más energía y verte mejor cuando vayas a la playa? El primer mensaje le recuerda a esa persona que tiene sobrepeso, mientras que el segundo describe una imagen de un yo potencial más brillante y productivo.

Otro ejemplo, ¿preferirías que te dijesen: «No llamas a tu madre lo suficiente, ¡ya podrías coger el maldito teléfono de vez en cuando!» o «A tu madre le encanta que la llames, para ella sería importante que la llamases, le alegrarías el día»? El primer mensaje es un vehículo para la culpa. El segundo, una invitación a hacer algo bueno por un ser querido.

Ambos pueden ser efectivos para obtener el resultado deseado. Pero no es muy agradable tener al lado a una persona que inspira culpa, ira y miedo y, a medida que nos hacemos mayores, evitamos este tipo de personas (a menos, por supuesto, que sean familiares y tengamos que aguantarnos y lidiar con ellas). Y, cuando juegas a largo plazo, definitivamente no quieres ser alguien a quienes los demás se sienten impelidos a evitar. ¿Por qué hacer sentir mal a alguien si puedes evitarlo?

Aquí hay algunos ejemplos de cómo puedes convertir un mensaje persuasivo negativo en uno positivo:

NEGATIVO	POSITIVO
Este producto hará que tengas más energía.	Este producto hará que estés menos cansado.
Fumar te quita años de vida.	Si lo dejas ahora, vivirás más.
Sé que eres más listo de lo que demuestras.	No seas estúpido.

Si no donas, morirá gente.	Tu donación puede salvar vidas.
Este trabajo te aportará seguridad financiera.	Este trabajo evitará que caigas en la bancarrota.
No reciclar destruye el planeta.	Reciclar tiene grandes beneficios para la Madre Tierra.

Desde el punto de vista de la persuasión, los mensajes positivos son más efectivos para atraer a la audiencia. Ése fue el resultado de un estudio de 2008 que durante varias décadas de investigación académica se basó en una única pregunta: ¿son los mensajes persuasivos centrados en la pérdida (por ejemplo, «Tendrás cáncer de piel si no usas un protector solar») más eficaces que los mensajes centrados en el beneficio (por ejemplo, «El protector solar hace que tu piel luzca más saludable»)? Se ha trabajado mucho a lo largo de los años para examinar la capacidad de impactar que tienen los distintos tipos de mensajes persuasivos, sin embargo, nadie se había molestado en considerar todos esos estudios a la vez. Hasta que Daniel O'Keefe y su colega emprendieron la tarea en 2008.[2]

Al empezar su estudio, los autores partían de la idea de que los mensajes persuasivos negativos serían más atractivos que los positivos. Entonces, ése era un presupuesto seguro. No hay forma de negar que la prospectiva de perder algo importante para nosotros suscita emociones poderosas como el miedo o la ansiedad. Estas emociones tienen formas de centrar la atención y movernos a la acción. Así que uno podría esperar que los mensajes negativos ganasen fácilmente la compe-

2. Daniel J. O'Keefe y Jakob D. Jensen, «Do Loss-Framed Persuasive Messages Engender Greater Message Processing than Do Gain-Framed Messages? A Meta-Analytic Review», *Communication Studies* 59, n.º 1, 2008: 51-67.

tición por la atención de la audiencia. Ésta es la razón por la cual las campañas electorales continúan apoyándose en anuncios basados en los ataques políticos. Y es, más o menos, la base de la industria de los seguros.

Pero O'Keefe y sus colegas descubrieron algo que no esperaban. Después de cruzar los números de cuarenta y dos análisis independientes publicados a lo largo de más de treinta años, los investigadores demostraron que los mensajes positivos, basados en los beneficios, lograban un grado de «adhesión significativamente mayor» que los negativos.

Cuando se trata de influir en la gente, la positividad es tu mejor amiga.

La positividad es contagiosa

Una razón por la que la positividad ofrece beneficios persuasivos es porque es muy contagiosa. De hecho, es asombroso lo poderosamente que puedes influir en el punto de vista de otra persona sólo con cambiar el tuyo. Esto se puso de manifiesto en otro famoso estudio de 1962, escrito por los psicólogos Stanley Schachter y Jerome E. Singer.[3]

En su experimento, se inyectaba adrenalina a los participantes. La –adrenalina es un químico que provoca un aumento de las pulsaciones, la presión sanguínea y acelera la respiración–. Los participantes no sabían qué sustancia les proporcionaban –los autores les decían que se trataba de un medicamento para la vista–. Se les pedía entonces que esperasen en una habitación con otra persona que, en secreto, formaba parte del experimento. El objetivo del estudio era ver cómo el estado de ánimo de las personas que nos rodean afecta a nuestra percepción o nuestras emociones.

---

3. Stanley Schachter y Jerome E. Singer, «Cognitive, Social, and Physiological Determinants of Emotional State», *Psychological Review* 69, n.º 5, 1962: 379-399.

En algunos casos, la persona que formaba parte del experimento fingía sentir euforia. Y, efectivamente, esto hacía que fuese más probable que los participantes –alterados por la adrenalina sin saberlo– declarasen sentirse eufóricos. En otros casos, la persona actuaba mostrando enfado. Lo que sucedía entonces es que los participantes a los que se había administrado adrenalina estaban más inclinados a reportar que se habían sentido enfadados.

El estudio demostró que nuestras propias percepciones sobre cómo nos sentimos tienen mucho que ver con cómo demuestran sentirse quienes nos rodean. Y si la persuasión es el arte de cambiar las emociones y el punto de vista de las personas, la habilidad para infectar a los demás con nuestra propia positividad es una herramienta muy poderosa.

Un ejemplo práctico reciente. De camino a un partido de los Yankees, el metro en que íbamos se quedó parado. Enseguida tuve claro que íbamos a perdernos una buena parte del partido, ya que el tren no se movía en absoluto. A medida que pasaba el tiempo, la sensación de decepción de mis hijos se hacía palpable. Empezó con un: «¡Nos vamos a perder la apertura!», y siguió con un: «Nos vamos a perder dos entradas enteras, papá. ¡Esto apesta!».

Una parte de mí también se sentía así. Había estado esperando aquel partido y no me emocionaba perdernos tanta parte de la acción. Si yo hubiese cedido a mi sensación de decepción, mis chicos lo habrían notado y aquella situación no ideal se hubiese puesto mucho peor al unirme a las quejas. Esto es algo que solemos hacer de manera natural.

Pero, en aquel caso, elegí ver las cosas desde una óptica más positiva. A fin de cuentas, me sentía feliz de estar compartiendo una noche de diversión con mis hijos. Escogí tratar nuestro contratiempo como una especie de aventura. Empecé un juego en el que cada uno inventaba historias sobre las personas que veíamos en nuestro vagón: «¿A qué crees que se dedica ese tipo? ¿Cómo se llamará su gato? ¿Dónde creció? ¿A qué edad se independizaría esa chica, si es que está emancipada? ¿Trabajará en un circo?». Por turnos, inventábamos nombres ficticios y una historia para cada desconocido. Incluso le pusimos un nombre al juego: *Stranger Fiction*. Estábamos divirtiéndonos tanto siendo creativos que, cuando el tren empezó a moverse, casi no se habían dado cuenta de que nos habíamos perdido una hora de partido. Les había contagiado mi propia sensación de positividad.

No siempre soy el héroe de la historia en casos como éste –quizá sólo en la mitad de ellos–. Después de un largo día o de una oportunidad o un negocio perdidos, puedo perder el control de mí mismo y convertirme en un estúpido. Pero todos tenemos la oportunidad de tomar el impulso de la positividad para mantener nuestras emociones negativas a raya y, en ocasiones, cuando brillamos, incluso elevar esa experiencia.

El test de la cerveza

Por regla general, cuando llegue el momento de tomar partido en una disputa o de decidir en quién confiar, te inclinarás por la persona que te genere sentimientos más positivos. Muchas veces, las campañas políticas contemporáneas se basan en este planteamiento básico. Cuando votas o das tu apoyo a las opiniones de cierto político, a veces lo haces por la forma en que esa persona te hace sentir, no porque hayas profundizado en el tema y hayas decidido que la postura de ese individuo es más convincente que la de su oponente. Del mismo modo, incluso cuando piensas que tu político favorito está equivocado respecto a algo, admitirlo puede llegar a ser doloroso. Prefieres estar de acuerdo con él o ella a no estarlo.

Donald Trump pudo convencer a muchos votantes republicanos de que cambiasen sus puntos de vista sobre asuntos importantes como los aranceles comerciales y Rusia no por sus méritos, sino porque, por alguna razón, se sintieron atraídos por su estilo imprudente y narcisista, y sus tácticas de intimidación. Pero también puedes darte cuenta de que estas tácticas se desmoronan rápidamente. No son duraderas.

Sin embargo, no es casual que en las elecciones presidenciales más recientes,[4] el candidato considerado más agradable partiese como favorito. Esta dinámica es llamada el «test de la cerveza», ya que a menudo los candidatos están compitiendo para ser la persona con la que los votantes preferirían ir a tomar una cerveza. En el año 2000, por ejemplo, las encuestas de opinión mostraron que George W. Bush estuvo bastante igualado con Al Gore en cuanto a las problemáticas, pero logró una ventaja significativa en las encuestas de aceptación. Lo mismo sucedió cuando compitió contra John Kerry en 2004. A los votantes también les gustaba mucho más Barack Obama que Mitt Romney en la carrera presidencial de 2012.[5]

Debo admitir que conmigo el test de la cerveza funciona. En mi organización, me he impuesto entrevistar a cada persona que vamos a contratar, ya sea un *office manager*, un productor junior o un director creativo. Esto puede suponer un gran gasto de tiempo. Pero merece la pena. En esa fase de la etapa de contratación, otros ya han determinado que la persona a la que estoy entrevistando está cualificada para el puesto. Lo que necesito descubrir durante nuestra charla es si son personas que nos gustará tener a nuestro alrededor. ¿Contribuirán a nuestra cultura? ¿Serán ellas mismos, expresarán sus opiniones y aportarán positividad? En otras palabras, ¿me gustaría tomarme una cerveza con ellas después de un largo día de trabajo?

Para descubrirlo, les hago preguntas que los inviten a bajar la guardia. Les pregunto qué adjetivos usarían sus amigos para describirlos, cuál piensan que es su «superpoder» como publicistas, qué tipo de música les gusta, por qué quieren cambiar de trabajo, qué les motiva cuando se despiertan para ir al trabajo, con qué tres personas les gustaría comer, etc. Mi objetivo es hacer que se suelten un poco para poder atisbar su verdadera personalidad. Si son el tipo de persona que

---

4. Se refiere a las elecciones presidenciales de Estados Unidos de 2016, en las que Donald Trump fue escogido presidente. *(N. del T.)*

5. John B. Judis, «Nobody Likes Mitt», *New Republic*, 13 de septiembre de 2012.

habla mal de su anterior jefe o si desprende negatividad por defecto, es casi seguro que voy a descartarlos sin importar sus méritos o lo talentosos que sean.

El tipo de persona con la que te gustaría estar en los momentos difíciles siempre es aquella que transmite positividad, que te recuerda lo buenas que son las cosas o que tiene esperanza en que vuelvan a serlo. Te levantan el ánimo.

Cómo me conquistó Joe Biden

Esta idea se me ocurrió hace unos años cuando se le pidió a mi agencia que asumiera un desafío especialmente intimidante para uno de los clientes más grandes del universo conocido: la Casa Blanca.

La mañana del 29 de abril de 2014 me vi sentado en la Roseevelt Room junto a, nada más y nada menos, que el vicepresidente Joe Biden. Durante más una hora, nos ofreció un poderoso discurso sobre por qué mi agencia y algunas otras que también estaban allí deberían unir sus fuerzas con la Administración Obama para transformar lo que el público pensaba sobre las agresiones sexuales en los campus universitarios.

Según Biden me informó, así como una serie de representantes de medios de comunicación y organizaciones deportivas –incluyendo *GQ*, la MLB y Funny or Die–, aproximadamente una de cada cinco mujeres y uno de cada dieciséis hombres son agredidos sexualmente durante su etapa en la universidad. Estas estadísticas todavía me conmocionan cada vez que pienso en ellas. El equipo técnico para la protección de los alumnos contra las agresiones sexuales de la Administración Obama, constituida antes ese mismo año, había anunciado algunas de sus recomendaciones aquella mañana, entre las que incluía la creación de programas de formación federales para enseñar a los responsables de los centros cómo tratar apropiadamente a las víctimas de abusos sexuales. Pero, como Biden explicó, el problema no iba a solucionarse sólo con buenas políticas.

Prevenir las violaciones en los campus, dijo, requeriría un cambio a gran escala en cómo los estudiantes universitarios –y los hombres jóvenes en general– comprendían el asunto. Lo que la Administración necesitaba era un cambio cultural. Y el vicepresidente Biden y su equipo habían escogido mi agencia, Mekanism, para lograr ese cambio a través de una campaña nacional que debía lanzarse cuatro meses después de la reunión.

Pensarás que aquello era pan comido. Por supuesto, Mekanism debía firmar. Pero había una serie de consideraciones que me frenaron. Primero, deberíamos hacer el trabajo gratis. Y, además, no tenía ni idea de cómo nuestra agencia iba a sacarlo adelante –ni de cómo iba a justificar aquella montaña de trabajo sin remunerar a nuestro consejo de administración–. El vicepresidente nos pedía que ideásemos una gran campaña de alcance nacional sobre un tema cultural altamente sensible, llevada a cabo sin presupuesto, y que tendría que estar lista en pocos meses.

Hasta entonces, Mekanism se había dedicado a mover productos, acumular clics y lograr que las personas compartieran nuestro contenido, no a motivar cambios sociales a gran escala. De hecho, inicialmente, la Administración nos contactó después de que Rachel Gerrol y Dave Moss de la Fundación PVBLIC, el asesor de Biden, Greg Schultz y Kyle Lierman de la Oficina de Compromiso Público de la Casa Blanca descubriesen un trabajo interesante en la página web de nuestra agencia. El cliente era la marca de desodorante Axe, y la campaña, llamada «The ixers», ayudó a lanzar al mercado una nueva línea de gel de baño para hombres en edad universitaria. Para llegar a ese público, Mekanism había creado una serie de bromas digitales y de humor negro que podrías hacer con tus amigos. El trabajo fue tan juvenil como nos fue posible y nunca hubiese funcionado en el contexto actual, pero fue efectivo y los productos prácticamente volaron de los estantes.

Por supuesto, crear una campaña para vender productos a hombres universitarios que querían ducharse con aromas que atrajesen al sexo opuesto era muy diferente de convencer a estos jóvenes de que debían alzarse y proteger al sexo opuesto de las agresiones. Tampoco habíamos hecho ningún trabajo pro-bono antes, y no teníamos experiencia negociando con una institución política tan grande y compleja como la Casa Blanca, con todos sus constituyentes. Si fallábamos, no sólo estaríamos defraudando a los millones de víctimas de las agresiones sexuales pasadas y futuras, sino que también estaríamos exponiendo al presidente y al vicepresidente de Estados Unidos a una gran derrota política pública. Asimismo, pasaríamos a la historia como la agencia que falló al asumir una importante campaña nacional para una de las administraciones más conocedoras de los medios de comunicación en la historia moderna.

Había muchas razones para jugar de forma conservadora y simplemente decir que no. Pero eso ni se me pasó por la cabeza. Seguramente, influyó el encanto de la Casa Blanca –un edificio diseñado para intimidar a cualquiera que traspase sus puertas (custodiadas por agentes del Servicio Secreto)–. Sin embargo, la verdadera razón por la que dije sí fue Joe Biden.

Desde el instante en que entró en la habitación, prácticamente brillaron su buena energía y su positividad. Se mostró simpático, jovial y curioso. Caminó alrededor de la mesa y le dio la mano a todo el mundo, mirándonos a los ojos, y nos dio las gracias por ofrecerle nuestro tiempo. Habló sin ningún tipo de artificialidad.

Y, aunque hablaba sobre un tema auténticamente angustioso, enfocó su presentación en lo extraordinaria que era la oportunidad que teníamos por delante. Teníamos la oportunidad de emplear nuestras habilidades y recursos para prevenir el sufrimiento y el trauma, y para abordar uno de los problemas sociales más serios que había surgido en los últimos años. ¿Cada cuánto sucede algo así? En comparación con lo que él describía, mi preocupación por el dinero, el calendario y el riesgo que implicaba para nuestra reputación parecía mezquino e inconsecuente. Se trataba de concienciar al público sobre el problema de la violación y crear un movimiento en los campus universitarios de todo el país.

Biden podría haber jugado fácilmente la carta de la culpa. Podría haber señalado que yo era un publicista acomodado que pasaba la mayor parte de su tiempo pensando en los helados, las compañías aéreas y las de entretenimiento. Podría haber preguntado: «¿Por qué no haces algo valioso para cambiar?» o «¿Por qué no crees en la conveniencia de usar la publicidad para hacer el bien? A tu negocio le sería útil». En su lugar, apeló a nuestros buenos sentimientos y nos emocionó con el proyecto y con todo el bien que se desprendería de él. Fue una persuasión conmovedora.

Al final, aceptamos. El resultado fue «It's On Us» (Está en nosotros), una organización nacional que, hoy, continúa promoviendo la intervención de los espectadores, educando al público sobre el consentimiento sexual y apoyando a las víctimas de la violación. «It's On Us» tiene que ver con educar al público; no se trata de pedirle a la gente que no cometa violaciones, sino de que las comprendan como un problema que todos debemos ayudar a resolver mediante un cambio político, la participación ciudadana y una comunicación abierta. Desde que el presidente Obama lanzó la campaña en septiembre de 2014, más de medio millón de personas y organizaciones se comprometieron con «It's On Us» para prevenir las agresiones sexuales en los campus. Cientos de universidades de los cincuenta estados publicaron su contenido original en línea y organizaron actos para concienciar sobre el problema de las violaciones en los campus. Asimismo, cientos de personas y colectivos han creado anuncios de servicio público para difundir el mensaje de la campaña. Celebridades como Jon Hamm, Questlove y Lady Gaga han prestado su voz al movimiento. Y más de quinientas escuelas de casi todos los estados han formado comités de asesoramiento estudiantil para abordar este problema.

«It's On Us» también ayudó a inspirar a los legisladores y a los cargos públicos a actuar. En el verano de 2017, el gobernador de Pennsylvania, Tom Wolf, anunció seis reformas destinadas específicamente a avanzar en los principios de «It's On Us», incluyendo una política que exigía a las facultades adoptar un sistema *online* para denunciar las agresiones sexuales de manera anónima.

La campaña sigue siendo el logro profesional del que más orgulloso me siento. Me hubiese gustado que el único motivo que me llevó a unirme fuese la gravedad del asunto. Y ése fue un motivo de peso. Pero, si soy del todo honesto, lo que me llevó a decir que sí fue el carácter naturalmente positivo de Biden, su habilidad para evocar emociones positivas en mí y en el resto, y la forma en que nos hizo sentir que teníamos una oportunidad para hacer algo bueno y que, realmente, merecía la pena. Así fue cómo me convenció y cómo logró que mi agencia donase años de trabajo para una causa justa por un valor que superaba cualquier preocupación pragmática inicial que yo hubiese tenido sobre el negocio.

Así que resulta que Trump sólo tenía razón a medias: Biden está loco, pero positivamente loco. Y su generosidad y su espíritu nos contagiaron. Biden aprovechó el impulso de la positividad para ayudarnos a llegar a millones de estudiantes universitarios, cambiar sus vidas y combatir la violación.

Cómo aprovechar el impulso de la positividad

¿Cómo se puede desarrollar un carácter positivo? Hay numerosos hábitos que me parecen útiles para mantener un estado mental positivo y desprender emociones positivas, incluso en las circunstancias más difíciles.

Práctica de agradecimiento

En momentos particularmente estresantes, puede resultar complicado ver la parte buena de las cosas. Los pensamientos negativos pueden percibirse como reales e inmediatos, mientras que los más felices pierden su potencia cuando la frustración se impone. En ocasiones, la presión puede ser demasiado intensa como para preservar el optimismo. Mantener una perspectiva positiva en esos momentos requiere práctica. Y la forma en que muchas personas practican es manteniendo un diario de gratitud.

Como le decimos a nuestros hijos: tienes que ser bueno –pero también tienes que ser agradecido–. Cada domingo por la noche escribimos en nuestro diario tres cosas por las que cada uno de nosotros se siente agradecido. Sé que no es una idea tremenda. Y no soy la clase de tipo al que le gusta decir sus «intenciones» en voz alta durante una clase de yoga. Pero esta práctica ha marcado la diferencia para mi familia y para mí. Te reinicia y te prepara para la semana que tienes por delante. Pregúntale a la gente que lleva a cabo este ejercicio y te dirán lo efectivo que es. La sabiduría popular dice que deberías integrarlo en tus rituales matutinos. Quizá prefieras hacerlo los lunes y los viernes durante la pausa para el almuerzo. Para mí, una vez a la semana y en compañía de mi familia es la rutina perfecta.

Las cosas que escribas pueden ser muy valiosas, como tener buena salud, haber conseguido un trabajo, o simplemente seguir vivo y en la batalla. Pero también pueden ser cosas pequeñas, como algo agradable que un compañero de trabajo te haya dicho en la pausa para el café. Lo que te ayudará al escribir estas reflexiones en un cuaderno es que podrás consultar las notas previas y refrescar tu memoria en los días particularmente difíciles. Esto te ayudará dar un paso atrás cuando te sientas perdido y sin esperanza, y apoyarte en aquellos sentimientos.

Este ejercicio lleva menos de diez minutos, pero sus efectos pueden ser brutales. Mantener pensamientos de gratitud en la superficie de tu vida mental puede ayudarte a darte cuenta de que, sea lo que sea lo que vaya mal ese día, mirándolo bien, tienes una tonelada de motivos para ser positivo.

Critica constructivamente

Es un hecho inevitable que, en ocasiones, necesitemos criticar a los demás, particularmente en nuestra vida profesional. Pero hay una diferencia entre las críticas constructivas positivas y las despectivas, en las que se mezclan la hostilidad o el desdén. Si una crítica se hace de forma justa, habitualmente se podrá enmarcar positivamente.

En lugar de: «Has puesto tal cosa mal en el informe», puedes decir: «El informe casi está, pero ¿podrías comprobar tal cosa? No me acaba de convencer». En lugar de: «Tu idea no tiene sentido», podrías preguntar: «No lo capto, ¿podrías ayudarme a entenderlo mejor?». Esta última la utilizo todo el tiempo. Pone el énfasis en mí y no en la idea, y además fuerza a la persona a articular el concepto de la forma más sencilla posible.

Sobre todo, asegúrate de que el propósito de la crítica sea ayudar a la otra persona a mejorar –y a explicitar el vínculo entre tu comentario y los objetivos de esa persona–. Por ejemplo, si una persona tarda demasiado en completar sus tareas, no le digas que se debe espabilar. Explícale que será capaz de hacerse cargo de proyectos de más envergadura, interesantes y satisfactorios si logra trabajar más rápido. Debes dar ejemplo sin importar tu posición. Y nadie necesita toxicidad en su vida, así que no contribuyas a ello.

Las críticas demasiado hostiles o negativas también pueden acabar dañándote a ti a causa de un fenómeno que los psicólogos llaman proyección espontánea de rasgos. Dicha proyección se da cuando una persona que atribuye ciertas características a otra es percibida como si ella misma tuviese esas características. Cuando tú acusas a alguien de ser desleal, por ejemplo, es posible que la gente piense que tú eres el desleal. Lo mismo puede suceder con la falsedad, la pereza o la falta de imaginación. Esto puede suceder incluso aunque las personas con las que estés hablando te conozcan bien. Un estudio publicado en el *Journal of Personality and Social Psychology* concluyó que «incluso los comunicadores que resultan familiares pueden ser asociados o se les pueden atribuir los rasgos que mencionen».[6] Así las cosas, alguien que se ciña a la crítica sencilla, positiva y constructiva podría acabar usando a su favor esta transferencia espontánea de rasgos y obtener un resultado positivo.

Lo malo puede volverse bueno

Las reuniones pueden ser un lastre. Algunas son divertidas y estimulantes, pero otras son tan dolorosas que te sorprende que no hayan si-

---

6. Lynda Mae, Donal E. Carlston, y John J. Skowronski, «Spontaneous Trait Transference to Familiar Communications: Is a Little Knowledge a Dangerous Thing?», *Journal of Personality and Social Psychology* 77, n.º 2, 1999: 233-246.

do prohibidas por los Convenios de Ginebra. Estas reuniones solían ser mi pesadilla. Con todo, en aquellos días, las veía como la oportunidad para inyectar un poco de positividad allí donde se necesitaba seriamente.

Lo hacía acudiendo con la mente abierta y llevando energía positiva a la mesa. Pero, sobre todo, recordándome a mí mismo que cada reunión podía, potencialmente, convertirse en algo bueno. Y es cierto. Puedes estar reunido con un contable de bajo rango, el profesional de Recursos Humanos responsable de los seguros de salud, o con un becario no remunerado y escuchar algo nuevo o interesante que, eventualmente, te conduzca a una asombrosa innovación. Esto no sucede de forma habitual, pero ello no significa que no pueda pasar, y reconocer que esa posibilidad existe es una buena manera de inyectar positividad, optimismo y energía a una situación mundana.

Yo conocí a mis socios en Mekanism, Tommy Means, Pete Caban y Ian Kovalik, porque Tommy me llamó por casualidad. Dio conmigo a través de una compañía de producción que yo acababa de montar, llamada Plan C. Tommy estaba llamando a una agencia local de San Francisco para lograr que hiciesen algunos trabajos para él. Cuando, por error, recibí su llamada, podría haberle dicho que había llamado al número equivocado y devolver su llamada a la recepcionista. En cambio, traté aquel encuentro fortuito como una oportunidad. Y resulta que lo era.

Aquella llamada de teléfono equivocada se convirtió en una alianza de por vida. En lugar de molestarme e ignorar a Tommy, iniciamos una conversación. Y no hemos dejado de hablar desde entonces. Una mente abierta por parte de ambos permitió que la casualidad ocurriese.

Es el tipo de serendipia que no ocurre muy a menudo. Pero, como sé que cualquier encuentro fortuito puede llegar a cambiarte la vida, me aseguro de poner toda mi energía positiva incluso en las interacciones más triviales. Como Frank Zappa dijo: «Una mente es como un paracaídas, no funciona si no está abierta».

Podrías estar equivocado

Una parte de mantener una mente abierta es reconocer que, en cualquier asunto, existe la posibilidad de que estés equivocado. Si voy a una reunión de trabajo o tengo una discusión con mi mujer sobre cualquier tema, habitualmente mantengo una opinión desde el principio. Pero la gente que comienza sus conversaciones con una agenda cerrada no transmite positividad, sino que son percibidos como adversarios. Créeme, yo solía hacerlo a menudo –entrar en una conversación acalorado y buscar pelea.

Una forma de evitar esta actitud es afrontar cada interacción con la voluntad de cambiar de idea si alguien te presenta una buena. Si eres un alto cargo en tu trabajo y un empleado que acaba de llegar tiene una sugerencia que entra en conflicto con tu punto de vista, dale la oportunidad de convencerte. De la misma forma, si tu jefe quiere hacer las cosas de una forma que va en contra de tu manera de verlo, asume que sabe algo que a ti se te escapa, y trata de valorar la situación desde el punto de vista de esa persona.

No siempre tienes que dejarte convencer. Pero tu voluntad de darle a la otra persona la oportunidad de ser escuchada justamente se hará evidente y será apreciada. Tan importante como eso es que este tipo de disposición te hará naturalmente más persuasivo.

Emociónate

Como demostró el estudio sobre la adrenalina de Schachter y Singer, sólo una delgada línea separa una emoción negativa como la ira y una emoción positiva como la euforia. Lo mismo puede decirse sobre otros dos sentimientos: la ansiedad y la emoción.

Los grandes eventos, ya sean personales o profesionales, pueden provocarnos mucha ansiedad. Piensa en el día antes de una gran reunión de negocios o de una entrevista de trabajo, de presentar algo frente a tus compañeros de clase o en el gran momento justo antes de tener que pronunciar un brindis delante de cientos de personas. En situaciones como éstas, es habitual que la gente te diga «cálmate» o «relájate». Pero ése es un consejo terrible. No puedes apagar tu ansiedad con tu fuerza de voluntad. Es mejor abordar la ansiedad reformulándola como emoción –una sensación que, cuando piensas en ella, no está tan lejos del nerviosismo.

Un estudio de 2013 de la Harvard Business School llevado a cabo por la investigadora Alison Wood Brooks descubrió que esta técnica puede ser asombrosamente efectiva para tranquilizar a las personas antes de actuar.[7] En su experimento, Brooks pidió a los participantes que cantasen una canción usando el videojuego *Karaoke Revolution: Glee* de la videoconsola Nintendo Wii (a saber por qué, quizá sea el preferido de los psicólogos experimentales). Los participantes tenían que cantar el clásico de Journey «Don't Stop Believin», y se les advertía que serían juzgados de acuerdo con la precisión con la que cantasen la letra.

Antes de que comenzasen, se les preguntó a los participantes cómo se sentían y se les indicó que respondieran con una respuesta asignada al azar entre: «Estoy ansioso» o «Estoy emocionado». También se debían hacer todo lo posible para creer que la respuesta que se les asignase era cierta. En otras palabras, las personas a las que se les asignó «Estoy ansioso» intentaron interpretar sus sentimientos como ansiedad, mientras que las otras trataron de sentir que estaban emocionadas. Después de eso, se arrancaron con «Just a smalltown girl, living in a lonely world...».

Por loco que parezca, los participantes que se dijeron a sí mismos que estaban emocionados fueron notablemente mejores ciñéndose a la letra de la canción. Esas personas fueron capaces de interpretar su intenso estado emocional de una forma positiva en lugar de negativa, simplemente hablando consigo mismas antes de empezar, y su interpretación fue mejor.

Este tipo de reevaluación emocional no siempre es posible, claro. Si estás nervioso porque esperas los resultados de una prueba médica o

---

7. Alison Wood Brooks, «Get Excited: Reappraising Pre-Performance Anxiety as Excitement», *Journal of Experimental Psychology* 143, n.º 3, 2014: 1144-1158.

debes correr para coger a tiempo un vuelo internacional, lo que sientes es ansiedad, no emoción, y decirte lo contrario no va a ayudarte demasiado.

Cuando nuestro equipo en Mekanism se prepara para un *pitch* importante, me aseguro de transmitir emoción ante la posibilidad de conseguir una gran cuenta –en lugar de ansiedad por saber si le gustaremos a nuestro potencial cliente, por lo que nuestra competencia haya podido preparar o por lo duro que vaya a ser el trabajo–. Lo mismo hago cuando estamos trabajando contrarreloj para cumplir con los plazos de una gran campaña. Es una época agotadora, de gran presión. Pero también es estimulante. Así que en lugar de poner el foco en lo cansados y tensos que estamos, siempre trato de enfatizar lo deprisa que pasará todo, y que estamos juntos en ello.

Podría intentar motivar al equipo recordándoles cuánto está en juego (como LBJ con el anuncio de «Daisy») o lo desastroso que sería si no llegásemos a tiempo. Pero, sinceramente, no es tan efectivo. En lugar de enfatizar en lo estresante que es la situación, enfocamos estos escenarios como oportunidades emocionantes, tal como lo hizo Biden en la Sala Roosevelt.

◈ RESUMEN

Mantener una actitud generalmente positiva conlleva una amplia gama de beneficios que, en su conjunto, pueden hacer que seas mucho más persuasivo. Las personas que son habitualmente positivas –que apoyan sus pensamientos, creencias, comentarios y acciones en sus emociones positivas– son el tipo de personas que quieres tener cerca. Su positividad puede ser contagiosa y hacer que te resulte más fácil centrarte en los aspectos más estimulantes de tu propia vida. Son personas más agradables y conmovedoras y, como resultado, nos sentimos inclinados a apoyarlas siempre que sea posible.

Sin embargo, integrar esto en tu forma de ser requiere práctica y disciplina.

Los principios fundamentales son:

1. Sé agradecido.
2. Critica constructivamente.
3. Lo malo puede volverse bueno.
4. Podrías estar equivocado.
5. Emociónate.

Interiorizar esto te ayudará a tener un comportamiento constructivo, optimista y atractivo en todas tus interacciones.

Recuerda, la gente trata de rodearse de personas que reflejan lo que querrían ser y cómo les gustaría sentirse. La positividad genera influencia.

Capítulo 6

Sólo un poco de respeto

El conocimiento te proporcionará poder,
pero el carácter te proporcionará respeto.

BRUCE LEE

El respeto es una condición básica para la persuasión. Si tu objetivo es ser influyente pero no respetas a tu audiencia, habrás perdido la partida antes siquiera de comenzar.

Cuando nos sentimos, por poco que sea, menospreciados, insultados o maltratados, tendemos a cerrarnos. Nos ponemos en modo «nosotros contra ellos» y comenzamos a ver a la persona irrespetuosa como nuestro oponente o incluso como nuestro enemigo. Sólo piensa en cuántas guerras han comenzado porque un bando faltó al respeto del otro.

Un ejemplo extremo y oscuro de esto es la Guerra de los Pasteles (o La primera intervención francesa en México). En la década de 1820, después de que México se independizase de España, surgieron algunos disturbios y luchas en las calles de Ciudad de México, causando daños previsibles. Un pastelero francés llamado Remontel vio cómo su panadería era saqueada y todos sus pasteles robados. El rey francés, Luis Felipe I, exigió una compensación de 600 000 pesos (el equivalente a unos 30 000 dólares de hoy en día) por una tienda y unos pasteles que debían de costar unos 1000 pesos (unos 50 dólares). En resumen, la respuesta del Congreso de México fue que «de ninguna manera vamos a pagar esa cantidad por unos cuantos pasteles». La marina francesa inició un bloqueo de los puertos clave del golfo de México. México le declaró la guerra, y Francia y México lucharon durante cuatro meses. La confrontación provocó la muerte de numerosos soldados. Finalmente, México pagó los 600 000 pesos y Remontel obtuvo una pastelería nueva. Pero al exigir, en lugar de persuadir con respeto, ambos bandos perdieron más de lo que ganaron por uno cuantos pasteles franceses. Así que, cuando alguien tiene una reclamación que hacerte, no es muy probable que logre convencerte de que veas su punto de vista mediante exigencias.

En cambio, cuando alguien nos trata como iguales, nos toma en serio y muestra respeto por nuestro tiempo, nuestra inteligencia, nuestro punto de vista y nuestra atención, tendemos a abrirnos –cuanto menos, por devolver la cortesía recibida–. Hacemos lo posible por ofrecerles una escucha sincera. Y cuando nos abrimos, bajamos la guardia. Ése es exactamente el estado mental que quieres en alguien a quien esperas persuadir.

Las personas anhelan el respeto más que cualquier otra cosa –especialmente en su lugar de trabajo–. En una encuesta realiza a veinte mil empleados de todo el mundo por *Harvard Business Review*, ser tratado con respeto por sus superiores recibió una importancia mayor que cualquier otro factor contemplado en la encuesta por parte de los trabajadores. Se consideró más importante que el *feedback*, las oportunidades de ascenso, el reconocimiento o incluso que el dinero.[1]

Veamos un episodio que tuvo lugar en 2009 en la prisión de Orient Road en Florida. Un oficial de las instalaciones, el comisario Ken Moon, estaba sentado en su escritorio cuando uno de los reclusos lo atacó violentamente, estrangulándolo hasta el borde de la muerte. El motivo de que el comisario siga entre nosotros es que otros cuatro presos salieron en su defensa. Uno de los reclusos, Jerry Dieguez Jr., aba-

1. Christine Porath, «Half of Employees Don't Feel Respected by Their Bosses», *Harvard Business Review*, 19 de noviembre de 2014.

tió al atacante de un puñetazo. Otro preso, David Schofield, agarró la radio del comisario y pidió ayuda. Los otros dos condenados, Hoang Vu y Terrell Carswell se unieron a la refriega y, finalmente, lograron liberar al comisario Moon.[2]

Es muy poco frecuente que los prisioneros protejan a sus carceleros. Cuando se les preguntó por qué habían arriesgado sus propias vidas para salvar la de Moon, resultó que fue por una cuestión de respeto. Como uno de los reclusos comentó, «Moon se sale de la norma... A pesar de que es un oficial, actúa como una figura paternal».[3] El comisario trataba a los reclusos con respeto y como iguales. Como resultado, ellos se pusieron de su parte instintivamente, incluso aunque su trabajo fuese mantenerlos entre rejas. Lo protegieron cuando su vida estuvo en peligro.

Nuestra profunda sensibilidad respecto al respeto es, en parte, lo que subyace del principio más universal de la cooperación humana: la Regla de Oro. Si quieres llevarte bien en cualquier entorno social, debes tratar a los demás como te gustaría que te tratasen: con respeto. Esta idea es tan esencial que se puede encontrar en casi todas las civilizaciones y religiones a través de los siglos.

El antiguo orador ateniense Isócrates nos enseñó: «No hagas a los demás lo que te disgusta a ti».[4] O, como dijo Sextus, el pitagórico: «Lo que no quieres que te pase a ti, no lo hagas tú mismo».[5] A Aristóteles se le preguntó en una ocasión cómo debíamos comportarnos con los demás, y él respondió: «Exactamente como lo hagamos nosotros, deberían comportarse con nosotros».[6] En el judaísmo, la Torá nos dice:

---

2. «The Rescue of Deputy Moon: Hero Inmates Save Lone Guard as He's Choked by Prisoner in Violent Attack», *Daily Mail*, 6 de noviembre de 2009.
3. «Inmates Recount How They Saved Deputy from Attack», *Tampa Bay Tribune*, 5 de noviembre de 2009.
4. Citado en Edward Alexander Westermarck, *Christianity and Morals*, Nueva York: Routledge, 2013.
5. *The Sentences of Sextus*, Frederik Wisse (trad.), Nag Hammadi Library, Gnostic Society Library, www.gnosis.org/naghamm/sent.html
6. Citado Westermarck, *Christianity and Morals*...: 71.

«Ama a tu prójimo como a ti mismo».[7] Y ese pensamiento lo repite Jesús, casi literalmente, en el Nuevo Testamento.

Una recopilación de textos budistas conocida como Udanavarga incluye la máxima: «No hieras a los demás con algo que te dolería a ti mismo».[8] Y una antigua epopeya hindú, el Mahabharata, nos enseña: «Nadie debería hacerle a otro lo que considerase injusto hacia él mismo. Ésta es, en resumen, la regla del dharma».[9] En el islam, se cree que el profeta Mahoma dijo: «Aquello que desees para ti mismo, búscalo para la humanidad».[10]

La Regla de Oro es la piedra angular de la civilización.

Sin respeto, la civilización tal como la conocemos –y mucho menos cualquier tipo de persuasión– sería imposible.

Con todo, recordar procurarles respeto a los demás habitualmente no es algo que surja de una forma natural. Pero si le dedicas tiempo, puede convertirse en una segunda naturaleza para ti –en parte del músculo de tu memoria emocional.

La mayoría de las veces, cuando no respetamos a las personas, no nos damos cuenta. Resulta que los seres humanos somos mucho más sensibles a los gestos irrespetuosos cuando se dirigen a nosotros que cuando los cometemos. Como Christine Porath, profesora de administración de la Universidad de Georgetown y experta en civismo en el lugar de trabajo, escribió: «La gran mayoría de faltas de respeto se debe a una falta de autoconciencia. Solamente un 4 % de masoquistas afirma que son incívicos porque les resulta divertido y pueden salirse con la suya. Es más habitual que las personas simplemente no se den cuenta de cómo su comportamiento afecta a los demás».[11] Dado que todos

---

7. Levítico 19:18.
8. E. M. Bowden (compilador), *The Essence of Buddhism*, Girard, Kansas: Haldeman-Julius, 1922.
9. Gurcharan Das, «Draupadi's Question: Lessons for Public and Corporate Governance», *Textuality and Inter-Textuality in the Mahabharata*, Pradeep Trikha (ed.), Nueva Delhi: Sarup and Sons, 2006: 121.
10. Jeffrey Wattles, *The Golden Rule*, Nueva York: Oxford University Press, 1996: 192.
11. Porath, «Half of Employees Don't Feel Respected by Their Bosses».

queremos respeto, la simple conciencia y la concentración pueden ser muy útiles para lograrlo.

También es cierto que nuestras tecnologías digitales están creando nuevas oportunidades para enfadar, despreciar, ignorar, hacer *mansplaining*, ser condescendiente o, directamente, insultar a nuestros semejantes con una velocidad y regularidad sin precedentes. Un solo comentario, publicación en un blog, foto o tweet mal considerado puede ofender a millones de personas en todo el mundo, y destruir en cuestión de días, horas o, a veces, incluso minutos, reputaciones construidas con mucho esfuerzo. Esto hace que una personalidad respetuosa sea más difícil de desarrollar y que mantenerla sea más importante que nunca.

Respetar a los demás: Ser de fiar

Un aspecto clave de ser una persona respetuosa es la fiabilidad. Una persona fiable es alguien que hace lo que dice, y que no hará promesas que no pueda cumplir. Puedes contar con ella –que es una forma de decir que puedes fiarte de ella–. Y, cuando se trata de persuasión con alma, la confianza lo es todo. El argumento, el *pitch* o la campaña publicitaria más conmovedores no significan nada si no confías en que las palabras que estás escuchando se traduzcan en hechos.

Romper incluso la promesa más intrascendente es suficiente para socavar tu fiabilidad y, de paso, faltarle el respeto a alguien. Por poner un ejemplo sencillo, digamos que, durante una conversación telefónica, sucede algo inesperado y urgente y le dices a la persona que está al otro lado de la línea: «Lo siento, te devolveré la llamada». Decimos esto todo el tiempo, y la mayoría de nuestros interlocutores lo aceptan. Pero si después no le devuelves la llamada a esa persona, puede jugar en tu contra.

Es posible que rompas esa promesa porque no vuelvas a pensar en ello, pero es probable que la persona a la que colgaste sí lo haga –las personas son muy sensibles a cualquier signo de falta de respeto–. Y, al hacer una promesa que no cumples, le estás diciendo a esa persona que sólo te preocupas por ella cuando te conviene.

Mantener incluso la más pequeña de las promesas es una forma muy sencilla de demostrar tu carácter y granjear confianza. A continuación, encontrarás algunos hábitos que pueden demostrar que se puede confiar en ti sin tener que pensar en ello.

No «prometas»

Si eres una persona que utiliza expresiones como «te prometo», «te garantizo» o «te aseguro», no lo hagas. Términos tan absolutos como ésos, cuando se sueltan demasiado libremente, podrían causarte problemas al situarte en una posición en la que no tengas otro remedio que romper con la palabra dada. La gente entenderá que le digas honestamente que no puedes garantizar un resultado concreto.

Pide tiempo antes de comprometerte

Si dudas, aunque sea sólo un poco, si comprometerte en firme, no importa lo grande o pequeño que sea el asunto, pide un día –o una semana, o incluso una tarde– para pensarlo y asegurarte de que puedas llevarlo a cabo. Esto evitará que te comprometas demasiado. E, igual de importante, te dará el espacio para considerar si merece la pena darle prioridad a esa petición, o si te has visto acorralado y, simplemente, estabas intentando contentar a la otra persona.

Prometer menos y dar más

Si se produce una situación que necesita que garantice un resultado determinado, siempre juego sobre seguro: prometo menos de lo posible, de manera que, si un imprevisto me complica el asunto, todavía puedo mantener mi promesa.

Entrega a tiempo, aunque te mate

La puntualidad es quizá la forma más fácil de mostrar respeto a alguien y de demostrar que se puede confiar en ti. En ocasiones, esto significará acortar una reunión de manera que puedas llegar a tiempo a la siguiente. Esto está bien: las personas son mucho más comprensivas con alguien que necesita irse temprano debido a un compromiso previo que alguien que llega quince minutos tarde.

Una forma de ser puntual es tratar de llegar a cada cita unos minutos antes. Piensa que «puntual» es uno o dos minutos antes de la hora programada. Si tu objetivo es llegar un poco temprano, rara vez llegarás tarde. Para ser honesto, es una de mis luchas diarias, algo que todavía estoy tratando de dominar.

Respetar el tiempo: El arte perdido de estar presente

Se dice que el «80 % del éxito es estar presente».[12] Estar presente por completo en cada interacción es una de las formas más puras de respeto, particularmente, en una era en la que las peticiones de que prestemos atención se multiplican por segundos.

Yo tengo un trastorno de déficit de atención (TDA) no diagnosticado. Mi mente está en constante movimiento –siempre estoy pensando en el siguiente proyecto, objetivo, artículo, *pitch*, almuerzo, etc–. Sí, puedes superar esta condición con una vida más saludable, cuidando la nutrición e incluso tomando medicamentos con prescripción médica, pero también puedes entrenarte para pensar de una manera que obligue a tu mente a estar presente sólo cuando sea necesario.

Esta habilidad implica lidiar con el peor enemigo que el estar presente tiene en nuestros días: tu teléfono (aunque cualquier otra distracción moderna pone de manifiesto que los humanos no estamos preparados para manejarlas). Una situación con la que todos estamos familiarizados: estás conversando con un amigo, un colega o un conocido cuando y, en algún momento de la charla, la otra persona saca su móvil. Quizá está echando un vistazo a un mensaje que acaba de lle-

12. William Safire, «On Language: The Elision Fields», *New York Times Magazine*, 13 de agosto de 1989.

garle, o está comprobando si tiene llamadas perdidas. No importa cuál sea el motivo. Lo que importa en ese momento es que la otra persona ha desconectado de ti y de vuestra conversación. No está presente. Y ésa es una señal de falta de respeto.

Este tipo de comportamiento es tan común que incluso en inglés existe un término para designarlo: «*phubbing*», una especie de contracción de «*phone snubbing*» ('afrenta telefónica'). Un estudio llevado a cabo por investigadores de la Universidad de Tilburg, en los Países Bajos, examinó el efecto que causaba el *phubbing* en ciento cuatro estudiantes.[13] Cada participante era emparejado con alguien a quien no había visto nunca. Antes de que el experimento comenzase, los desconocidos pasaban diez minutos presentándose.

Después, cada pareja fue asignada aleatoriamente a un grupo de entre tres disponibles. En un grupo, se les pedía a ambos que tuviesen una conversación sin teléfonos. Éste era el grupo de control sin *phubbing*». En el segundo grupo, se indicaba a uno de los participantes que hiciese *phubbing* al otro durante el transcurso de su conversación cada vez que su teléfono mostrase una notificación. Los investigadores llamaron a esto *phubbing* «reactivo». En el tercer grupo, se indicaba a uno de los dos conversadores que mirase su teléfono cada vez que viese una luz al fondo de la habitación en la que se encontraban. Su compañero no podía ver la luz y no sabía nada sobre este aspecto del experimento, que los investigadores llamaron *phubbing* «proactivo». El objetivo del experimento era estudiar cómo tres escenarios distintos –sin *phubbing*, con *phubbing* después de que apareciese un mensaje en el teléfono, y con *phubbing* injustificado– afectaban a los sentimientos de la otra persona respecto a su interlocutor.

Las personas que miraron sus teléfonos fueron percibidas como menos educadas y atentas que las que no lo hicieron. Y, como debes

13. Mariek Vanden Abeele, Marjolijn Antheunis, y Alexander Schouten, «The Effect of Mobile Messaging During a Conversation on Impression Formation and Interaction Quality», *Computers in Human Behavior 62*, 2016: 562-569.

estar suponiendo, el *phubbing* proactivo despertó emociones más negativas que el *phubbing* reactivo.

Éste no fue un resultado aislado. Un estudio previo llevado a cabo por psicólogos de la Universidad de Kent descubrió que las personas reaccionan negativamente sólo con ver una simulación informática de una persona haciéndole *phubbing* a otra.[14] Tal cual, es cierto –incluso el *phubbing* de dibujos animados nos señala el mal camino–. Una encuesta realizada por profesores de la Universidad de Southern California reveló que el 75 % de las personas creen que consultar mensajes o e-mails durante las visitas de negocios a los clientes es completamente inaceptable. En esa misma encuesta, el 87 % de las personas reaccionaron con un pulgar hacia abajo ante el hecho de responder a una llamada telefónica durante una reunión.[15]

Cómo dividir tu atención en un mundo digital

Hay muchas situaciones en las que necesitas estar presente en la interacción que estás manteniendo y, sin embargo, debes estar localizable al teléfono. Quizá tu hijo esté enfermo y, en ese caso, desconectar digitalmente durante una reunión de dos horas es sencillamente una irresponsabilidad. Quizá tú seas la persona clave en un proyecto de trabajo urgente que se encuentra en una fase crítica. O quizá tu jefe está pasando por una crisis y no puede esperar toda la tarde para tener noticias tuyas.

La pregunta es: ¿cómo les ofreces el respeto que merecen las personas con las que estás hablando, mientras te mantienes disponible para personas que no están en la sala? Hay algunas técnicas que puedes probar.

---

14. Varoth Chotpitayasunondh y Karen M. Douglas, «The Effects of 'Phubbing' on Social Interaction», *Journal of Applied Social Psychology* (en línea), 24 de enero de 2018, DOI: 10.1111/jasp.12506.

15. Suzanne Wu, «Was It Smart to Use Your Phone at That Meeting?», Boletín de Novedades, University of Southern California, 23 de octubre de 2013.

Disculparte por anticipado

Estás en una reunión con un cliente, un colega, o incluso con tu jefe, y sabes de antemano que necesitarás atender una llamada por una razón realmente incuestionable. En estos casos, asume que la persona con la que te encuentras es un ser humano razonable y explícale la situación. Yo, normalmente, digo algo como: «Sé que puede parecer descortés, pero mi hijo está enfermo y estoy esperando una llamada del doctor, así que es posible que necesite salir para atender su llamada o responder su mensaje». O: «Mi compañera de piso está teniendo una crisis y tal vez necesite salir un minuto para ayudarla». Sea cual sea la razón por la que necesites ausentarte, explícala.

Hacer esto no sólo te permite poner el asunto sobre la mesa –sin sentirte culpable o nervioso–, sino que también te ayuda a asegurarte de que sea quien sea la persona que esté contigo no sienta que le faltas al respeto cuando finalmente atiendas el teléfono.

«Lo siento, pero necesito leer un mensaje», es una forma de preservar la sensación de respeto y mostrar que, a pesar de la interrupción, la persona que se halla en la sala sigue siendo tu principal prioridad. Esto puede parecer un detalle insignificante, pero puede ser realmente importante. Piensa en tu teléfono como un potencial destructor de relaciones. Cuando lo uses, asegúrate de que proporcionas una justificación apropiada.

Sé breve, cariñoso y concreto

Si recibes un mensaje importante en mitad de una reunión presencial, no es solamente la persona en la sala la que debería preocuparte ofender. En ocasiones, he recibido un correo electrónico de un cliente que está ansioso y exige una respuesta inmediata. Si estoy tomándome un café con otro cliente, un colega o un amigo, es posible que no tenga tiempo para teclear una respuesta extensa.

En ese caso, corro el riesgo de ofender al cliente que se encuentra al otro lado de la pantalla, una persona que espera que esté disponible las 24 horas, los 7 días de la semana, especialmente cuando las cosas se ponen feas.

Supongamos que el problema en cuestión no es algo que me obligue a marcharme de la reunión presencial (rara vez lo es). Por lo general, lo que el cliente busca es asegurarse de que entiendo lo que está sucediendo y que todo está bajo control. Así que mi estrategia es responder lo más rápido posible –y ser breve, directo, y concreto respecto a cuándo estaré disponible–. Por ejemplo, escribiría: «Tenemos esto bajo control. Estoy en una reunión ahora mismo, pero te llamaré en unas horas con un plan».

Responder de inmediato –o casi– es oro para la mayoría de las personas. Cuando alguien te envía un mensaje y tu respuesta aparece instantáneamente en su bandeja de entrada, tu atención y, por lo tanto, tu respeto por la otra persona se hacen evidentes.

Anuncia que no estarás disponible

Si voy a una reunión en un momento en que sé que alguien podría necesitarme, primero me comunico con esa persona para informarla de la situación: un correo electrónico rápido o un mensaje que diga: «Eh, estaré en una reunión durante la próxima hora, pero estaré disponible en cualquier momento después si necesitas que hablemos». A menos que sea un cirujano de traumatología, es raro que surja alguna cosa que no pueda esperar una hora.

Cómo estar presente (y Demetri Martin) mantuvo Mekanism en funcionamiento

El compromiso de estar presente jugó un papel importante en uno de los primeros éxitos de Mekanism. En 2006, Microsoft se estaba preparando para lanzar su nuevo sistema operativo, Windows Vista, con una efervescente campaña de marketing digital. En aquella época, la agencia publicitaria de Microsoft, McCann Erickson, no era un portento en el ámbito digital. Así que su director creativo, Rob Bagot, se puso en contacto con Mekanism para conseguir refuerzos.

En aquellos días, nosotros todavía éramos una compañía para operaciones a corto plazo con base en San Francisco, especializada sobre todo en producción. Así que conseguir trabajar con Microsoft era un gran asunto para nosotros. Además, también era nuestra mejor oportunidad para mantenernos en el negocio, ya que, como solía suceder en aquellos primeros años, íbamos con el piloto de la reserva encendido. Necesitábamos aquella cuenta para mantener el motor en marcha.

Nuestro concepto original, creado por mis socios Ian Kovalik, Pete Caban y Tommy Means, era diseñar una campaña digital en torno a una sociedad secreta similar a los Illuminati llamada «While You Were Sleeping» (Mientras tú dormías) y que se rumorease que incluía luminarias como Richard Branson, Stanley Kubrick, John Cleese y Damien Hirst. Sobre la base de esta idea, crearíamos un *hub* en línea para la búsqueda de nuevos socios. Luego, lanzaríamos una página basada en la comunidad donde se animaría a los candidatos a publicar propuestas, ideas y puntos de vista creativos. Se convertiría en una red social exclusiva.

La idea fue rechazada y nos devolvieron a la mesa de trabajo con unas pocas directrices –la campaña tenía que basarse en el concepto de «claridad», porque el nuevo sistema operativo prometía ser más ordenado y permitir al usuario trabajar más libremente.

Así que nos centramos en una imagen sobre una hoja transparente, del tipo que se usa con los proyectores, de esos sobre los que puedes escribir y hacer títeres de sombras. Entonces, Tommy recordó que había un cómico que basaba su espectáculo en ese mismo dispositivo: Demetri Martin. Demetri estaba arrasando en las redes sociales, lo que lo convertía en un portavoz ideal para un producto que intentaba atraer a un público más joven y moderno. Tommy imaginó una serie web escrita y protagonizada por Demetri en el papel de una persona desbordada por la existencia moderna y que ya no puede lidiar con la enorme cantidad de información con la que lo bombardean.

No es exagerado decir que, en aquel momento, el futuro de Mekanism dependía de convencer a Demetri de que formase parte de nuestra campaña digital para Microsoft. Pero, antes incluso de hablar con él, nos llegaron auténticas malas noticias. Apple le acababa de ofrecer a Demetri un montón de dinero para que protagonizase un anuncio de Mac junto con el autor y colaborador del *Daily Show* John Hodgman. Hodgman iba a ser la personificación de un PC –un personaje trasnochado y de aspecto *nerd* que representaría una máquina basada en Windows–. Martin encarnaría al joven y *cool* Mac, un trasunto de los ordenadores Apple.

Teníamos que intentar convencer a Demetri para que no aceptase esa idea, decirle: «No quieres ponerte delante de la cámara y leer el guion que una agencia de publicidad ha escrito para ti. Todo el mundo te va a conocer por haber hecho de ordenador el resto de tu vida». Pero Demetri estaba en la otra punta del mundo, en Australia, actuando en el Melbourne Comedy Festival.

Podríamos haberlo llamado por teléfono y haber tratado de hacer una «venta dura» desde la otra punta del planeta. Pero enseguida entendimos que una llamada no iba a funcionar. Nadie se desentiende de un trato para una campaña con Apple por una simple llamada de teléfono. Para cerrar un acuerdo como ése necesitábamos estar allí en persona. Así que usamos algunos de los últimos fondos de Mekanism para reservar unos billetes de avión de unos cuantos miles de dólares de San Francisco a Melbourne.

Seguramente, a Demetri le impresionó que hiciésemos aquel viaje. Era una muestra innegable de compromiso con él y con su comedia. Finalmente, dijo que sí. Y no sólo hizo que Mekanism consiguiese el trabajo –y mantuviese las puertas abiertas– sino que, además, nos catapultó a las grandes ligas de los anunciantes. Yo le atribuyo buena parte del éxito de aquel día en Australia al simple hecho de que nos hicimos presentes. No importa lo genial que fuese nuestro creativo o lo mucho que a Microsoft le gustasen nuestras ideas, aquella victoria no se habría logrado si hubiésemos menospreciado el valor de estar presentes y mostrar respeto.

Respetar tus errores: Asumir tu responsabilidad

Hablando de garantías, ésta es una que puedes presentarle al banco: de vez en cuando, vas a pisar en falso. Vas a decir algo incorrecto, a ofender sin querer a alguien, a no mostrar sensibilidad, a cometer un error, a contar un chiste inapropiado o a equivocarte de alguna otra manera. Podría ser un error privado, sólo apreciable por tu círculo íntimo. Pero también podría tratarse de un paso en falso muy público, en las redes sociales, que capte la atención de todas las personas que conoces y de muchas que no conoces.

Vivimos en una época en la que un solo comentario irreflexivo puede dañar reputaciones sin remedio. Y todo puede suceder muy rápido. Aprender a manejar con prudencia estas crisis inevitables es absolutamente fundamental. En el momento inmediatamente posterior a un error en las redes sociales, o incluso a un comentario privado equivocado, las personas formarán juicios sobre ti que no pueden ser desarmados.

Aquellos con un carácter genuinamente persuasivo pueden salir de estos episodios con su influencia intacta –y, quizá, incluso reforzada–. La clave para negociar estas situaciones tan sensibles tiene que ver con demostrar tu respeto por tu audiencia asumiendo la responsabilidad por tus palabras o acciones, incluso aunque sea doloroso hacerlo.

Una onza de prevención

La razón por la que un simple tweet o publicación de LinkedIn desafortunados pueden hacer que tu mundo se derrumbe sobre tu cabeza es que pueden ser vistos por una cantidad de personas asombrosa. Esto hace que haya más posibilidades de que tu mensaje sea malinterpretado. Por si fuera poco, el contenido en las redes sociales, a menudo, no desaparece. Y tú simplemente no sabes quién dará con ese mensaje años después, cómo podrían interpretarlo, o en qué momento de tu vida te atrapará cuando todo se precipite.

Disney despidió al director de la franquicia *Guardianes de la Galaxia*, James Gunn, a causa de algunos tweets bastante desagradables que había escrito entre 2008 y 2011. Al parecer, los tweets –que mencionaban desde la pedofilia hasta la violación, pasando por el sida y el Holocausto– fueron deliberadamente escritos de manera que se pasasen de la raya y expresasen los comentarios más ofensivos que se le ocurrieron a Gunn.[16] Probablemente se echó unas risas gracias a aquellos comentarios, y nunca pensó que más adelante pudiesen dañar su carrera. Los tweets habían sido borrados, pero no importó. Ahora todo el mundo sabe que una vez que algo está en la red es como si se hubiese tallado en la piedra. Parece que Gunn vuelve a trabajar, pero le ha costado disculpas y tiempo volver a ponerse en pie.

A mí, a veces, me gusta se provocativo con mis comentarios cuando hablo con amigos y familiares, pero, hoy en día, intento no pasarme nunca de la raya. Si de todos modos acabo ofendiendo a alguien, al menos estoy tratando con una persona que me conoce y que espero que no me juzgue por uno o dos errores.

Cómo sobrevivir a una catástrofe social

Todos somos humanos, lo que significa que todos vamos a meter la pata. Es como estamos diseñados, así que todos cometeremos errores.

La prevención es buena, muy buena, pero incluso la persona más cuidadosa va a acabar diciendo algo incorrecto en algún momento y tendrá que pagar las consecuencias. Entonces, ¿qué?

Existe una industria enteramente dedicada a gestionar este tipo de situaciones, y emplean expresiones como «gestión de crisis» y «control de daños». Pero este tipo de respuestas son únicamente tácticas. Y si tú has trabajado para desarrollar una buena personalidad –una que abarque todos los rasgos de los que hemos estado hablando hasta ahora, incluyendo la genuinidad, el pensamiento a largo plazo, la generosidad y el respeto–, no deberías tener que pensar tan estratégicamente.

No deberías intentar decir aquello que mejor te posicione para capear el temporal que se avecina. En su lugar, deberías buscar formas de mostrar el tipo de persona que realmente eres y dejar que la gente decida por sí misma qué piensa sobre ti.

---

16. Andrea Park, «Disney Drops Director James Gunn from 'Guardians of the Galaxy' over Offensive Tweets», CBS News, 20 de julio de 2018.

Como decía el viejo dicho de la era del Watergate, «No es el crimen, es la ocultación». Cuando alguien se equivoca de manera que tiene serias consecuencias sociales, lo que suele marcarle no es el acto en sí mismo, sino la forma en que reacciona al hecho. El presidente Bill Clinton no fue juzgado políticamente por la Cámara de Representantes por lo que hizo con una becaria de la Casa Blanca. Fue juzgado políticamente porque mintió bajo juramento y obstruyó a la justicia para salvar su trasero.[17]

Cuando alguien comete un gran error social –como publicar un comentario estúpido en la red, hacer una broma insensible, o entregarse a la ira e insultar deliberadamente a alguien–, el daño perdurable viene de la impresión que tenemos al reconsiderar a esa persona, de la sensación de que por primera vez estamos expuestos a una cara de ese individuo que no sabíamos que existía. Nos recuerda –quizá inconscientemente– que la imagen que esa persona proyecta es, en el mejor de los casos, solamente una parte de la historia y, en el peor, una frágil fachada que esconde un carácter desagradable, odioso, ignorante o malicioso. Nos sentimos embaucados y despreciados.

Si ese individuo entra en modo «control de daños» y niega, endulza o intenta alguna otra maniobra, confirmará nuestros peores temores. Después de que el congresista Anthony Weiner accidentalmente postease una foto de su entrepierna en Twitter, fue a la televisión a ofrecer algunas vagas explicaciones sobre cómo su cuenta había sido hackeada. Si sus partidarios tenían alguna intención de mantenerse leales antes de aquella farsa, despreció su buena voluntad al tratar de engañarlos. Terminó mostrándonos mucho más de sí mismo de lo que pretendía.[18]

La única forma de gestionar una situación así es mostrar a los demás tu mejor versión, abiertamente, con todos tus defectos y virtudes, y sin reservas. Este tipo de respuesta no sólo muestra respeto por tu

---

17. Alison Mitchell, «Impeachment: The Overview–Clinton Impeached; He Faces a Senate Trial, 2d in History; Vows to Do Job till Term's 'Last Hour'», *New York Times*, 20 de diciembre de 1998.
18. «Anthony Weiner Scandal: A Timeline», *CNN*, actualizado el 30 de agosto de 2016.

audiencia, sino también respeto por ti mismo. Para hacer esto hay unos cuantos principios que deberías tener presentes.

Sé honesto contigo mismo

¿Acabas de maldecir a alguien en la red? ¿Has hecho un comentario insensible sobre un amigo tuyo? ¿Has sacado un tema que, honestamente, no sabías que era delicado para alguien en la sala? Sea lo que sea lo que ha causado el incendio que te está engullendo, el primer paso que debes dar es determinar cómo has acabado donde estás.

Puede que sólo estuvieses enojado y quisieses herir a alguien. O tal vez pensases que estabas siendo gracioso en ese momento, pero ahora te das cuenta de que no a todo el mundo le ha hecho gracia la broma. Es posible que simplemente te faltase una pieza de información crucial y si la hubieses sabido no hubieses dicho lo que has dicho.

Para muchos de nosotros, nuestro primer instinto es defendernos, buscar excusas convenientes o jugar la carta de la negación, al estilo de Anthony Weiner. Esta clase de respuestas falta al respeto no sólo de la audiencia, sino a ti mismo. Si estás dispuesto a mentirte para evitar tener que manejar las consecuencias reales de tus acciones, te estás decepcionando a ti mismo. La única forma de mejorar es reconocer tus propias debilidades y decidir afrontarlas. Si no te tienes el suficiente respeto como para hacer esto, no podrás mostrar respeto por los demás. La Regla de Oro –trata a los demás como te gustaría que te tratasen– sólo funciona si, para empezar, te tratas a ti mismo con ese respeto.

Todos tenemos la tentación de negar las cosas cuando se ponen peliagudas. Pero los mejores –y más influyentes– de entre nosotros combaten ese instinto.

Comunica esa idea de forma sencilla y rápida

Una vez hayas averiguado la razón real por la que has cometido un error tan garrafal, piensa la forma más sencilla expresarla. Usar demasiadas palabras o salpicar tu explicación de eufemismos sólo hará que parezca que estás tratando de ocultar algo. Puede ser algo tan sencillo como decir: «Estaba enfadado y dije algo estúpido. Estuvo mal».

Discúlpate (y siéntelo)

Ahora que ya te has explicado, las siguientes palabras que tienen que salir de tu boca (o aparecer en tus perfiles en las redes sociales) deberían ser de disculpa.

¿Cuál es la mejor forma de mostrar arrepentimiento? ¿Cómo compondrías una disculpa para que surtiese el máximo efecto? Eso se lo dejo a estrategas y manipuladores. Mi único consejo es seguir la Regla de Oro y brindarle a los demás la disculpa que a ti te gustaría recibir si estuvieses al otro lado de la ofensa. En otras palabras: muestra un poco de respeto.

◈ RESUMEN

Las personas son altamente sensibles incluso a los pequeños desprecios y ofensas. Y, una vez has disparado la alarma de la falta de respeto, conseguir que vuelvan a ponerse de tu lado no es algo fácil. Por esto, una disposición respetuosa es un ingrediente esencial para un carácter persuasivo.

Ser respetuoso depende de tres elementos:

1. RESPETA A LOS DEMÁS: Sé digno de confianza haciendo lo que dices que harás, no importa lo pequeño que sea el compromiso.
2. RESPETA EL TIEMPO: Mantente presente en la conversación (y si no puedes, explícale por qué a tu audiencia).
3. RESPETA LOS ERRORES: Admítelo cuando cometas un error o hagas algo equivocado, y usa esos momentos para demostrar tu respeto, generosidad y honestidad manejando la situación elegantemente y asumiendo la tu responsabilidad. Si quieres seguir siendo influyente, necesitas usar estas situaciones como oportunidades para mostrarle a la gente quién eres en verdad.

Si no sueles mostrar una actitud respetuosa habitualmente, te resultará muy difícil ser conmovedoramente persuasivo.

CONSIDERACIONES FINALES
SEGUNDO PRINCIPIO: GENEROSO

Las personas generosas son más persuasivas, es así de simple. Éstos buscan mejorar cada circunstancia con la que se encuentran, y lo hacen sin preocuparse por lo que recibirán a cambio. Esto las hace más dignas de confianza, más magnéticas y que sea más agradable trabajar con ellas. Son el tipo de persona que nos gusta tener a nuestro alrededor. Así que, si desarrollas este rasgo de la personalidad, habrás derribado muchas barreras de las que se interponen en el camino de la persuasión.

Hay ciertos caminos que conducen a tener un carácter generoso, pero los siguientes hábitos son los que me han resultado más útiles.

Da algo en cada interacción

Siempre que tu camino se cruce con el de alguien, tu objetivo debe ser dejarlo un poco mejor de lo que estaba. Así que asegúrate de darle algo: una recomendación, un consejo, un cumplido, un regalo o, simplemente, tu tiempo y tu atención. Sea lo que sea lo que das, asegúrate de que sea genuino. Este hábito no surge de forma natural al principio, pero con el tiempo empezarás a considerar las interacciones según las necesidades de los demás, lo que hará que te resulte mucho más fácil identificar la mejor forma de contribuir.

Practica la positividad

Las emociones negativas pueden ser una fuerza de persuasión poderosa. Pero el mundo no necesita más ansiedad, miedo, odio y divisiones. Así que, si quieres cosechar influencia, es mejor que lo hagas a través de la positividad. Y ese proceso comienza por aprender a dar preponderancia a tus emociones genuinamente positivas al relacionarte con el mundo.

Si puedes hacer esto, al llenar a las personas con un sentimiento de posibilidad, la influencia que conseguirás será del tipo que impulsa a la gente a ver las cosas como tú. Tus habilidades persuasivas emanarán de la generosidad de tu carácter.

En la práctica, esto significa cultivar tu sentimiento de gratitud por las cosas buenas que hay en tu vida, criticar sólo por razones constructivas, admitir que incluso las interacciones más terribles y tediosas tienen un potencial para convertirse en algo bueno, mantener una mente abierta y redefinir las situaciones de ansiedad como fuentes de emoción.

Tómate en serio a los demás mostrándoles respeto

Faltar al respeto a tu audiencia –o a su inteligencia, creencias o experiencia– es la forma más rápida de sabotear cualquier intento de persuasión.

Afortunadamente, no es tan difícil evitar fuentes de desprecio habituales. Al aprender a mantener tus promesas, estar tan presente como te sea posible y admitir rápida y sinceramente tus errores, habrás desarrollado rasgos de carácter que muestran el respeto de una forma implícita.

Las personas generosas son conmovedoramente persuasivas.

TERCER PRINCIPIO

EMPÁTICO

Si no eres capaz de entender por qué alguien no está de acuerdo contigo, tus probabilidades de lograr que cambie de idea no son muy altas. El discurso mejor escrito o el anuncio artísticamente mejor producido no serán tan efectivos si no se dirigen a los valores, las preocupaciones y las creencias que más le importen a tu audiencia. Además, a un nivel superficial, comprender intelectualmente la perspectiva de otra persona no funcionará. Necesitas «captar» a tu audiencia a nivel intuitivo, emocional. Necesitas ver las cosas a través de sus ojos y reconocer exactamente qué motiva sus opiniones y creencias particulares. Y esto requiere empatía. Las personas empáticas son hábiles a la hora de superar divisiones y unir a las personas en un mismo equipo. Son capaces de neutralizar el pensamiento de «nosotros contra ellos» que se interpone en el camino de la persuasión. Ven a los otros como fundamentalmente similares e iguales. Son colaboradores naturales que forjan conexiones con quienes les rodean y encuentran formas de trabajar con los demás por objetivos comunes. En otras palabras, son naturalmente persuasivos.

Capítulo 7

No soy yo, es nosotros

Sólo puedes entender a las personas si las sientes en ti mismo.

JOHN STEINBECK

Por su naturaleza, la persuasión requiere conectar con gente con la que estás en desacuerdo. Allí donde vayas, en primer lugar, necesitas entender de dónde viene tu audiencia. Necesitas comprender realmente por qué mantienen las posiciones que mantienen y tener una idea de cuáles de sus creencias están blindadas y cuáles son negociables. Necesitas ir a encontrarla donde esté –no darle un discurso desde la distancia–. Por este motivo, la empatía es un rasgo absolutamente esencial para cualquiera que espere practicar la persuasión conmovedora.

La empatía es la capacidad de reconocer y comprender los sentimientos de otra persona –o, como a menudo decimos hoy en día, es la habilidad de «ser» otra persona–. Y resulta difícil negar que, cuando alguien nos comprende, es mucho más fácil estar de acuerdo con esa persona. Por este motivo tenemos que intentar ponernos en la piel de los demás para comprenderlos.

Desgraciadamente, la empatía es un recurso muy escaso en estos días. Hay un montón de teorías sobre los motivos: los algoritmos de las redes sociales o las noticias de la televisión por cable o el monstruo de la fama. Estamos volviéndonos muy buenos en parapetarnos con las ideas y los argumentos que confirman nuestros puntos de vista preexistentes y en silenciar las voces que entran en conflicto con la nuestra. Muchos de nosotros podemos pasar semanas sin tener contacto con una forma de ver el mundo que sea fundamentalmente distinta a la nuestra.

Uno de los resultados de esta nueva realidad es que somos cada vez menos capaces de ejercitar la empatía. Si alguien no está de acuerdo con nosotros sobre un tema, vemos a esa persona no sólo como equivocada o mal informada, sino como alguien que no es digno de confianza, o incluso malicioso. No estoy hablando de los fascistas o de los supremacistas blancos; me refiero a las personas que están adscritas a otro partido político o que sostienen una opinión distinta respecto a un asunto.

En 1960, sólo un 4 % de los demócratas y un 5 % de los republicanos admitieron que se sentirían «disgustados» si sus hijos se casasen con alguien que no fuese de su partido político.[1] En aquellos días, que alguien no fuese un compañero demócrata o republicano no significaba que fuese una buena persona. En 2016, el 60 % de la gente que se identificaba firmemente como demócrata y el 63 % de los republicanos se oponían al matrimonio con alguien de otro partido.[2] Y esto era antes incluso del experimento Trump.

Si hay una cosa que revela esta transformación de las actitudes es una creciente falta de empatía. No es que no entendamos por qué alguien puede mantener una postura distinta sobre política sanitaria, inmigración o la reforma impositiva –es esto lo que, demasiado a menudo, realmente no intentamos comprender–. Asumimos lo peor sobre nuestros oponentes políticos en lugar de verlos como semejantes, como seres humanos que han alcanzado conclusiones distintas sobre estas complejas cuestiones.

En la raíz, es el mismo tipo de pensamiento de «fuera o dentro del grupo» que motiva el racismo, el sexismo, la xenofobia y otras veneno-

---

1. Shanto Iyengar, Gaurav Sood, and Yphtach Lelkes, «Affect, Not Ideology: A Social Identity Perspective on Polarization», *Public Opinion Quarterly* 76, n.º 3, 2012: 405-431.
2. Lynn Vavreck, «A Measure of Identity: Are You Married to Your Party?», *New York Times*, 31 de enero de 2017.

sas formas de discriminación. La única esperanza que tenemos para vivir juntos en diversas compañías, comunidades, países y en el mundo es ser capaces de persuadir a los demás y encontrar espacios comunes. Y, sin ejercitar la empatía, eso no sucederá.

Influir a través de la empatía: George Orwell y Nellie Bly

Uno de mis ejemplos favoritos de cómo la empatía puede cambiar la forma en la que alguien piensa y ayudar a redefinir incluso los asuntos más divisivos tiene que ver con la respuesta del presidente Barack Obama al asesinato de Trayvon Martin, un adolescente afroamericano. La noche del 26 de febrero de 2012, en Sanford, Florida, Martin fue asesinado de un disparo por George Zimmerman, un miembro de una patrulla vecinal.[3] El suceso llevó el debate racial a cada rincón de Estados Unidos. Surgieron protestas en todo el país, los noticieros de la televisión retransmitían apasionadas opiniones sobre las circunstancias que rodearon el disparo, el simbolismo del suceso y quién era el verdadero culpable.

Como primer presidente afroamericano de Estados Unidos, Obama tuvo que caminar sobre una delgada línea al comentar la muerte de Martin en las semanas posteriores al disparo. En aquel momento, el asesinato estaba siendo investigado por el Departamento de Justicia y, como oficial de mayor rango del gobierno federal –por no mencionar que era la figura política más poderosa del planeta–, el presidente debía tener cuidado de no influir en la investigación emitiendo un juicio sobre el incidente antes de que todas las pruebas fuesen reunidas. Al mismo tiempo, sabía que tenía que abordar el tema –sabía que debía usar su tribuna privilegiada para ayudar a dar forma al debate y sofocar la controversia que estaba dividiendo la nación.

---

3. «Trayvon Martin Shooting Fast Facts», *CNN*, actualizado el 5 de junio de 2013.

Obama esperó treinta y seis días antes de pronunciar una palabra sobre el asesinato. Pero, finalmente, no pudo morderse la lengua durante más tiempo. Y en una rueda de prensa sobre un tema con el que no guardaba relación alguna (estaba anunciando que Jim Yong Kim sería su candidato para presidir el Banco Mundial), un reportero le preguntó: «¿Podría comentar el caso de Trayvon Martin, señor?». Su respuesta es para estudiarla si se trata de la influencia a través de la empatía:

> *Sólo puedo imaginar lo que esos padres están pasando. Y, cuando pienso en ese chico, pienso en mis propias hijas. Y pienso en que cada padre en Estados Unidos debería ser capaz de entender por qué es absolutamente imperativo que investiguemos cada aspecto de este caso, y que todo el mundo –federales, estatales y locales– trabajemos juntos para averiguar cómo sucedió exactamente esta tragedia.*[4]

Entonces, pronunció una frase que se ha convertido en una de las más famosas de su presidencia:

«Si hubiese tenido un hijo, se hubiese parecido a Trayvon».[5]

Obama tomó un suceso que, en aquel punto, se había convertido en una cuestión que estaba dividiendo al país y lo transformó en algo universal con lo que todo el mundo podía sentirse relacionado. El hijo de alguien había sido asesinado. Y al invitar a todo el país a empatizar con los padres de Trayvon, nos puso a todos del mismo lado por un instante. Redefinió esta historia –que se había convertido en una abstracción, una alegoría, en munición política– como una tragedia que podría ocurrirnos a cualquiera de nosotros.

Ahora bien, por supuesto, Obama no podía reparar los conflictos sociales creados por el racismo, la brutalidad policial, la violencia ar-

---

4. Amy Davidson Sorkin, «'If I Had a Son, He'd Look Like Trayvon'», *New Yorker*, 23 de marzo de 2012.
5. Sorkin, «'If I Had a Son…'».

mada y el resto de los asuntos polarizadores que habían causado el incidente, y que habían ido a peor. Pero es absolutamente cierto que el presidente logró cambiar la forma en que la mayoría de nosotros comprendíamos el tema. Y lo hizo pidiéndonos a todos que nos pusiésemos en la piel de los padres de Martin y viésemos a todas las partes implicadas como semejantes, como seres humanos.

Obama estaba siguiendo una larga tradición de políticos influyentes que habían ejercitado la empatía como una herramienta para ampliar la perspectiva de las personas y ayudarlas a ver las cosas de un modo distinto. George Orwell utilizó esta técnica en su primer libro, *Sin blanca en París y Londres*. Estas memorias de 1933 cuentan el tiempo que Orwell pasó viviendo y trabajando entre los más pobres de ambas ciudades. El resultado fue un texto que hacía imposible ignorar el sufrimiento humano real –y la profunda dignidad– de las personas menos afortunadas que habitaban esos lugares. Todavía hoy la obra es un hito de la comprensión del asunto de la mendicidad. De hecho, sigue siendo tan relevante que recientemente, en el verano de 2018, diversos actores y escritores lo interpretaron en espectáculos en vivo que homenajeaban el libro tanto en París como en Londres.

Décadas antes de que Orwell diese vida al sufrimiento de muchos pobres de las zonas urbanas de Europa, la periodista de investigación Nellie Bly hizo que la admitiesen en un sanatorio en 1887 con tal de poder explicar de primera mano el tratamiento atroz que recibían los enfermos mentales en Estados Unidos. Los artículos que escribió a finales del siglo XIX terminaron por convertirse en *Diez días en un manicomio*, un libro que ayudó a impulsar las muy necesarias reformas en aquellas instituciones.[6]

Hoy en día, los periodistas más comprometidos continúan manteniendo la tradición de exponer a los lectores a las verdades más desagradables que muchos preferirían evitar, apelando a su empatía innata.

---

6. Bill Demain, «Ten Days in a Madhouse: The Woman Who Got Herself Committed», *Mental Floss*, 2 de mayo de 2011.

En una ocasión, escuché a Michael Lewis, autor de los *best-sellers El póquer del mentiroso*, *Moneyball* y *The Fifth Risk* decir lo siguiente en un evento del sector llamado Marketing 50:

> *Si os dijese que medio millón de personas están muriendo en la guerra civil de Siria, os encogeríais de hombros. Pero si os contase una historia sobre un niño de diez años –la misma edad que tiene vuestro hijo– que murió caminando de regreso a casa desde la escuela y os explicase su historia, entonces os sentiríais obligados a hacer algo para detener esa guerra.*

En cada uno de estos casos, la empatía y la concreción demostraron ser bastante más capaces de influir en las opiniones de las personas y redefinir el debate de lo que podría haberlo hecho cualquier argumento.

Cegado por la derecha (y por la izquierda)

Para apreciar cómo la falta de empatía puede interponerse en el camino de la persuasión, veamos un estudio reciente llevado a cabo por Matthew Feinberg, profesor en la Rotman School of Management de la Universidad de Toronto, y el sociólogo de la Universidad de Stanford Robb Willer. Durante el transcurso de varios experimentos, los investigadores pidieron a los participantes que desarrollasen argumentos para vencer a sus adversarios políticos. Por ejemplo, los participantes liberales debían argumentar a favor del matrimonio entre personas del mismo sexo de forma que se dirigiese a los valores conservadores. Y los conservadores tenían que hacer lo mismo con la cuestión de convertir el inglés en la lengua nacional. Los resultados no fueron esperanzadores.

En el caso del matrimonio entre personas del mismo sexo, sólo a un 9 % de los liberales se les ocurrieron argumentos enmarcados en los valores conservadores. La tarea estaba lejos de ser imposible. Como el estudio hace notar, los liberales podrían haber desarrollado su argumento sobre una piedra angular de los conservadores, como es su sentido de la lealtad, argumentando que como estadounidenses, los hombres y las mujeres homosexuales «merecen estar entre nosotros».[7]

Por otra parte, sólo el 8 % de los conservadores pudieron presentar un argumento sobre el inglés como lengua nacional que se apoyase en los valores liberales. De nuevo, la tarea no era tan difícil. Uno podía argumentar que adoptar una única lengua oficial ayudaría a combatir la discriminación.[8] Pero eso hubiese requerido comprender realmente de dónde venía tu oponente ideológico y ver el mundo a través de los ojos de esa persona.

En algunos casos, los participantes en el estudio, de hecho, esgrimieron argumentos que atacaban abiertamente la moralidad del contrario. Esto sucedió incluso aunque se les pidió específicamente que empleasen argumentos que sus oponentes políticos pudiesen encontrar convincentes. No necesitas ser un maestro en persuasión para saber que tratar a tu audiencia como si fuesen villanos no va a convertirlos a tu causa.[9] Lo que a estos políticos les faltó fue la habilidad para ver esos temas comprometidos con los ojos de quienes estaban en desacuerdo con ellos. Les faltó empatía. Y, en consecuencia, su intento de persuasión fue en vano.

La falta de empatía general puede ser desalentadora, pero es algo que puede arreglarse. Incluso, aunque sea cierto que las noticias de la televisión por cable, la propaganda política y las redes sociales están socavando nuestra habilidad para adaptar la perspectiva opuesta, eso no es algo sobre lo que tengamos mucho control.

Lo que sí podemos controlar es nuestro propio carácter.

Al cultivar la habilidad para empatizar, podemos mantener viva la posibilidad de persuadir a los demás –e incluso la de ser persuadidos

7. «Empathy Is Key to Political Persuasion, Shows New Research», Boletín de Novedades, Rotman School of Management, University of Toronto, 11 de noviembre de 2015.
8. «Empathy Is Key to Political Persuasion...».
9. «Empathy Is Key to Political Persuasion...».

nosotros mismos por otros–. El primer paso en este proceso es aprender a sentir curiosidad por las personas de una manera habitual.

Siente curiosidad por los demás de forma natural

Hay una vieja perla de sabiduría que dice que. si quieres ver la parte buena de las personas, les debes preguntar sobre sí mismas. Pregúntales por sus hijos, qué hicieron el fin de semana, si tienen algún viaje previsto…, esa clase de cosas. Si trabajas en una oficina, probablemente te verás participando en este tipo de conversaciones durante todo el tiempo, ya sea mientras rompes el hielo al inicio de una reunión o caminas hacia el ascensor. Rara vez creemos que a la persona que hace esas preguntas realmente le importen las respuestas; se da por supuesto que esta rutina es solamente una actuación.

Pero lo cierto es que a todos nos gusta hablar de nosotros mismos y darnos a conocer a los demás, de una forma u otra. Sin embargo, para que una conversación sirva a este propósito, la gente necesita compartir cosas que sean importantes para ellas, y percibir que la otra persona está interesada de veras. Por esta razón, merece la pena sentir una curiosidad genuina por los demás y dejar que esa curiosidad guíe tus conversaciones. Si puedes desarrollar este hábito, podrás vislumbrar cosas de esas personas que, de otro modo, no habrías visto. Cuando eso suceda, habrás conseguido la bases para entender su perspectiva.

La curiosidad puede aprenderse, es una habilidad como cualquier otra. Y la razón de que, tan a menudo, no nos demos cuenta de esto es que operamos con una idea equivocada de lo que significa ser curioso. La curiosidad no se reduce únicamente a que te importe algo. De hecho, tiene que ver con eliminar la sensación de que sabes todo lo que merece la pena saber.

Ésta es la razón por la que disfrutamos de las historias nuevas que confirman nuestras opiniones, o por la que nos rodeamos de personas que son como nosotros y nuestros amigos. Creemos, a menudo inconscientemente, que sabemos cómo funciona el mundo. Entonces, no hay necesidad de buscar nueva información, o de enfrentarnos a los hechos o las personas que se interpongan en nuestra ordenada fotografía. Por supuesto, esta sensación de omnisciencia es una elección. Nuestra ignorancia está siempre ahí, tanto si la reconocemos como si no, lo mismo que el latido del corazón.

La curiosidad levanta el vuelo cuando reconocemos que no lo sabemos todo sobre una persona, un suceso o una cuestión política. Y, una vez que interiorizamos ese hueco en nuestro conocimiento, se convierte en un picor que necesitamos sofocar. Hace emerger preguntas para las que necesitamos respuestas. Sentimos curiosidad de una forma natural.

En el caso específico de las personas, una falta de curiosidad suele ser el resultado de creer que ya hemos conocido a todos los tipos de persona que hay en el mundo y, una vez clasificamos a una nueva persona en una de esas categorías, ya no nos falta mucho por saber sobre ella. Convertirse en alguien que siente curiosidad por los demás tiene que ver con cambiar este énfasis, y hay numerosas técnicas para conseguirlo.

Trata las idiosincrasias de las personas como interrogantes

Nuestro impulso natural es tratar los intereses extraños y las peculiaridades de las personas como formas de encajarlos en una categoría específica –especialmente cuando no compartimos esas pasiones o esos comportamientos–. Si la persona que tienes en la mesa de al lado en la oficina tiene su escritorio lleno de fotos del Burning Man,[10] tu primer instinto será catalogarlo como un hippie moderno, que toma drogas y es un espíritu libre. Si el novio de tu hermana tiene un fondo de pantalla de Star Trek, quizá pienses que es un friki de la ciencia ficción.

Los atajos ahorran tiempo. Pero a nadie le gusta ser encasillado.

---

10. El *Burning Man* (hombre en llamas) es un festival artístico, de siete días de duración, que se celebra anualmente en el estado de Nevada (Estados Unidos) y para el que se construye una ciudad que existe únicamente durante esos siete días. El festival promueve la desmercantilización y la generación de sinergias entre los participantes, no admite marcas comerciales, ni comercios y, en cambio, ofrece becas a artistas de distintas disciplinas. *(N. del T.)*

En lugar de tratar estos pequeños atisbos de la personalidad de alguien como respuestas a la pregunta: «¿Qué clase de persona es ésta?», sencillamente obsérvalos como nuevas preguntas. Quizá nunca hayas querido asistir al Burning Man y no entiendas su atractivo. Podrías tener una comprensión errónea del concepto. Ésa sería una oportunidad para aprender algo nuevo, no sólo sobre esa persona, sino sobre toda una subcultura.

O tal vez la persona sea vegana, y tú un amante de los entrecots. Puede que sus hábitos alimentarios se desprendan de ideas que tú ni siquiera hayas considerado. Quizá fuese también un amante de la carne, pero una enfermedad lo obligó a cambiar de hábitos. O a lo mejor es que lo educaron de esa forma. Lo más probable es que, si expresas un interés genuino, esa persona responderá abiertamente y terminará compartiendo algo sobre sí misma que te permitirá profundizar en tu comprensión de ella.

Ésta es una técnica que aprendí escuchando al periodista y maestro de las entrevistas Cal Fussman. Como él explica, cuando le preguntas a las personas sobre temas que las hacen realmente felices, «muchas se sentirán agradecidas de que tu pregunta les haya hecho pensar en un área por la que sienten pasión –y generalmente querrán profundizar en esa cuestión–. La sensación de confort que estás creando las conducirá a una sensación de confianza».[11] Cal se centra en preguntas que provocan respuestas reales. Ha cimentado toda su carrera en formular las preguntas correctas.

Con el tiempo, si prestas atención, te darás más y más cuenta de lo imprevisible que puede ser la gente que te rodea. Y, una vez que esto se afiance, la curiosidad por los demás te surgirá de una forma natural.

---

11. Cal Fussman, «5 Tips to Develop Your Own Big Questions», https://convertkit.s3.amazonaws.com/landing_pages/incentives/000/361/656/original/CalFussman_5Tips.pdf?1533062919.

Menos cháchara intranscendente

Esta técnica es la continuación natural de la primera. La cháchara intranscendente puede quitarle toda la vida a un encuentro o una conversación, especialmente si te limitas a seguir los pasos para ser educado. Sabes el tipo de cháchara al que me refiero: «Pues parece que hace mal tiempo...», «¿Puedes creer el tráfico que había?». Esta clase de comentarios rara vez nos conducen a intercambios interesantes. Y casi siempre son tediosos de responder. ¿Cuántas cosas interesantes se pueden decir sobre el tiempo?

En lugar de eso, busca una conversación genuina y atractiva. Habrá casos en los que no se presente fácilmente una pregunta apropiada. En esas situaciones buscaré comentarios o preguntas que puedan dar lugar a una conversación más profunda. Por ejemplo, compartiré algo sobre mí y luego haré una pregunta que les invite a hacer lo mismo. Podría decir: «Me he pasado toda la noche leyendo un libro sobre boxeadores italianos de los años treinta; la verdad, es que me ayudó a despejar la cabeza después de un largo día. ¿Tú qué haces para desconectar?».

De este modo estarás dando pie a una conversación sobre cosas que realmente importan a las personas implicadas. Estarás esquivando las convenciones y la cháchara intranscendente, y avanzando por la vía rápida hacia un diálogo valioso. Si haces esto correctamente, acabarás por desarrollar no sólo tu curiosidad, sino también tu empatía.

Piensa fuera del grupo

Otra forma fiable de cultivar tu interés por los demás es salir de tu grupo y pasar tiempo con personas con las que normalmente no lo compartes. Desde luego, tu comunidad habitual está llena de personas interesantes y fascinantes. Pero. si realmente quieres sentir curiosidad por otros seres humanos, te ayudará exponerte a situaciones en que las personas que te rodeen te sean desconocidas en algún aspecto fundamental.

Esto puede ser tan sencillo como ir a una fiesta de la que normalmente te habrías escaqueado porque tus amigos no van a ir. También podría consistir en aceptar la invitación de un amigo para asistir al servicio dominical en su iglesia, incluso aunque seas musulmán o no demasiado religioso. O quizá, en lugar de pasar tus vacaciones cociéndote en una playa y sorbiendo cócteles, seguir los pasos de George Orwell y Nellie Bly y visitar alguna zona del país que te sea desconocida y que tenga una cultura distinta a cualquier otra con la que te hayas encontrado.

Lo que, con suerte, se pondrá de manifiesto es que esas culturas son mucho más complejas y sorprendentes que cualquier cosa que puedas haber imaginado. Comenzarás a darte cuenta de lo poco que realmente sabías sobre la iglesia de tu amigo, del Medio Oeste o del sur de España. Todos usamos estas experiencias como oportunidades para profundizar en la comprensión de nuestros semejantes. Trata de comprender qué los motiva, cuáles pueden ser sus pasiones, miedos, filosofías y fuentes de significado.

En resumidas cuentas, haz preguntas para las que realmente quieras respuestas.

Escucha más, juzga menos

El mayor obstáculo para escuchar bien son los juicios. Todos tendemos a prestar excesiva atención a la información que confirma nuestros puntos de vista preexistentes. Los psicólogos llaman a esto «sesgo de confirmación». Y es una poderosa fuerza a la que sucumben todo el tiempo incluso las personas más abiertas de mente.

Sin embargo, para ser un buen oyente, debes dejar al margen tus propias preocupaciones y teorías favoritas, especialmente cuando estás hablando con alguien que tiene una opinión diferente. Intenta hacer que un seguidor de los Red Sox admita que los New York Yankees podrían tener un mejor *bullpen*[12] esta temporada, incluso aunque sea una

12. Conjunto de lanzadores que forman parte de la plantilla de un equipo de béisbol. *(N. del T.)*

realidad innegable. Es probable que te respondan con todo tipo de datos escogidos para demostrarte por qué ellos tienen la razón e ignorarán por completo cualquier hecho que se oponga a su argumento.

Una forma de contrarrestar esta tendencia en ti mismo es tratar las conversaciones como oportunidades para que te demuestren que estás equivocado. Hay muchas técnicas para tenerlo presente mientras aprendes a incorporarlo a tu mentalidad.

Asume que los demás son genios

Esto se ha convertido en algo así como uno de los lemas de Mekanism. Estamos constantemente recordándole a nuestro equipo que deben operar bajo la premisa de que nuestros clientes son más listos que nosotros. Siempre decimos que nuestros clientes son genios. Lo usamos como salvaguarda frente al pensamiento vago. Si desde el principio sabes que las personas para las que estás trabajando conocen su negocio, estarás mucho más atento a los puntos débiles de tus propias ideas. Esto es así porque siempre te preguntarás: «¿Qué pensaría sobre esto una persona hiperinformada?». Una vez que adoptas esta mentalidad, es más fácil ser honesto contigo mismo sobre qué ideas son sólidas como rocas y cuáles se desmoronarán bajo presión.

Pero esta forma de pensar es también crucial para ser un buen oyente. Si estás participando en una conversación con alguien que está en desacuerdo contigo, la pregunta con la que deberías comenzar es: «¿Por qué una persona inteligente e informada mantiene esta postura? ¿Qué me estoy perdiendo sobre esta idea que la hace tan atractiva para alguien que es tan inteligente (o quizá más inteligente) que yo?».

Dale a la otra persona todo el tiempo que necesite

Los buenos oyentes dejan que la otra persona hable mucho. Pero esta regla no es sólo una cuestión de educación. En un intercambio con alguien que ve las cosas de una forma distinta, deberías querer conseguir la mejor versión de la postura de esa persona. Recuerda, estás tratando de responder a la pregunta: «¿Por qué una persona inteligente se siente de este modo?». Descubrirlo requiere que le ofrezcas a tu interlocutor el tiempo y el espacio para presentar su pensamiento de la forma más clara y completa posible.

Admite que no entiendas algo determinado

Quizá necesites que te clarifiquen cierto comentario, o tal vez no has seguido el razonamiento de una persona para ir de la premisa A a la conclusión B. Puede que hayan mencionado un libro o una persona o un evento de los que nunca has oído hablar. Utiliza esas ocasiones para animar a la otra persona a reformular su argumento, ofrecerte un trasfondo o completar la imagen que está pintando. Esto le hará saber a tu interlocutor que está siendo escuchado.

Pregúntate cómo la otra persona llegó a tener esas creencias

Las creencias que adoptamos rara vez están únicamente basadas en los hechos, la lógica y los argumentos. Casi siempre hay una historia más profunda. Y conocer esa historia te ayudará a sentir curiosidad por cómo la persona con la que estás conversando adquirió sus creencias en primera instancia. Quizá sea una idea con la que fue educada. Tal vez tuvo en la facultad un profesor carismático que le dejó huella. Puede que llegase a esa conclusión después de una experiencia vital reveladora. Busca indicios de esas influencias profundas para preguntar al respecto.

Por ejemplo, tú y tu novio podéis estar en desacuerdo sobre qué hacer este fin de semana. Él se muere de ganas por ir a un concierto, mientras que tú preferirías ver una película que acaban de estrenar. Practicando la empatía y haciendo preguntas que revelen la verdadera razón por la que tu compañero quiere ir al concierto, estarás mucho mejor situada para comprenderlo o hacerlo cambiar de idea. Quizá aprendas que esa banda era la favorita de tu compañero en el instituto o en la universidad, y que tiene un enorme valor sentimental para él. Con esa información en la mano podrías decidir que ir al concierto es la mejor opción. Pero también podrías señalarle que al ir juntos a ver esa fabulosa película *indie* estaréis creando nuevos recuerdos juntos.

Reformula sus puntos de vista de la mejor forma posible

Una vez que la otra persona ha expuesto su postura, intenta reformular su punto de vista en términos que resulten más intuitivos para ti. Estas reformulaciones deberían ser conversacionales, no confrontaciones. A menudo empiezan con frases como «Entonces, lo que estás diciendo es que...» o «Vamos a ver si te he entendido bien...».

Debes intentar por todos los medios no tergiversar su postura, sino asegurarte de que lo has escuchado. Esto es lo que los filósofos llaman el «principio de la caridad».[13] La idea es que, si vas a retar la postura de alguien, necesitas comenzar con la mejor versión de ese punto de vista.

Busca un terreno común

Si estás escuchando el punto de vista de otra persona, es esencial que busques aspectos de su postura que te ayuden a asumirla. Para mí, esos espacios comunes habitualmente son grandes valores que subyacen en sus opiniones, así que intenta descubrir de qué se trata. Quizá su postura sobre la inmigración proviene de su sentimiento de justicia. Tal vez tenga que ver con la lealtad, la generosidad o la solidaridad. Todos apreciamos esos valores en diferentes grados. Así que, si puedes llevar la conversación a esos conceptos universales, es mucho más probable que llegues a entender de dónde viene la otra persona.

En el estudio del que hablábamos antes de la Universidad de Toronto, la razón por la que los participantes en los experimentos no pudieron formular argumentos persuasivos fue porque no conectaron con los valores fundamentales que sustentaban las posiciones de sus oponentes. Los liberales no lograron ver qué ideales compartidos eran más importantes para los conservadores, y viceversa. Ése es un error que se puede evitar fácilmente con un poco de esfuerzo.

En Mekanism, el objetivo es conseguir que un posible cliente termine hablando de lo que es importante para él: sus valores, sus objetivos, su forma de ver el mundo y el lugar de su compañía en él. Lo que

13. Richard Feldman, «Charity, Principle Of», *Routledge Encyclopedia of Philosophy* (en línea).

buscamos son ideas que resuenen y que podamos usar para inspirar las nuestras. Idealmente, encontraremos una cita del cliente que capte de dónde viene.

Más adelante en el proceso, cuando llegue el momento de presentar nuestras ideas, le diremos: «Hubo algo que mencionaste en una reunión previa que sonó tan auténtico que nos hizo pensar y nos condujo a esta nueva idea...». A menudo, esto es lo más poderoso que le decimos a un cliente potencial durante un *pitch*. Y es así porque, al repetirle una creencia que compartimos, estamos haciéndole saber que lo captamos y que nos inspiró. Y, de alguna forma, eso le permite abrazar nuestro trabajo o, cuanto menos, evaluarlo con una mente abierta.

Quieres tener una mejor comprensión de lo que realmente impulsa a la otra persona, qué principios básicos están menos dispuestos a abandonar y cuáles podrían considerar revisar. Esto te permitirá expresar mejor tus propias opiniones de una manera que no aleje a la otra persona, sino que la atraiga.

Sentirá que la has captado. Y tendrá razón.

RESUMEN

La empatía y la persuasión van de la mano. Si estás intentando convencer a alguien, más vale que entiendas de dónde viene. La habilidad para adoptar la perspectiva de otra persona ya es complicada cuando ella está de tu parte; cuánto más no lo será si con quien estás conectando tiene una forma de ver el mundo que es distinta a la tuya.

Se ha vuelto tan fácil permanecer en nuestras propias burbujas –ya sean ideológicas, filosóficas, culturales o socioeconómicas–, que estamos muy desentrenados en ver las cosas desde nuevas perspectivas. Y, como resultado, nuestra habilidad para persuadir a las personas se ha visto realmente comprometida.

Pero no tiene por qué ser así. Podemos decidir ser más empáticos. Y podemos hacerlo adoptando dos metas:

1. Sentir curiosidad de una forma natural.
2. Escuchar más y juzgar menos.

Tu motivo para desarrollar la empatía no debería ser sólo ganar discusiones, elecciones o enconados enfrentamientos sobre la marcha del mundo. La auténtica razón es que es la única forma a través de la que las personas de diversos contextos y sistemas de creencias pueden cooperar a largo plazo.

Si haces el esfuerzo de convertirte en alguien que siente curiosidad por los demás, de hacer preguntas interesantes, de escuchar sin prejuicios y de adoptar el punto de vista de otros, te habrás convertido en el tipo de persona con la que todos queremos estar de acuerdo.

Capítulo 8

El imperativo de la colaboración

Si quieres persuadir, piensa en el interés, no en la razón.

BENJAMIN FRANKLIN

Si la persona a la que quieres persuadir ya está de tu parte –aunque sea de manera trivial–, tus oportunidades de ganártela aumentan espectacularmente. Por eso las personas que son naturalmente colaboradoras suelen ser efectivas en la persuasión.

Cuando unes fuerzas con otra persona en un proyecto –ya sea personal, profesional o recreativo–, por definición, estáis en el mismo bando. Cuando alguien ya es parte de nuestro equipo, estamos más dispuestos a escucharlo, a creer sus valoraciones, a interesarnos por su bienestar y a tomar sus opiniones como nuestras.

En diversos experimentos fundamentales de la década de 1970, el psicólogo Henri Tajfel y sus colegas separaron personas en dos grupos basados en factores arbitrarios, incluyendo lanzar una moneda. Incluso en aquellos equipos que fueron determinados aleatoriamente, la mentalidad de «nosotros contra ellos» se puso de manifiesto. Las personas en cada grupo mostraban un claro favoritismo por sus compañeros cuando, en el curso del experimento, se les pidió que distribuyesen puntos por valor de dinero. Este sesgo hacia los miembros de su equipo existía incluso aunque los individuos que tomaban parte en el experimento no conociesen a los otros participantes y no tuviesen motivos para creer que volverían a verlos.[1]

Inconscientemente, reconocemos a nuestros colaboradores como similares a nosotros. Sus proyectos se convierten en nuestros proyectos. Y, cuando estamos de acuerdo con personas en nuestro equipo o les hacemos un favor, reafirmamos nuestra decisión previa de cooperar con ellas en primer lugar.

El valor de la colaboración y la implicación están entretejidos en nuestro carácter nacional. Los fundadores de nuestro país combatieron en la Revolución Americana, en buena parte, porque no estaban dispuestos a ser gobernados por instituciones y leyes en cuya creación no habían tomado parte. «No taxation without representation» (No a los impuestos si no hay representación) fue su eslogan. Y esto equivalía a exigir que los ciudadanos se implicasen en las decisiones de su gobierno.

El resultado fue la democracia que hoy en día nos sigue definiendo –una forma de gobierno cuya legitimidad deriva del hecho de que es, en su base, una colaboración–. Puede que no estemos de acuerdo con cada ley que se redacta o que no aprobemos el resultado de unas elecciones (esto es seguro). Pero incluso, aunque no lo hagamos, aceptamos su legitimidad porque formamos parte del proceso –somos colaboradores–. Tenemos voz a través de nuestro voto. La democracia no es perfecta, pero es la mejor forma que hemos concebido para poner de acuerdo con un grupo enorme y variopinto de ciudadanos sobre un conjunto de leyes. Por lo tanto, es lo más parecido a una unión perfecta.

La tendencia a buscar colaboraciones y trabajar constructivamente con los demás es un elemento esencial de ser persuasivo.

---

1. Henri Tajfel, «Social Psychology of Intergroup Relations», *Annual Review of Psychology* 33, 1982: 23.

La colaboración conduce a la autopersuasión

La colaboración no es una técnica para convencer a la gente de nuestra postura, es una técnica para inspirarlos para que se convenzan a sí mismos. Es una forma de inducir a los otros a que desarrollen lo que los investigadores llaman la «autopersuasión».

De acuerdo con el psicólogo Elliot Aronson, con la autopersuasión, «no se produce ningún intento directo de convencer a nadie de nada. Al contrario, los individuos se encuentran a sí mismos en una circunstancia en la que les resulta eficaz convencerse de una cosa en particular».[2] Como Aronson señala, lo que hace a la autopersuasión particularmente efectiva es que «la gente está convencida de que la motivación para el cambio procede de su interior».[3] No es tan loco como parece. En gran cantidad de situaciones, a menudo actuamos primero y cambiamos nuestras creencias y actitudes después para adaptarlas a nuestras acciones.

Esto fue lo que el psicólogo social Morton Deutsch concluyó en su trabajo de la década de 1950. Deutsch y su compañera investigadora Mary Collins se propusieron comprender las dinámicas sociales que operaban entre las personas de diferentes razas en los proyectos de vivienda pública. Observaron dos tipos de proyecto distintos, ambos con residentes blancos y negros. En un tipo de proyecto, las razas eran segregadas, con residentes blancos y negros viviendo en edificios separados. En otro, los edificios estaban integrados, con los miembros de ambos grupos viviendo puerta con puerta en los mismos edificios.

Estas formas de organización de la vida proporcionaron una oportunidad perfecta para que Deutsch y Collins comprobasen cómo la integración racial puede afectar a los prejuicios y los estereotipos que

---

2. James H. Stark y Douglas N. Frenkel, «Changing Minds: The Work of Mediators and Empirical Studies of Persuasion», *Ohio State Journal on Dispute Resolution* 28, 2013: 263-356.
3. E. Aronson, «The Power of Self-Persuasion», *American Psychologist* 54, n.º 11, 1999: 875-884.

eran dominantes en aquella época. Animar a esos dos grupos a que se mezclasen podía terminar creando tensiones raciales, motivando que los residentes blancos se reafirmasen en su arraigado odio. Pero también podía reparar las grietas que estaban resquebrajando la vida norteamericana durante aquel período. ¿Qué sucedería?

Lo que descubrieron fue muy remarcable. El simple hecho de juntar a personas de diferentes razas cambió la idea de cómo se sentían los unos respecto a los otros. Pero esos cambios de actitud se produjeron sólo después de cambios en la forma en que estos dos grupos actuaban. Como Deutsch comentó después: «Los hallazgos sugieren que el cambio de comportamiento precede al cambio de actitud: las mujeres blancas en los proyectos integrados a menudo se comportaban de una forma no prejuiciosa».[4] El hecho de vivir junto a personas de color, tratándolos como vecinos, y colaborando con ellos como miembros de la comunidad, condujo a las personas blancas en esos proyectos a convencerse a sí mismas de que sus antiguas creencias prejuiciosas no eran sensatas.

Una historia parecida puede contarse sobre uno de los mayores cambios acontecidos en la opinión pública que podamos recordar: la actitud de Estados Unidos respecto al matrimonio gay. En fecha tan reciente como 2004, sólo un 31 % de los norteamericanos creían que las personas del mismo sexo podían casarse.[5] Hoy en día, casi siete de cada diez están a favor.[6] Gracias a una decisión del Tribunal Supremo en 2015, el matrimonio homosexual forma parte de las leyes de nuestro país.[7] El debate pasó de ser del todo desesperanzador a, básicamente, asentarse en poco más de una década.

Todavía queda mucho trabajo por hacer en cuanto a la protección de los derechos del colectivo LGTBIQ. Pero tampoco se puede negar

---

4. https://psycnet.apa.org/record/1970-10278-001.
5. Pew Research Center, «Changing Attitudes on Gay Marriage», 26 de junio de 2017.
6. «In-Depth Topics A to Z: Marriage», Gallup, https://news.gallup.com/poll/117328/marriage.aspx.
7. Adam Liptak, «Supreme Court Ruling Makes Same-Sex Marriage a Right Nationwide», *New York Times*, 27 de junio de 2015.

que el cambio radical de la nación en la cuestión del matrimonio entre personas del mismo sexo no tiene precedentes en nuestra historia. ¿Qué causó que la opinión pública sobre el matrimonio gay cambiase tan espectacularmente en un período tan corto de tiempo? A fin de cuentas, llevó décadas que los norteamericanos cambiasen de idea respecto al matrimonio interracial.[8]

Algunas personas lo atribuyen a un cambio generacional. Según esta teoría, a medida que los jóvenes se fueron convirtiendo en una fuerza política mayor, el electorado se volvió más abierto al matrimonio entre personas del mismo sexo. Ésa es una parte, pero no explica el fenómeno por completo. A fin de cuentas, los magistrados del Tribunal Supremo son todos de edad avanzada. El hecho es que muchas personas dieron un giro de ciento ochenta grados respecto a este tema increíblemente rápido. De acuerdo con una encuesta reciente, el 20 % de los norteamericanos declara que sus opiniones sobre la homosexualidad han cambiado en los últimos años.[9]

En otras palabras, los norteamericanos fueron persuadidos. Y mi hipótesis es que no fueron los artículos de opinión bien escritos ni los debates en C-SPAN[10] los que los llevaron a reevaluar sus puntos de vista. Esa clase de cosas raramente le llegan a uno al corazón o lo abren a una nueva forma de pensar. Tampoco fueron los desfiles del orgullo gay o las campañas publicitarias, que generalmente son ejercicios de prédica para los convencidos.

Lo que movió a muchos norteamericanos a abrazar el matrimonio entre personas del mismo sexo fue la autopersuasión. Se dieron cuenta de que los hombres gays y las mujeres lesbianas no son fundamental-

---

8. Alex Tribou y Keith Collins, «This Is How Fast America Changes Its Mind», *Bloomberg*, actualizado el 26 de junio de 2015.
9. Pew Research Center, «Where the Public Stands on Religious Liberty vs. Nondiscrimination», 28 de septiembre de 2016.
10. Siglas de Cable-Satellite Public Affairs Network. Se trata de un servicio público de televisión por cable que, desde 1979, retransmite muchos de los debates gubernamentales y ofrece una programación relacionada con asuntos federales. *(N. del T.)*

mente distintos al resto de sus conciudadanos. En parte, esto fue el resultado de los cambios en la forma en que la homosexualidad era retratada en la televisión y el cine. Pero, en mi elucubración, fue mucho más importante que muchos de nosotros conocimos a miembros de la comunidad LGTBIQ a un nivel más personal y profundo. Mientras que en la década de 1990 apenas el 20 % de los norteamericanos decía tener un amigo cercano o un familiar homosexual, hoy es el 70 %.[11]

Lo que este cambio ayudó a evidenciar es que los hombres y las mujeres homosexuales son nuestros amigos, nuestros vecinos, nuestros colegas, nuestros profesores, nuestros hijos... Están de nuestro lado en la dicotomía «nosotros/ellos». Como las mujeres blancas en los proyectos interraciales estudiados por Deutsch, los norteamericanos de hoy en día se han dado cuenta de que ya estaban colaborando con el colectivo LGTBIQ como miembros de nuestras comunidades. Una vez que esto se hizo obvio, un asombroso número de personas se persuadieron a sí mismas de que sus creencias previas sobre el matrimonio entre personas del mismo sexo eran sencillamente equivocadas. Así de poderosa puede ser la fuerza de la colaboración.

La colaboración no sólo puede romper barreras y ayudar a vernos unos a otros como iguales, también puede movernos a cambiar nuestra forma de pensar sobre asuntos fundamentales de una manera más efectiva que un argumento, un eslogan y una campaña de marketing.

Cómo Pepsi invitó a la audiencia a asistir al mayor escenario del mundo

Aprovechar los beneficios persuasivos de la colaboración es algo que ha sido central en la manera de enfocar la publicidad en Mekanism desde nuestra fundación. Y el ejemplo más claro lo tenemos en una de nues-

11. Daniel Cox y Harmeet Kamboj, «How Social Contact with LGBT People Impacts Attitudes on Policy», *Public Religion Research Institute*, 7 de junio de 2017.

tras campañas más atrevidas. Nuestro cliente era Pepsi, una marca casi tan grande como toda la industria publicitaria. Y la campaña fue creada específicamente para una de las parcelas más valiosas del mercado de los medios de comunicación en la cultura norteamericana: el espectáculo del descanso de la Super Bowl.

La oportunidad se nos presentó después de una reunión que tuve con Simon Lowden, antiguo CEO de PepsiCo. Acababa de mudarme desde nuestra sede en San Francisco a nuestra oficina en Nueva York, y una de las primeras cosas que hice fue contactar con Lowden. Por aquel entonces, Mekanism ya tenía una relación laboral con Pepsi, gracias a una campaña que habíamos hecho para Brisk, el té helado de la compañía, con Eminem. Estábamos ascendiendo, pero todavía nos encontrábamos suficientemente abajo en el tótem de las agencias publicitarias como para que nunca me hubiese encontrado con Lowden. Así que decidí que tenía que conseguir que nos viésemos.

Pronto, en la reunión, le pregunté por el mayor proyecto y problema que tuviese entre manos. Cuando me dijo que Pepsi iba a anunciarse durante el espectáculo del descanso de la Super Bowl y que todavía no habían dado con una idea de primera, mi respuesta fue inequívoca: «Nosotros queremos dar con ella».

Aún hoy, un anuncio en la Super Bowl es algo con lo que cualquier joven agencia sueña. Es una de las pocas oportunidades que una marca tiene de alcanzar a más de cien millones de espectadores simultáneamente.[12] Por ese motivo, comprar solamente treinta segundos de emisión cuesta alrededor de cinco millones de dólares, o más de 168 000 dólares por segundo.[13] Eso es al menos tres veces lo que un norteamericano promedio gana en un año.[14] Y eso es sólo el precio por disponer de trein-

---

12. Joe Otterson, «TV Ratings: Super Bowl LII Slips 7% from 2017 to 103.4 Million Viewers», *Variety*, 5 de febrero de 2018.
13. Bradley Johnson, «Big Game Punting: Super Bowl Scores $5.4 Billion in Ad Spending over 52 Years», *Ad Age*, 11 de enero de 2018.
14. Tanza Loudenback, «Middle-Class Americans Made More Money Last Year than Ever Before», *Business Insider*, 12 de septiembre de 2017.

ta segundos para el spot. No incluye la pequeña fortuna que cuesta producir un anuncio bueno con el que llenar ese espacio.

Además, la Super Bowl es uno de los pocos eventos que quedan en los que la audiencia está realmente interesada en ver los anuncios, principalmente, como en las emisiones de la vieja escuela. De hecho, para muchos, los anuncios son una de las principales razones para sintonizarla. Pero esto puede ser tanto una bendición como una maldición para las agencias. La carrera armamentística de los anuncios de la Super Bowl ha ido escalando durante muchos años, de manera que se vuelve cada vez más y más difícil hacer algo verdaderamente original. Pero eso era lo que se me pedía para hacerme con el proyecto –y yo sabía que los equipos creativos de Mekanism darían con algo original.

Lowden estaba más o menos interesado en ver qué podíamos ofrecer. Y, unas semanas después, hicimos nuestra presentación, Aquel año, Beyoncé Knowles, que se encontraba en la cima de su popularidad, iba a protagonizar el espectáculo del descanso. Nuestra idea era hacer que la audiencia formase parte de su elaborado escenario.

Como nosotros lo veíamos, la Super Bowl rara vez implica a los espectadores de una forma significativa. Es un espacio para los jugadores que saltan al terreno de juego, los artistas del espectáculo del descanso y los anunciantes que venden sus productos. A la audiencia se la trata como un testigo pasivo de la acción, no juega un papel real en ella. Pero nosotros diseñaríamos una campaña que pidiese a los fans que se fotografiasen en poses específicas y las publicasen en la red. Las fotos serían unidas digitalmente para crear un personaje en movimiento que sería usado en una introducción de vídeo que precedería a la aparición de Beyoncé en el escenario.

Las caras de las personas que enviasen sus fotos serían incluidas junto con las de celebridades como Jeff Gordon o Drew Brees. En otras palabras, la audiencia produciría y aparecería en el espectáculo del descanso como preludio a Beyoncé –una colaboración creativa a una escala sin precedentes–. Y, al convertir a los espectadores en colaboradores de un evento mediático histórico, los estábamos incluyendo en el equipo de Pepsi.

(Hoy, cuando echo la vista atrás, me doy cuenta de que la idea tenía algo más que una pequeña similitud con una técnica utilizada por el Kiss Army. El hecho de que jugase un rol esencial en la publicidad del grupo sólo hacía más profundo mi propia implicación con la banda. Me convertí en algo más que un entusiasta de Kiss, me convertí en el miembro de una nación de personas que tenían una conexión única y personal con la banda).

A Pepsi le encantó la idea de la introducción al espectáculo del descanso. Pero había un problema. Una marca mucho mayor (y una de mis antiguas agencias), TBWA Chiat/Day era la agencia de *record* de Pepsi y sólo seguirían adelante con la idea si podían hacerla suya y producirla. Decir que Chiat, una gran agencia, era la agencia mejor establecida es un eufemismo. Era la agencia creadora del anuncio de Apple de 1984, probablemente el spot más celebrado de la Super Bowl que jamás se haya producido, y tal vez el mejor anuncio de televisión jamás creado.

Dije que no. Le expliqué a Lowden que, si Pepsi quería nuestra idea, Mekanism tenía que producir el trabajo de cabo a rabo. Era una apuesta, pero funcionó. Pepsi le pidió a Chiat ideas alternativas para la campaña, pero en aquel caso, ninguna mejoró nuestro concepto. Y, finalmente, después del estancamiento, conseguimos el concierto.

Teníamos ocho semanas para producir un evento único para el mayor escenario del mundo. En enero habíamos recibido más de 120 000 fotografías para la campaña. Gracias a la colaboración de un buen número de *influencers* y celebridades con un peso importante en las redes sociales que nos ayudaron a mover las cosas, Pepsi recibió 5,5 billones de impresiones en el global de medios a partir de la campaña viral integrada.

Pero la campaña era algo más que visitas, *likes* y tweets. Era una forma de usar el poder de la colaboración para atraer a la gente a la comunidad de Pepsi y, al hacerlo, persuadirlos y que la próxima vez que las miles y miles de personas que enviaron sus fotografías tuviesen que decidir entre Coca-cola y Pepsi, hubiese muchos números de que se quedasen con la marca que había ofrecido a la gente la oportunidad de que su imagen apareciese en la televisión nacional junto a la de una de las mayores estrellas del pop de la historia.

Llamé a esto «marketing de implicación». El objetivo es conseguir que tu audiencia sea parte de la campaña y crear un bucle viral en el que tú haces marketing para tu audiencia y ella hace marketing para ti. Éste es el tipo de lealtad que sólo puede conseguirse si tratas a la gente no como a una audiencia, sino como a auténticos colaboradores.

Cómo ser colaborador

Si la colaboración puede allanar el terreno para tener éxito en la persuasión, entonces cualquiera que espere desarrollar un carácter persuasivo haría bien en adoptar los hábitos de uno de los más grandes colaboradores.

Pide pequeños favores: El efecto Ben Franklin

Pedirle a alguien que te haga un favor es una forma notablemente efectiva de conseguir que forme parte de tu equipo. Lo sé, parece contraintuitivo. A fin de cuentas, cuando alguien te hace uno importante –llevarte al aeropuerto o guardarte un asiento en una reunión–, muchos de nosotros sentimos que estamos en deuda con esa persona. Le debemos una, y no al revés. Es cierto. Pero en estas situaciones hay más de lo que solemos pensar.

Cuando alguien te hace un favor, establece una colaboración contigo. Por un momento, ha hecho algo que te ha permitido avanzar en uno de tus proyectos. Y en muchas situaciones, esta breve implicación los acerca a ti mucho más de lo habrían hecho en otra circunstancia.

Una vez que lo veas, te darás cuenta de que este principio se desarrolla por todas partes. Puede que estés trabajando con tu ordenador portátil en una cafetería y le pidas al extraño en la mesa de al lado que vigile tu ordenador mientras vas al baño un momento. Cuando regreses, apuesto a que esa persona estará mucho más dispuesta a charlar contigo sobre cualquier chorrada que antes de hacerte el favor. Lo mismo ocurre con un nuevo vecino que te ayuda a subir las escaleras con el cochecito de tu bebé al final de un largo día.

Benjamin Franklin nos ilustró sobre esta sorprendente dinámica. En su autobiografía, Franklin cuenta la historia de cómo fue escogido como secretario de la Asamblea General de Pennsylvania poco después de haber cumplido los treinta años. Aterrizó en el cargo sin ningún problema. Al año siguiente, cuando se presentó de nuevo para el cargo, un legislador estatal que se le oponía hizo un apasionado discurso en el que argumentaba por qué debía reemplazar a Franklin. Finalmente, Franklin mantuvo su empleo, pero no le entusiasmaba la idea de tener a aquel legislador anónimo como enemigo.

Franklin, por supuesto, procedía de una familia de clase trabajadora y ni siquiera había acabado sus estudios en el instituto. En cambio, su nuevo rival era tanto rico como bien formado. Y, en tanto que era una apuesta segura que aquel hombre conseguiría tener influencia en el gobierno del Estado más pronto que tarde, Franklin estaba decidido a ponerlo de su parte. Pero no optó por «ganarse su favor rindiéndole un servil respeto», sino que se le acercó y le pidió un favor.

Franklin explica que «como había oído decir que tenía en su biblioteca un libro muy raro y curioso, le escribí una nota expresándole mi deseo de consultar aquel peculiar libro, y le preguntaba si me haría el favor de prestármelo por unos días». El legislador estuvo de acuerdo, impresionado por una petición tan concreta. Y, después de una semana, Franklin le devolvió el libro y le hizo llegar una nota expresándole su más profundo agradecimiento.

La siguiente vez que se encontraron, el legislador habló con Franklin –algo que el hombre no había hecho antes–. Desde aquel momento, el que había sido enemigo de Franklin se mostró más dispuesto a hacerle cualquier favor que le pidiese. Los dos fueron buenos amigos desde entonces y hasta la muerte del hombre.

Franklin atribuye esta estrategia a una vieja máxima que había escuchado en una ocasión (aunque apostaría que es del propio Ben): «Es más probable que te haga un favor alguien que ya te ha hecho uno antes, que no alguien que está en deuda contigo».[15] Hoy en día a este principio se le llama «el efecto Ben Franklin». Sólo con pedirle a aquel tipo que le prestase un libro, Franklin lo convirtió en colaborador suyo. El legislador, que antes se había mostrado abiertamente hostil con respecto a él, se vio a sí mismo invirtiendo en el bienestar de Ben. Estaban en el mismo equipo.

En los casi tres siglos que han pasado desde que tuviese lugar este episodio, numerosos estudios han mostrado que Franklin estaba en lo cierto. Un estudio de 2015 publicado en el *Journal of Social Psychology* concluía que, cuando en un experimento un extraño pedía ayuda a un participante, a éste terminaba gustándole el extraño más que al principio –y también se sentía más cercano a él–. Lo que es interesante es que esto mismo no sucedía cuando el participante ayudaba al extraño sin que éste se lo hubiese pedido.[16]

No debe apurarte pedir pequeños favores. Si tu móvil se queda sin batería cuando estás en el trabajo, en lugar de pedirle a tu compañera más cercana que te preste el cargador, pídeselo al chico nuevo al que todavía no conoces demasiado. O incluso mejor, como Franklin, podrías pedírselo a una persona con la que hayas tenido un encontronazo laboral recientemente.

Sé que suena extraño tratar como una colaboración, digamos, prestarle a alguien un cuaderno durante una reunión. Pero eso es un poco lo que es. Y, en lugar de considerar estos pequeños momentos como inconvenientes, puedes verlos como oportunidades para forjar una conexión con una nueva persona e incorporarla a tu equipo.

Pide consejo

Beneficios similares pueden derivarse de pedir consejo –algo que, si lo piensas bien, es solamente una forma concreta de pedir un favor–. De

---

15. Ben Franklin, *The Autobiography of Ben Franklin*, Frank Woodward Pine (ed.), Nueva York: Henry Holt, 1916: capítulo X.
16. Yu Niiya, «Does a Favor Request Increase Liking Toward the Requester?», *Journal of Social Psychology* 156, n.º 2, 2016: 211-221.

nuevo, esto choca con nuestra intuición. Tendemos a sentir que pedir consejo es una muestra de debilidad o inseguridad. Pero esa forma de valorarlo es equivocada. Cuando le pides consejo a alguien, le estás pidiendo que contribuya a algo que es importante para ti. Lo estás implicando en tu proyecto e invitándolo a considerar tus intereses, aunque sólo sea por un segundo. Al compartir sus pensamientos, lo conviertes en tu colaborador.

Como ejemplo de esta tendencia, tenemos un estudio llevado a cabo por investigadores de la Universidad de California, San Diego. Los participantes en dicho estudio leyeron una descripción de un restaurante ficticio y se les pidió que lo evaluasen de distintas maneras. A algunos se les pidió su opinión; a otros, lo que esperaban del restaurante, y a otros, consejo. Al final, aquellos a los que se les pidió consejo se mostraron más dispuestos a querer comer en el establecimiento.[17]

Según explican los autores, «pedir consejo tiende a generar un efecto de intimidad que hace que el individuo se sienta más cercano a la organización, lo que resulta en un incremento subsiguiente de la propensión a realizar transacciones o comprometerse con la organización».[18] Por otra parte, preguntarle a alguien por sus expectativas mostró tener el efecto contrario.

Tener buena disposición para pedir consejo cuando la situación lo requiera es una forma eficaz de conseguir que la gente esté de tu lado. Esto es cierto, ya sea si se trata de convencer a tu esposa, a un profesor, a un becario o a un superior. Cuando tienes que tomar una decisión para la que podría venirte bien un punto de vista externo, pedir consejo puede hacer más fácil tu elección y ganarte la complicidad de tu consejero. Al hacerlo, muestras vulnerabilidad y creas un vínculo.

---

17. Shana Lebowitz, «A Psychologist Says a Small Tweak to the Questions You Ask Your Boss Can Make Them Think Better of You», *Business Insider*, 15 de septiembre de 2016.
18. Wendy Liu y David Gal, «Bringing Us Together or Driving Us Apart: The Effect of Soliciting Consumer Input on Consumers' Propensity to Transact with an Organization», *Journal of Consumer Research* 38, n.º 2, 2010: 242.

Da ánimos con honestidad

Un buen colaborador es la persona con la que quieres trabajar en nuevas ideas o comentar un proyecto en marcha. Cuando alguien llama a mi puerta con un nuevo enfoque o estrategia de negocio, o simplemente con una idea en su fase inicial, me gusta asegurarme de que sale de nuestra interacción sintiéndose alentado, incluso aunque no me haya encantado lo que proponía. Y, lo que es aún más importante, me gusta hacerlo sin ser deshonesto respecto a si su idea es buena o no.

Este proceso empieza por estar genuinamente agradecido porque esa persona haya acudido a ti en primer lugar. Ser el punto de apoyo de alguien es todo un privilegio, especialmente en la industria creativa. La publicidad es un negocio de ideas. Y, cuando alguien decide mostrarse vulnerable al exponer una idea de la que no está seguro, quiero asegurarme de que sabe que me siento honrado de que haya acudido a mí.

El tipo de *feedback* que ofreces es crucial, por supuesto. Dar ánimos a alguien es fácil cuando el concepto que está manejando te gusta realmente –ése es el mejor escenario–. En esas situaciones, tienes la oportunidad de expresar tu genuino entusiasmo. Con todo, es igual de importante que seas específico respecto a lo que te gusta de la idea, que señales las áreas que podrían mejorarse y, tal vez, incluso puedes ofrecer tus ideas sobre cómo continuar. El mensaje general que deseas transmitirle a la otra persona es: «Aquí tienes algo».

Las cosas se complican cuando la idea que se plantea no tiene futuro, o todavía no ha llegado. En esos casos, habitualmente, comienzo preguntando por qué, esa persona piensa que su idea funciona. Si crees que la idea es un desastre de principio a fin, fingir ser positivo hará que parezcas condescendiente. Si no es buena, abórdalo. A veces las ideas son en verdad malas. Pero, por lo general, podemos sacar algo incluso de las peores ideas.

Cuando alguien te cuenta su idea, te está invitando a ser su colaborador –y ésa es una oportunidad que nunca deberías desperdiciar si tu objetivo es ser persuasivo.

Piensa de forma imaginativa

Otra idea que subrayamos en Mekanism es que las grandes contribuciones pueden llegar desde cualquier parte, sin importar el trabajo de la persona, su nivel de experiencia o su bagaje. Los grandes colaboradores están menos interesados en esas distinciones que en hacer un buen trabajo y crear cosas que tengan valor.

Hasta la década de 1960, las agencias de publicidad se esforzaban en separar el talento en diferentes departamentos. Los escritores escribían, los artistas estaban a cargo de las imágenes, etc. Cada departamento tenía un rol muy definido, como en una fábrica. No sólo se desanimaba a la colaboración creativa, sino que también se segregaba a propósito. En muchas agencias, los herreros de la palabra y los creadores de imágenes trabajaban en plantas diferentes y, rara vez, se encontraban. La idea de que algo mágico podía suceder si se permitía mezclarse y colaborar a gente inspirada y con diferentes habilidades todavía no había hecho fortuna.

Entonces, a finales de los cincuenta y principios de los sesenta, una agencia, Doyle Dane Bernbach, comenzó a juntar a escritores y a artistas en equipos de dos personas. Este cambio, aparentemente menor, desencadenó algo especial: una forma subversiva e inteligente de hacer anuncios que reescribió las reglas del sector. El ejemplo más famoso de esto fue una serie de anuncios que DDB hizo para Volkswagen, incluyendo un famoso anuncio a página completa con una pequeña imagen del VW Beetle sobre dos palabras: «Think Small» (Piensa en pequeño).[19]

Mekanism lleva esa idea incluso más allá, empleando un proceso que nuestros líderes creativos desarrollaron con el objetivo deliberado de romper las barreras dentro de nuestra organización. Buena parte de nuestro trabajo comienza con una discusión. De esta manera, nuestro enfoque se parece más al de una sala de guionistas de una comedia que al de una agencia de publicidad: una docena de personas intercambian ideas durante horas en una habitación. Los líderes crea-

---

19. «All the Great Mad Men Era Volkswagen Ads», *BuzzFeed*, 1 de septiembre de 2013.

tivos en Mekanism consideran que esto les permite dar con el mejor resultado.

La razón por la que trabajamos así es sencilla: una de las cosas en las que estamos especializados es en crear contenido digital y entretenimiento de marca –algo que se presta a ser compartida socialmente–. Resulta que el ambiente ruidoso y colaborativo de una sala llena de escritores –una especie de experiencia social en sí misma– es perfecto para inspirar este tipo de ideas. Hay muy poco ego involucrado en el proceso. De hecho, después de una lluvia de ideas particularmente productiva, no importa quién ha sido el responsable de qué idea. Toda la sala es su autor.

Cualquiera en la compañía es libre de presentar ideas. En serio: cualquiera. Si un asistente, un contable, un programador o un becario tiene una maldita idea creativa, no es sólo que vayamos a dar la bienvenida a su aportación, sino que esperamos que la haga. Uno de mis ejemplos favoritos de este espíritu colaborativo tiene que ver con el logo de Mekanism. Supondrás que, como somos una agencia creativa, la imagen de nuestra compañía –esa cosa que estampamos en todas nuestras tarjetas, en nuestra página web, en cada correo electrónico y sudadera–, debió de ser el resultado de un proceso científico que implicó grupos de discusión y expertos en tipografía. Lo cierto es que surgió del bolígrafo de un chico que, por entonces, era un becario sin sueldo. Su nombre es Richard Krolewicz.

Durante su etapa de becario, hará como trece años, el escritorio de Richard estaba justo al lado de la puerta. Y como, por aquel entonces, la oficina de Mekanism no tenía un rótulo, Richard perdía mucho tiempo abriendo la puerta a personas que llamaban por error o yendo tras el repartidor de UPS que no encontraba nuestra oficina. Al final, se cansó del asunto y decidió ponerle remedio. Dibujó un sencillo cartel en el que podía leerse «Mekanism» en letras mayúsculas, similares a las de las portadas de los cómics de los superhéroes.

Cuando llegó el momento de establecer un logo para la compañía, Mekanism, de hecho, contrató a una empresa de *branding*, que nos presentó docenas de opciones. Pero al equipo le había llegado a gustar tanto el cartel de Richard que decidieron añadirlo a la mezcla. De todos los logos que nos presentó la empresa que habíamos contratado, ninguno superaba el letrero que Richard había colocado en la puerta. No importaba que lo hubiese hecho un becario, ni siquiera que estuviese hecho de cualquiera manera y por pura necesidad. Era el mejor, era sencillo y honesto, y por eso lo usamos. En ese proceso, además, la agencia le mostró a un becario que era parte indispensable del equipo. No es coincidencia que, en una industria en la que los creativos están constantemente cambiando de agencia, Richard todavía trabaje en Mekanism.

Ser alguien colaborador de forma natural, a menudo, requiere ver más allá de las barreras formales que pueden evitar que las personas unan fuerzas y hagan un gran trabajo.

RESUMEN

Los seres humanos tienen una tendencia natural a ver el mundo en términos de «nosotros contra ellos». Éste puede ser uno de los mayores obstáculos para la persuasión. Pero, para un maestro de la persuasión, también puede ser una gran ventaja. En muchas situaciones, estamos predispuestos a que nos gusten o a estar de acuerdo con personas que vemos como parte de nuestro grupo en un sentido u otro, como uno de los nuestros.

Al desarrollar las habilidades propias de un buen colaborador y buscar habitualmente oportunidades para implicar a los demás en tus proyectos, estarás mejor situado para ejercer tu influencia llegado el momento.

Hay cuatro habilidades colaborativas que debes tener en cuenta y que son especialmente poderosas:

1. Pide pequeños favores.
2. Pide consejo.
3. Da ánimos con honestidad.
4. Piensa de forma imaginativa.

Convertirse en un colaborador cualificado es algo valioso en sí mismo, por supuesto. Puede conducir a relaciones más transcendentes y desencadenar un poder creativo que, de otra forma, hubiese sido inaccesible. Pero también es un poderoso componente del tipo de carácter que impulsa a las personas y las ayuda a ver que sois fundamentalmente similares.

No importa si estás tratando de persuadir a tu pareja, a tu jefe o a tu vecino, si la otra persona ya te ve como a un colaborador, por defecto, ya estás mucho más cerca de influirle. Esto es imperativo.

Capítulo 9

Terreno común

El hip-hop le dio a una generación un terreno común
que no requería que ninguna raza perdiera nada, todos ganaban.

JAY-Z

En este país pasamos mucho tiempo fijándonos en nuestras diferencias. Parece que nuestra conversación nacional se base en el presupuesto de que todos pertenecemos a grupos radicalmente distintos, ya sea el de los ciudadanos universitarios, los inmigrantes de primera generación o –el tema de discusión favorito de todo el mundo– los *millennials*.

Yo mismo paso mucho tiempo mirando datos de mercado que segmentan a las personas precisamente en este tipo de categorías. A veces, esas clasificaciones pueden ser útiles. Pero, a menudo, pensar en esos términos nos distrae de una verdad muy obvia: que los seres humanos somos increíblemente similares y que nuestras diferencias son mucho más pequeñas de lo que creemos.

Piénsalo de esta forma: cada uno de nosotros comparte el 99,9 % de su ADN con cada uno del resto de seres humanos en el planeta.[1] Desde el punto de vista de la genética, somos casi idénticos. Pero in-

1. National Human Genome Research Institute, «Frequently Asked Questions About Genetic and Genomic Science», www.genome.gov/19016904/faq-about-genetic-and-genomic-science

vertimos un montón de tiempo y energía fijándonos en el 0,1 % que nos hace diferentes.

Resulta excepcional que, en el transcurso de la historia de la humanidad, un gran grupo de personas haya estado de acuerdo durante tanto tiempo. Por no mencionar el hecho de que todos queremos un país que sea un lugar seguro en el que vivir, trabajar, ir a la escuela, sacar adelante un negocio y formar una familia.

Pero es fácil perder de vista nuestra humanidad común, sobre todo, porque somos realmente buenos fragmentando el mundo. Pero si se trata de construir un carácter persuasivo, es crucial que te enfoques de manera habitual en las cosas que nos unen, y no en las que nos dividen.

Una disposición como ésa es esencial para ser accesible, cercano y capaz de hablarle a cualquiera como a un igual –sin importar su procedencia, su estatus social, su riqueza, su edad, su género o cualquier otro aspecto de esa persona–. Cuando, de forma natural, ves a las personas como miembros de tu equipo, los demás lo perciben y están dispuestos a hacer lo mismo.

Los beneficios de derribar barreras

Me siento muy cómodo hablando con cualquiera. A diferencia de ser puntual, ésta es una habilidad que poseo de forma natural desde niño.

A mi padre le gusta contar una anécdota de cuando yo tenía ocho años. Una noche, mi madre y él estaban poniendo la mesa para la cena, cuando nos llamó a mi hermana y a mí para que bajásemos a comer –como cada noche–. Mi hermana, Stacey, bajó enseguida, como hacía siempre. Pero yo era TDA. Papá y mamá estaban preocupados. Después de llamarme durante algunos minutos, mi padre subió las escaleras para decirme que moviese el culo y bajase a cenar. Fue entonces cuando se dio cuenta de que no estaba en mi habitación. Ni siquiera estaba en la casa.

Cuando salió corriendo al patio trasero, escuchó mi voz procedente del jardín de la casa de al lado. Se asomó por encima de la valla y me vio en el porche, hablando sobre fútbol americano con nuestro vecino Gil –que tenía unos treinta años–. Gil y yo llevábamos ya un rato charlando. Al ver a mi padre, dije despreocupadamente: «Hola, papá. ¿Me estabas buscando? Lo siento, estaba aquí comentando con Gil lo mucho que los Jets apestan este año».

No recuerdo los detalles, pero sí que mi padre se sintió desconcertado porque un niño de ocho años tuviese una conversación seria con un adulto. Entonces a mí no me pareció tan raro. Realmente no percibía la diferencia de edad. No veía a Gil como un adulto, y él no me hablaba a mí como a un niño; nos tratamos el uno al otro como iguales. Estábamos concentrados en las cosas que teníamos en común y no en aquellas que nos separaban –como las tres décadas que me sacaba–. Ésta no es una historia que vaya a cambiar el mundo, pero ejemplifica que cuando dejamos al margen nuestras diferencias y nos enfocamos en las pasiones que compartimos pueden suceder cosas asombrosas.

Basta con que te fijes en el desarrollo del hip-hop en los últimos cuarenta años. Esta forma de arte surgió en el South Bronx en la década de 1970, cuando DJ Kool Herc hacía girar vinilos en las fiestas que organizaba en la sala de grabación de su apartamento en la avenida Sedgwick.[2] Otros DJ locales, como Jazzy Jay y Grandmaster Flash, imitaron su estilo. Y en unos años, la combinación de una percusión sincopada, el rapeo y algunos otros elementos como el *break-dance* convirtieron el hip-hop en una forma distintiva de la cultura afroamericana en Estados Unidos.

No pasó mucho tiempo antes de que artistas de otras razas abrazasen el hip-hop y lo hiciesen suyo. A mediados de la década de 1980, un grupo de chicos judíos de Nueva York (los Beastie Boys) combinaron el hip-hop con elementos del punk rock, con la ayuda de los productores Russell Simmons, un emprendedor negro de Queens, y Rick

2. Sha Be Allah, «Today in Hip Hop History: Kool Herc's Party at 1520 Sedgwick Avenue 45 Years Ago Marks the Foundation of the Culture Known as Hip Hop», *The Source*, 11 de agosto de 2018.

Rubin, un tipo blanco de Long Island.[3] Todos los chavales de extrarradio, en cualquier parte, podían recitar la letra: «Your mom busted in and said 'What's that noise?' / Aw, Mom, you're just jealous it's the Beastie Boys». Esa misma década vio a uno de los grupos de hip-hop más celebrados de la historia del género, Run-DMC, colaborar con la banda de rock duro Aerosmith.[4]

El hip-hop no sólo transcendió la barrera de la raza en Estados Unidos, sino que rápidamente se volvió global. Hoy en día, esta forma de arte se practica en todas partes, desde Francia y Rusia a Corea del Sur y Sri Lanka.[5] Es, como dijo Jay-Z, «un terreno común que no requería que ninguna raza perdiera nada, todas ganaban».[6] Y esto no habría sido posible si personas de distintas procedencias, razas y nacionalidades no hubiesen mirado más allá de sus diferencias y encontrado aspectos de las culturas de los demás que compartían y que eran admirados por todos. Lo que comenzó en un apartamento del South Bronx se ha convertido en el género musical más popular.

Sin embargo, no todo el mundo conecta fácilmente con las personas que perciben como muy diferentes a ellas mismas. A mucha gente le cuesta hablar con sus superiores en el trabajo, o con personas de otros países o culturas. Algunas deben esforzarse para tener conversaciones profundas con cualquiera que no sea un amigo cercano. Si la persona con la que estás hablando puede sentir desde el principio que estás haciendo un esfuerzo para verla como a un igual no vas a poder influir en ella demasiado.

---

3. Amos Barshad, «Rude Boys», *New York Magazine*, 24 de abril de 2011.
4. Sha Be Allah, «Today in Hip-Hop History: Run-DMC Drops 'Walk This Way' Featuring Aerosmith 31 Years Ago», *The Source*, 4 de julio de 2017.
5. Samir Meghelli, «Hip-Hop à la Française», *New York Times*, actualizado el 15 de octubre de 2013; Johann Voigt, «From Russia with Flow: How Rap Became Russia's Most Important Genre», *Noisey*, 22 de marzo de 2018; Victoria Namkung, «Seoul's Bumping B-Boy Scene», *New York Times*, 16 de diciembre de 2017; P. Khalil Saucier y Kumarini Silva, «Keeping It Real in the Global South: Hip-Hop Comes to Sri Lanka», *Critical Sociology* 40, n.º 2, 2014: 295-300.
6. Jay-Z, *Decoded*, Nueva York: Spiegel & Grau, 2010.

Algunas cosas te saldrán de forma natural, mientras que otras tendrás que trabajarlas. Yo siempre he tenido facilidad para hablar con cualquiera. Pero he tenido que trabajar muy duro en mi *storytelling*, y aún sigo haciéndolo. Esas cosas no acaban de resultarme fáciles.

El camino para convertirte en una persona más cercana y que se te dé mejor hablar con todo tipo de personas empieza por adoptar una perspectiva que enfatice los aspectos comunes entre los seres humanos y apelar a ellos firmemente. Esto implica reconocer que todos somos muy parecidos cuando se trata de las cosas que realmente importan.

Identidad social

Ser persuasivo está estrechamente relacionado con que la persona a la que te estás dirigiendo te reconozca, en algún sentido, como a un miembro de su equipo. Por expresarlo en otros términos, depende de si tú y tu audiencia compartís lo que los psicólogos llaman «identidad social» –la parte de la imagen que una persona tiene de sí misma que se define a partir de los grupos a los que pertenece.

Hay muchos motivos por los que esto es cierto. Como señalaron los investigadores en comunicación de la Universidad de Arizona Nick Joyce y Jake Harwood, «es más probable que compartan nuestra perspectiva y que sepan cosas que nos sean útiles las personas con las que compartimos identidades sociales significativas». Y, además, hacen notar que «si tú y yo constituimos un "nosotros", eso implica un interés compartido, lo que hace decrecer la probabilidad de que proporciones información no fidedigna o falsa. Por estos motivos [...] compartir una identidad social está directamente asociado con la persuasión».[7]

Por fortuna, hay una cifra casi infinita de formas mediante las que compartir una identidad social, si es lo que pretendemos. Dependien-

7. Nick Joyce y Jake Harwood, «Context and Identification in Persuasive Mass Communication», *Journal of Media Psychology* 26, n.º 1, 2014: 50-57.

do del contexto, una identidad social compartida puede estar basada en cualquier cosa, desde un idioma o una afición hasta una misma edad o ciudad o estado de origen. Una perspectiva que enfatice los aspectos comunes tiene más posibilidades de situarlos en primer plano cuando interactuemos con los otros.

Eso lo que sucedió en mi conversación con mi vecino a mis ocho años. Conecté con él como un amante del deporte, no como un mocoso; al menos durante aquella conversación, fue así como él me vio. No es que dejase de verme como a un niño, pero esa parte de mi identidad quedó tapada (hasta que mi padre me regañó por llegar tarde a cenar).

Una famosa historia que demuestra esta dinámica sucedió durante la Primera Guerra Mundial, en un episodio conocido como «La noche silenciosa» o «La tregua de Navidad». Es uno de esos sucesos que, si los vieses en una película o los leyeses en un libro, pensarías que son fantasía. Pero ocurrió. Y el hecho de que fuese real revela algo poderoso sobre nuestra humanidad compartida.

En el invierno de 1914, después de cuatro meses luchando en las trincheras, las tropas francesas, belgas e inglesas y sus enemigos alemanes en el Frente Oriental dejaron de intentar matarse entre ellos durante un día y celebraron juntos la Navidad. Según algunas historias, este hecho remarcable comenzó en Nochebuena, cuando en un bando escucharon al otro cantar villancicos. Tal como un oficial británico contaría más tarde:

> *Los alemanes cantaban uno de sus villancicos, y entonces nosotros cantábamos uno de los nuestros, hasta que empezamos «O Come, All Ye Faithful» y los alemanes se unieron enseguida, cantando el mismo himno con la letra en latín del «Adeste Fideles». Y, entonces, pensé que era una cosa realmente extraordinaria: dos naciones cantando juntas el mismo villancico en mitad de una guerra.*[8]

---

8. Naina Bajekal, «Silent Night: The Story of the World War I Christmas Truce of 1914», *Time*, 24 de diciembre de 2014.

En algún momento de la mañana siguiente, en el día de Navidad, los soldados de ambos bandos tuvieron el coraje para hacer lo impensable: salieron de sus trincheras, saludaron a los miembros del ejército enemigo y les desearon feliz Navidad. Pronto, los hombres estaban charlando, e incluso intercambiando regalos, enterrando a los muertos del adversario, y, según algunas historias, jugando a fútbol con una pelota que cosieron ellos mismos.[9]

Recuerda, hablamos de una de las guerras más atroces en la historia de la humanidad. Y no mucho después de la breve Tregua de Navidad, esos hombres volvieron a emplearse cuanto pudieron en matarse unos a otros en una guerra que, finalmente, se cobró veinte millones de vidas y veintiún millones de heridos entre militares y civiles.[10] Pero, incluso en una situación tan extrema, algo tan sencillo como un villancico fue suficiente para lograr que aquellos soldados cambiasen de perspectiva durante un rato y dejasen de ver a los otros no como enemigos mortales sino como sus semejantes, seres humanos que hubiesen preferido estar en sus hogares celebrando las fiestas en lugar de luchando por sus vidas en las trincheras. Si eso puede suceder en mitad de una guerra mundial, por supuesto que puede suceder en nuestras interacciones cotidianas.

Desde luego, abrazar una cosmovisión que priorice nuestras semejanzas no es fácil. Uno de los motivos es, como escribe el psicólogo de la Universidad del estado de Nueva York, New Paltz, Peter Kaufman, que «nos socializan para que atendamos más a nuestras diferencias que a nuestros aspectos comunes». Pero la mayoría de nuestras diferencias, señala, son construcciones sociales.[11]

---

9. David Brown, «Remembering a Victory for Human Kindness», *Washington Post*, 25 de diciembre de 2004.
10. Nadège Mougel, «World War I Casualties», Julie Gratz (trad.), Centre Européen Robert Schuman, 2011.
11. Peter Kaufman, «The Similarities Project», *Everyday Sociology Blog*, 5 de diciembre de 2011, www.everydaysociologyblog.com/2011/12/the-similarities-project.html

Kaufman ha trabajado para cambiar este hecho invitando a estudiantes a participar en su Similarities Project. Hace algunos años, reunió a un grupo de estudiantes universitarios con una clase de niños de primaria. Se trata de dos grupos que la mayoría no esperaría que tuviesen mucho en común. Simplemente piensa en lo mucho que cambiaste desde los ocho hasta los veinte años. Para muchos de nosotros, es la década en la que más cambiamos, ya que pasamos de la infancia a la adultez.

Sin embargo, cuando juntó a ambos grupos y les pidió que enumerasen las cosas que tenían en común, los participantes fueron capaces de identificar más de cuarenta similitudes en menos de una hora.[12] Esas similitudes iban desde «Todos tenemos cerebros» y «A todos nos gusta jugar» a «Todos nos ponemos tristes» y «Todos necesitamos amor».

Es tentador ver estas semejanzas como superficiales. Pero, en realidad, son mucho más fundamentales que las diferencias en las que solemos centrarnos –como el lugar en el que hemos nacido, el tipo de música que nos gusta o a qué equipo deportivo animamos–. Como escribe Kaufman, «no hay nada en esas diferencias que sea inherente, natural o esencial. Las hemos definido, creado y enfatizado los humanos y, eventualmente, incluso hemos luchado por ellas o hemos querido someter al otro a ellas». En cambio, nuestras semejanzas son mucho más esenciales para quienes somos.[13]

Y, tal como hemos aprendido a definirnos por nuestras diferencias, podemos aprender a ver a los demás por las cosas que tenemos en común, sólo tenemos que escoger hacerlo.

---

12. Kaufman, «The Similarities Project...».
13. Kaufman, «The Similarities Project...».

Cómo el Dollar Shave Club usó denominadores comunes para derrotar a un gigante empresarial

Para apreciar cómo centrarse en las semejanzas puede ser una poderosa herramienta de persuasión, veamos uno de mis casos de marketing exitoso preferidos de los últimos años: el ascenso del titán del comercio electrónico Dollar Shave Club. La compañía fue fundada en 2012 por Michael Dubin como un servicio de suscripción *online* que proveía mensualmente a sus clientes de cuchillas de afeitar baratas. Desde entonces ha crecido desmesuradamente hasta convertirse en una marca de éxito que fue comprada por Unilever por 1 billón de dólares.[14]

Dubin no tenía ninguna experiencia en el negocio de las cuchillas de afeitar antes de crear la empresa. Lo que lo llevó a emprender ese camino fue algo de lo que se dio cuenta a principios de la década del año 2000. Recién graduado y trabajando para la NBC, Dubin se sentía muy indignado cada vez que se topaba con un nuevo anuncio de la Gillette Mach 3s en el Duane Reade del Rockefeller Center. «Aunque me hubiese quedado sin cuchillas –recuerda–, no hubiese ido a comprarlas a la tienda, porque era una experiencia frustrante e incómoda». Ve al supermercado de tu barrio y lo entenderás fácilmente. Para empezar, las cuchillas son insultantemente caras para lo que son. Un pack de cuatro puede costar más de veinte dólares.

Sólo hay una razón por la que esas cuchillas cuestan tanto dinero. Hasta hace poco, Gillette –que es propiedad de Proctor & Gamble– casi poseía el monopolio del mercado de las cuchillas de afeitar en Estados Unidos. Y como cualquier buen cártel, la empresa mantenía los precios altos porque podía. Si no te gustaba, siempre podías dejarte barba (como hicieron muchos en Brooklyn).

Por supuesto, P&G trató de justificar sus precios desorbitados señalando a su departamento de I+D y las patentes. Sus anuncios pare-

14. Dan Primack, «Unilever Buys Dollar Shave Club for $1 Billion», *Fortune*, 19 de julio de 2016.

cían sugerir que la nueva maquinilla de Gillette –con su mango vibrante y múltiples hojas– era el pináculo de la ingeniería moderna. La mayoría de los anuncios de televisión mostraban animaciones que parecían revelar la ciencia en la que se fundamentaba la última maquinilla desechable carísima y cada uno de ellos prometía un afeitado más apurado que el anterior. A menudo, un narrador con voz viril leía un guion sobre lo revolucionaria que era la sexta hoja.

Los anuncios de Gillette protagonizados por Roger Federer eran especialmente místicos. Un *spot* mostraba a la estrella del tenis afeitándose, sin camiseta, antes de salir a la pista. La voz en off explicaba que «en un día de partido, no dejas nada a la suerte» antes de vender una «edición limitada» de la Gillette Fusion ProGlide. Ya sabes, para los coleccionistas de cuchillas de afeitar.

No fue hasta 2010 cuando Dubin comenzó a pensar que el elevado precio de estos productos no tenía por qué ser un hecho inmutable en la vida. Durante sus vacaciones, en una fiesta, se vio charlando con Mark Levine, que era el padre de la prometida de un amigo suyo. De alguna forma, surgió el tema del afeitado, y los dos lamentaron lo caro que resultaba comprar un pack de cuchillas. Quiso la suerte que Levine hubiese adquirido un almacén lleno de maquinillas de dos hojas unos años antes. Originalmente, su intención había sido venderlas a las droguerías, pero no había funcionado. Dubin inmediatamente vio una oportunidad para resolver un problema cotidiano que la mayoría de los hombres daban por imposible.

A Dubin se le ocurrió crear una marca enfocada en una experiencia común compartida por todos los hombres. En lugar de tratar a los consumidores como un apéndice, los convertiría en una prioridad para la compañía. En lugar de presentar las cuchillas como maravillas tecnológicas diseñadas en laboratorios secretos, las mostraría como lo que todo el mundo sabía que eran: algo básico y necesario que no debería costar una fortuna. No las envasaría en una caja para venderlas en una triste droguería iluminada con fluorescentes; se las entregaría mensualmente a los consumidores en la puerta de su casa a través de un servicio de suscripción, sin que ni siquiera tuviesen que preocuparse por ello. Y en lugar de actuar como una corporación gigante y sin rostro, su compañía aprovecharía cada oportunidad que tuviese para forjar una relación personal con sus compradores.

Para presentar su marca al mundo, publicó un vídeo en YouTube que, hasta la fecha, sigue siendo una de las mejores obras de marketing viral que se hayan hecho. El vídeo comenzaba con Dubin mirando directamente a la cámara y presentándose. «Soy Mike, fundador de DollarShaveClub.com –decía–. ¿Qué es DollarShaveClub.com? Sencillo, por un dólar al mes te llevaremos cuchillas de afeitar de alta calidad a la puerta de tu casa. ¡Sí! ¡Por un dólar! ¿Y son buenas esas cuchillas? No, nuestras cuchillas son j*****mente buenas».

Además de otras cosas, el anuncio es divertidísimo. Y como muchas grandes comedias, el vídeo se fundamenta sobre una verdad sencilla y cotidiana –en este caso, el hecho de que las cuchillas de afeitar costaban bastante más de lo que deberían–. Como Dubin me explicó, «Lo que hicimos fue darle a la gente un activo social que podían compartir con sus amigos cuando hablasen sobre ese hecho tan frustrante del que todos hablaban».

Pero, aún más importante, el anuncio derribaba la barrera entre el vendedor y el comprador al tratar a los consumidores como personas que no eran diferentes al propio Dubin. Como explicaba en el vídeo, «¿Te gusta gastarte veinte dólares al mes en cuchillas de marca? Diecinueve se los lleva Roger Federer». Las implicaciones eran claras y poderosas: Roger Federer es un inaccesible semidiós del deporte que, probablemente, nunca haya estado en un CVS.[15] Michael Dubin no es diferente a ti o a mí. Y está dispuesto a señalar verdades cotidianas con las que todos los hombres han estado viviendo durante años.

Esta increíble habilidad para hablar directamente a los consumidores a un nivel personal ha convertido Dollar Shave Club en una seria amenaza para sus competidores. No es coincidencia que Proctor & Gamble lanzase su propio servicio de suscripción, Gillete Shave Club

---

15. Cadena norteamericana de farmacias y parafarmacias. *(N. del T.)*

–fusilando el nombre de DSC– en un intento de frustrar el éxito de Dubin.

Con Dollar Shave Club, Dubin ha conseguido plantar cara a una de las mayores y más poderosas corporaciones del planeta en un mercado que, hace sólo unos años, P&G tenía casi monopolizado. Y lo hizo mirando a los ojos de los consumidores y mostrándoles que él era como ellos.

Controla el cubo de Necker

Pasar de una perspectiva que enfatiza las diferencias a una que enfatiza lo que tenemos en común es un poco como el viejo y bidimensional cubo de Necker, que todos solíamos garabatear en nuestros cuadernos de la escuela.

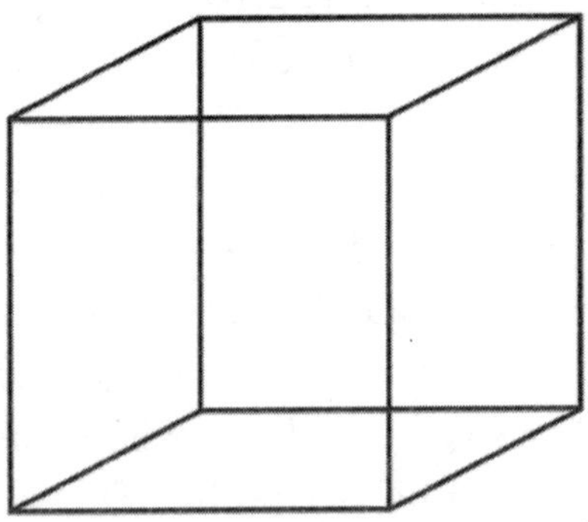

Si lo miras de una forma, el cuadrado de abajo a la izquierda está en la parte delantera del cubo. Si lo miras de otra, en cambio, está en la parte posterior. Ambas son formas válidas de ver la imagen. Pero es imposible verla de las dos formas al mismo tiempo. Y, lo que es más importante, una vez que has identificado de cuál de las dos maneras estás viendo la imagen, puedes dar un paso atrás y escoger a voluntad entre las dos perspectivas. Nada cambia en la imagen, ha sido impresa en este libro mucho antes de que lo hayas comprado. Lo que cambia es cómo interpretas lo que está frente a ti.

Lo mismo sucede con cómo ves a los demás. Puedes verlos como una colección de atributos e identidades que son diferentes a los tuyos –tienen un género distinto, hablan un idioma diferente, tienen otra profesión, etc.–. O puedes verlos como una colección de aspectos que comparten contigo y, en algunos casos, como una colección de características humanas universales («Todos necesitamos amor»). Como el cubo, una vez que identificas este hecho, se vuelve mucho más fácil dar un paso atrás y escoger entre ambas perspectivas.

Se convierte en una habilidad de la que tú tienes el control.

Ahora bien, en el caso del cubo, la primera vez que lo ves, de forma natural favorecerás una de las dos opciones (que el cuadrado a la izquierda esté en el frente o detrás). Sólo después de pensar puedes cambiar a la otra perspectiva. Y lo mismo sucede con la forma en que vemos a los demás. Algunos, lo primero que ven de los otros es la «diferencia» –incluso aunque puedan cambiar a la perspectiva de las «semejanzas» con un poco de esfuerzo. En términos ideales, tu objetivo debe ser cambiar esa tendencia, de manera que en tu primera impresión de los demás lo que tenéis en común esté al frente y que vuestras diferencias sean visibles sólo si realmente quieres fijarte en ellas.

Por una parte, es una buena forma de superar la ansiedad que puedas sentir antes de empezar una conversación con alguien que percibas como superior. Todos nos ponemos nerviosos cuando hablamos con una persona atractiva, que nos gusta, o cuando nos entrevistan para un trabajo que realmente deseamos. Nos hace autoconscientes y, quizá, se nos trabe un poco la lengua. No hace falta decir que, cuando tropiezas con tus propias palabras, es difícil ser persuasivo. Es mucho menos probable que le entren esos sudores a alguien con la habilidad de ver a los demás como semejantes.

De la misma manera, poner énfasis en las similitudes habitualmente puede ayudar a mitigar los nervios que sienta tu interlocutor en el transcurso de una conversación. En mi caso, cuando alguien entra nervioso a mi despacho, esa ansiedad no dura demasiado, en tanto que muy pronto pueden sentir que los veo como a iguales y que hablar conmigo no es muy distinto a hablar con cualquiera de sus compañeros.

Una disposición que ponga las cosas fáciles a los demás y que los ayude a abrirse siempre aumentará tus posibilidades de encontrar el terreno común. Esta perspectiva basada en lo que compartimos ayuda a conducir las conversaciones hacia los temas, los valores, las experiencias y otros detalles personales que tienes en común con la otra persona, incluso sin quererlo. Cuando esto suceda, a la persona con la que estés hablando, se le hará evidente que ambos estáis en el mismo bando.

Cómo encontrar el terreno común

Elígelo

El primer paso para adoptar una perspectiva basada en los puntos en común es elegir ver a las personas como fundamentalmente similares a ti. Recuerda, puedes dar un paso atrás y escoger entre las dos versiones del cubo de Necker a voluntad, pero sólo si decides hacerlo. Y lo mismo sucede con la forma en que vemos a las demás personas. Si te sientes inclinado a fijarte en las diferencias, toma la decisión de combatir esa tendencia.

Puede que estés en desacuerdo con otro de los padres de la escuela de tu hijo y pienses: «Este tío no sabe de lo que está hablando». O quizá una compañera tenga una opinión distinta a la tuya sobre un proyecto en el que estáis trabajando y tu respuesta sea: «Esta mujer no ha entendido nada». Instintivamente vemos a esa persona al otro lado de una disputa que nos separa. Los interpretamos como «ese tío» o «esa gente». Y lo hacemos sin pensar.

Librarte de este tipo de pensamientos es un poco como corregir un error gramatical que cometes habitualmente. Desarrolla un buen ojo para detectar cuando estás adoptando esa perspectiva basada en las diferencias y dale la vuelta al cubo de Necker.

Practica para reconocer rasgos compartidos

Si quieres ser mejor reconociendo las similitudes que las diferencias, necesitas practicar. Una forma sencilla de hacerlo es robar una página de *Similarities Project* y hacer lo que Peter Kaufman hizo con aquellos universitarios y estudiantes de primaria.

Comienza por pensar en una persona de tu vida a la que veas distinta de ti. Puede ser un primo, alguien de la escuela, tu cuñada, tu dentista... Cualquiera. Sólo tiene que ser alguien que creas que es distinto a ti. Entonces, haz mentalmente una lista de todas las cosas que tenéis en común. Si te paras a pensarlo, a menudo te sorprenderá cuántas cosas que te habían pasado desapercibidas tienes en común con la otra persona. Puede que ambos améis vuestras profesiones o que Berlín sea vuestra ciudad favorita. Apuesto a que la próxima vez que la veas, esos rasgos compartidos te resultarán mucho más evidentes.

Yo me he pasado la mayor parte de mi vida pensando que mi padre y yo teníamos intereses radicalmente distintos. Como resultado, hemos perdido un valioso tiempo que podríamos haber pasado juntos. Sin embargo, podría haber reparado fácilmente en nuestras semejanzas. A él también le encanta la música, por ejemplo. De hecho, una vez jubilado, uno de sus proyectos ha sido escribir una novela sobre unos músicos de jazz de los años veinte (lo que significa que ambos somos autores, también; otra similitud).

Una vez que comiences a observar activamente a la gente que consideras diferente a ti, te darás cuenta de los muchos rasgos en común que estaban justo delante de tus narices. Haz esto a menudo y con muchas personas, y esas barreras mentales que os separan se disolverán poco a poco, hasta el punto de que apreciar las semejanzas se convertirá en parte de tu naturaleza.

Identifica puntos de acuerdo

El terreno común es valioso en las interacciones persuasivas. De hecho, las creencias compartidas deberían ser el centro de atención. Si ves que una discusión va a derivar en un conflicto, poner el énfasis en el terreno común es una buena forma de combatir tus propias tendencias, mientras allanas el terreno para la persuasión.

Al señalar esos puntos en los que estáis de acuerdo y priorizarlos, no sólo estás cambiando por completo tu perspectiva, estás dejándole claro a la otra persona que, en general, ambas pensáis lo mismo sobre cómo tendrían que ser las cosas y sólo estáis negociando los detalles. En ese instante, la conversación dejará de ser una competición para ver quién se lleva el gato al agua para convertirse en una conversación sobre cómo alcanzar un objetivo que ambas consideráis deseable. Esto te dejará bien situado para influir en las opiniones de la otra persona al respecto.

RESUMEN

Los seres humanos tenemos muchas más cosas que nos hacen parecidos de las que nos diferencian, aunque no solemos recordarlo.

Una perspectiva que enfatice en nuestras similitudes puede permitirte encontrar un terreno común con tu interlocutor, y transmitirle a tu audiencia la sensación de que ya estás de su parte. A las personas que tienen la habilidad de ver esas semejanzas en lugar de las diferencias también les resulta más fácil relacionarse con personas con diferentes procedencias, grados de experiencia y edades.

Adoptar un punto de vista basado en lo que tenemos en común es fácil, sólo tienes que querer hacerlo. El proceso se inicia con estas tres técnicas:

1. Elegir poner el énfasis en las semejanzas.
2. Practicar reconocer los rasgos compartidos.
3. Hacer evidentes los puntos de acuerdo.

Si, por defecto, tu actitud es ver a los demás más o menos como a ti mismo, eso te ayudará a ponerlos de tu parte.

A fin de cuentas, sólo somos un 0,1 % distintos.

CONSIDERACIONES FINALES
TERCER PRINCIPIO: EMPÁTICO

La persuasión conmovedora habitualmente tiene que ver con atraer a la gente que no está de acuerdo contigo. Para hacerlo de manera efectiva, necesitas ser capaz de abordar las situaciones desde perspectivas alternativas y comprender por qué la gente sostiene puntos de vista distintos al tuyo. Necesitas ser empático.

Hay tres hábitos esenciales que forman parte del tipo de carácter empático que te harán más persuasivo.

Haz que gire en torno a los demás

Las personas realmente empáticas han desarrollado una curiosidad natural sobre quienes los rodean. Inician conversaciones incisivas sobre temas que son relevantes y significativos para sus interlocutores. Buscan y atesoran conocimiento sobre diferentes culturas y formas de vida con el objetivo de entender mejor a los demás. Y escuchan y aprenden mucho más de lo que juzgan. Como resultado, cuando se trata de ejercer influencia, pueden componerse una imagen muy rica y precisa de cómo los demás ven el mundo.

Busca colaboraciones

Las personas empáticas también están deseosas de formar equipo con los demás para lograr objetivos comunes, ya sea en el trabajo, en sus comunidades, en sus familias o con sus amigos. Consideran valioso unir fuerzas con gente de diferentes procedencias y áreas de especialización. Por este motivo, los demás se sienten más inclinados a verlos como compañeros de equipo –una percepción que quizá sea la más importante cuando se trate de hacer cambiar de idea a alguien.

Fíjate en las semejanzas, no en las diferencias

Finalmente, el tipo de empatía que he descrito requiere una mentalidad que enfatice nuestra humanidad compartida. Las personas tenemos mucho más en común de lo que nos separa. Y cuando ponemos demasiado énfasis en nuestros distintos géneros, razas, niveles de ingresos o educación, o grupos de afinidad, estamos contribuyendo a perder el terreno común y abrir una brecha que hará mucho más complicada la persuasión.

Acercarse a cada persona corno a un igual te hará más accesible y te permitirá hablar casi con cualquiera. También, animará a los demás a devolverte el favor, dejándote en una mejor posición para persuadir.

Compréndelos y ellos te comprenderán a ti.

CUARTO PRINCIPIO

⊙

CONMOVEDOR

Conmover está
relacionado con conectar
emocionalmente a nivel profundo con
cosas más importantes que nuestras
preocupaciones cotidianas por el dinero, el placer, el
estatus o la identidad.

La capacidad de conmover reside en el compromiso con los
valores personales y los propios principios.

Intentar que mis trabajos sean más conmovedores –más fieles a algo
eterno y universal– ha sido uno de los principales aspectos de mi
carrera. Mekanism se enorgullece de haber hecho avanzar «el alma y
la ciencia del *storytelling*». Contamos historias que muestran no sólo
un alto nivel técnico, sino también una sensibilidad emocional por
todo aquello que más nos importa.

Si eres capaz de vivir una vida impulsada por algo
más que lo pragmático y lo inmediato,
tu influencia fluirá.

Capítulo 10

La importancia de cultivar habilidades

Es posible volar sin motores,
pero no sin conocimiento ni habilidad.
WILBUR WRIGHT

El tipo de capacidad persuasiva más poderosa es aquella que emana de un carácter bien formado. Cuando has trabajado para desarrollar ciertos rasgos personales y habilidades, la gente lo nota.

Algunos de los hábitos y disposiciones que hemos abordado –incluyendo el respeto, la positividad y la generosidad– pertenecen, sobre todo, al ámbito de las interacciones con otras personas. Pero tu carácter no sólo se revela en la forma en que te desenvuelves en el ámbito social. También se evidencia en tu forma de abordar tu trabajo y tus intereses.

Con «trabajo» no me refiero sólo a las cosas que haces porque alguien te paga, aunque también forman parte de ello, sino a algo mucho más amplio: cualquier tarea o proyecto que te propongas, sea cual sea el contexto. Eso incluye cualquier cosa, desde preparar la cena a planear un viaje, aprender a tocar un instrumento o lo que hagas en la oficina.

¿Qué tienen que ver tus habilidades culinarias o con el violín con la persuasión? Pues bien, si la persuasión tiene que ver con el carácter, y tu relación con el trabajo es una ventana abierta a tu carácter, entonces, tienen mucho que ver. No es difícil de entender. La persona que habitualmente toma atajos y se conforma con cualquier cosa en la mayoría de las ocasiones no va a ser muy influyente. De hecho, «¿A quién le importa lo que piense?», será una respuesta habitual en esta clase de individuos.

Ahora piensa en un atleta profesional, un chef reputado, un músico o cualquier otro profesional de élite o persona con talento. Esa gente no sólo ejerce influencia en su ámbito, sino también en las áreas que transcienden su propio campo de especialización. Cuando expresan su opinión política, ésta puede llegar a aparecer en las noticias. Cuando recomiendan un libro, hablan bien de unas zapatillas deportivas o boicotean una marca, pueden influir en los mercados. Estas personas se han ganado esa relevancia mostrando la concentración y la intensidad que se necesitan para alcanzar la excelencia en una tarea difícil. Por eso Bono comparte ratos con el Dalai Lama, o Robert Downey Jr. se reúne con la reina de Inglaterra.

Por increíble que parezca, la capacidad de persuasión de estos reputados individuos tiene poco que ver con lo que sabemos de ellos a nivel personal. A menudo no tenemos forma de saber si están realmente informados o cómo de honestos son. En cambio, su influencia emana de su relación con sus habilidades.

Por fortuna, esta clase de capacidad de persuasión no requiere ser un maestro a nivel mundial de técnica alguna. Simplemente exige que abordes de forma seria, rigurosa y hábil cualquiera que sea la tarea o el proyecto que te hayas propuesto. En otras palabras, requiere que te preocupes por hacer las cosas bien y de una forma adecuada, no sólo hacerlas tan deprisa, barato y eficientemente como sea posible. Y al adoptar una ética de trabajo basada en la captación de talento –y evitando las soluciones alternativas económicas y confiar solamente en los trucos–, acabarás mostrando el tipo de carácter del que se desprende la influencia.

La gente habilidosa es más persuasiva

Cuando alguien alcanza un nivel de excelencia o aspira a la excelencia en sus empresas, tiende a hacerlo evidente a través de pequeñas cosas. Y, a menudo, no hace falta ser un experto para reconocer cuando alguien es habilidoso. Por ejemplo, puedes darte cuenta de que una esquiadora es talentosa sólo por la forma en que está en la montaña, antes incluso de que se dé impulso con los palos. Y yo no sé mucho sobre danza, pero puedo decir cuándo alguien es un buen bailarín. Es a lo que nos referimos cuando le decimos a alguien «parece que sabes lo que están haciendo». De la misma manera, muchos de nosotros podemos saber de forma instintiva cuándo alguien domina el tema o cuando está diciendo que sabe más de lo que realmente sabe.

Estas valoraciones sobre la excelencia y la seriedad de un individuo en concreto también conforman nuestra idea de quién es como persona. Por este motivo, cuando presionamos a alguien para que exprima sus capacidades, a menudo usamos la frase: «Enséñanos de qué estás hecho». Cuando mostramos nuestro talento al mundo que nos rodea, estamos desnudando nuestras almas.

Además, la percepción de que alguien es competente y está bien formado en un área le concede un aura de autoridad. Las personas que habitualmente se toman tiempo para hacer las cosas bien y prestándoles atención son más fáciles de creer, y sus opiniones nos importan más. Éste es uno de los motivos por los que el respaldo de los famosos es una técnica tan contrastada en mi sector. Cuando LeBron James, Justin Timberlake o Taylor Swift recomiendan un producto, eso tiene mucho peso y puede tener un impacto significativo en el comportamiento del público. Por ese motivo nuestra campaña «It's On Us» fue lanzada con ayuda de los rostros famosos que podían ayudar a cambiar opiniones respecto a la cultura de la violación en los campus universitarios. Es también el motivo por el que Pepsi ideó una campaña alrededor de Beyoncé. Y la razón por la que Michael Jordan todavía ayuda a vender zapatillas deportivas dieciséis años después de haber dejado el baloncesto. El talento nunca pasa de moda.

El poder del apoyo de los famosos está bien documentado. Por ejemplo, un estudio reciente de Anita Elberse, de la Harvard Business School, y Jeroen Verleun, de Barclays Capital, concluyó que las recomendaciones de los deportistas, de media, hacían aumentar las ventas un 4 %. Y cuando un deportista hace un gran elogio, suele impulsar las ventas de ese producto.[1]

¿Por qué funciona esto? En parte, porque los famosos nos resultan familiares, es cierto. Pero también porque estas personas son las mejores en lo que hacen. Exhiben un nivel de excelencia y de talento sin parangón en sus trabajos. Y el hecho de que ellos mismos tengan esos altos niveles de exigencia da peso a sus opiniones, y nos ofrece a los demás una buena razón para seguir su ejemplo.

Muchas celebridades que son los mejores en sus profesiones también se han consagrado a algo mayor que el éxito económico. Nunca invertirías el tiempo que requiere ser un deportista, un actor o un chef de élite si no valoras el trabajo bien hecho en sí mismo. A fin de cuentas, hay formas más fáciles y seguras de hacerse rico. Y esa conexión con algo profundo y eterno –lo que yo llamo, algo conmovedor, con alma– posee una cualidad magnética que contribuye enormemente a la capacidad de persuadir de una persona.

Consideremos una encuesta reciente en la que se pedía a los norteamericanos que nombrasen a las personas más confiables del país. Arriba del todo en la lista estaba Tom Hanks. Si lo piensas, es bastante extraño. La mayor parte de las personas nunca han estado con Hanks, y nunca lo estarán. Pero es que, además, no tienen evidencias reales de que sea, por decirlo de alguna forma, un pensador lúcido, una fuente fiable, ni siquiera una persona bienintencionada. Por lo que sabemos, podría ser un mentiroso compulsivo.

Las personas a las que Hanks les parece alguien de fiar no basan su confianza en algo racional. Su sensación de confianza es el resultado de

---

1. Anita Elberse y Jeroen Verleun, «The Economic Value of Celebrity Endorsements», *Journal of Advertising Research*, junio de 2012: 149-165.

una cosa: que Hanks es un actor increíblemente talentoso.[2] Ha podido hacer algunas películas malas a lo largo de su carrera, y seguramente hará algunas más en el futuro. Pero rara vez, si es que lo ha hecho alguna, ha realizado una actuación poco artística, a medio gas, o ha hecho tonterías con un papel. Es alguien que lleva a cabo su trabajo con un extraordinario rigor y competencia.

Lo mismo puede decirse de otros famosos que se encontraban entre los diez primeros de la lista, como Meryl Streep o Maya Angelou. Ellas también trabajan para estar entre los más talentosos de sus respectivas profesiones. Y ese talento se traduce en influencia.

Sólo fíjate en el reciente cambio de rumbo que ha dado la carrera del antiguo campeón del mundo de ajedrez Garry Kasparov. A sus cuarenta y pocos, después de haber mantenido el título de campeón durante dos décadas, Kasparov se retiró del ajedrez y se convirtió en uno de los mayores defensores de los derechos humanos, de la libertad de expresión y de la democracia del mundo –así como en uno de los más combatientes adversarios de Vladimir Putin–. Incluso se postuló para presidente de Rusia en 2007. Y es un hombre que ha pasado la mayor parte de su vida estudiando un juego de mesa.

Lo que lo hizo grande en el ajedrez fue algo que sólo otros maestros como él podrían apreciar realmente. Pero para todos los demás, el propio hecho de que dominase algo difícil y complicado gracias a años de trabajo duro decía algo sobre su carácter. La gente lo escuchaba, le prestaban atención.

De forma parecida, en 2016, cuando Colin Kaepernick insistió en arrodillarse mientras sonaba el himno nacional para concienciar sobre las diferencias raciales en nuestro país, provocó una conversación a nivel nacional sobre la brutalidad policial y la reforma de la justicia penal, entre otras cosas. Si no hubiese estado entre los mejores del mundo en lo que hacía, a pocas personas les habría importado su pequeño gesto

---

2. Kenneth T. Walsh, «Tom Hanks Is Most Trusted American, Obama Far Behind», *US News and World Report*, 9 de mayo de 2013.

de protesta no violenta. El hecho de que tenga tanto talento y que estuviese jugando a tan buen nivel concedió un peso enorme a sus acciones y creencias. Como resultado, su protesta se convirtió en una historia nacional sobre la que casi todos los norteamericanos han oído hablar.

De manera distinta, la razón por la que me siento más inclinado a creer una información del *New York Times* o del *Wall Street Journal* que algo que le haya leído a un bloguero o en Twitter es que sé que para los periodistas de esas redacciones es muy importante desempeñar bien su profesión. Han trabajado durante años para desarrollar su habilidad y dar con fuentes fiables, contando hechos de una manera clara y precisa, perfeccionando su criterio y escribiendo con talento y rigurosidad. Si una de esas publicaciones me cuenta un tema o un incidente sobre el que merezca la pena saber, les presto más atención.

Con todo, la mayoría de nosotros no conoceremos nunca a LeBron James, Tom Hanks o Adele. Pero la descomunal influencia de figuras como éstas es la prueba de la conexión entre la ética del trabajo y la persuasión. Pero sólo porque muchos de nosotros nunca vayamos a jugar en la NBA o a ganar un Óscar no significa que no podamos alcanzar un nivel de excelencia y rigor en lo que hacemos.

Cuando te tomas tiempo para abordar una tarea con talento y esforzándote constantemente por mejorar, los otros lo pueden ver. Y en muchas situaciones, esa inconfundible competencia hace que la gente se sienta mucho más dispuesta a creerte y a tomar en serio tus opiniones.

A eso me refiero cuando hablo de cultivar habilidades: *una forma de abordar el trabajo que persigue la excelencia y la mejora.*

Por desgracia, la idea de cultivar habilidades es un anatema para muchos de los planteamientos de trabajo más populares hoy en día. Basta con fijarse en la popularización del *life-hacking*. Esta filosofía invita a adoptar atajos para aumentar la productividad con el mínimo esfuerzo. Allí donde mires ves gente dando consejos sobre cómo maximizar tu eficiencia eliminando tareas innecesarias. Esto significa utilizar plantillas para enviar correos electrónicos, escuchar libros en formato audio mientras te tomas tu tazón de avena por la mañana, o aprender un método más rápido para doblar tu colada. Algunas de estas cosas pueden ser útiles, no lo pongo en duda. Y, a veces, minimizar la cantidad de tiempo que inviertes en las tareas cotidianas concederá más espacio a actividades más importantes y que requieren más talento.

Por ejemplo, mi buen amigo Tim Ferriss es un maestro en aumentar su eficiencia de formas que hagan su vida más gratificante. De hecho, es un ejemplo sobresaliente del tipo de mentalidad de cultivo del talento por la que abogo. Entre mis conocidos, Tim destaca por su capacidad para descomponer tareas complejas de forma que le permita dominarlas rápida y profundamente –ya sea cocinar, hablar un idioma, bailar o el kickboxing chino–.[3] Está constantemente persiguiendo adquirir nuevas habilidades, y sus ideas y logros son una gran inspiración.

El *life-hacking* es algo diferente. La palabra *hack* procede del mundo de la tecnología donde, de acuerdo con una definición, significa «una solución no elegante para un problema». En este sentido, un *hack* hace el trabajo, pero de forma ineficiente, no óptima y fea».[4] Un *hack* puede ser bueno puntualmente. Y puede salvarte el culo cuando te has metido en un lío. Pero no creo que sea una forma de vivir.

Al final, la idea que subyace en esta filosofía es que cada segundo de tu vida consciente debe ser usado tan eficientemente como sea posible. Somos algo más que abejas obreras –somos personas con pasiones, valores, propósitos y alma–. Sustituir esas fuentes de significado por algo tan frío y mecánico como la eficiencia y la productividad es descorazonador. ¿A quién creerías antes: a la persona que siempre está buscando un atajo ingenioso o a la persona a la que no le importa trabajar un poco más cuando la situación lo requiere?

En el otro extremo del espectro, tenemos un montón de gurús empresariales que te dirán que. si quieres que tu *startup* tenga éxito, el

---

3. Tim Ferriss, «How to Breakdance 101: Unleash Your Inner B-Boy», 25 de octubre de 2009, https://tim.blog/2009/10/25/how-to-breakdance-101;Tim Ferriss, «How to Lose 30 Pounds in 24 Hours: The Definitive Guide to Cutting Weight», 18 de enero de 2008, https://tim.blog/tag/dehydration.
4. «Hack», *Techopedia*, www.techopedia.com/definition/27859/hack-development

único secreto es invertir tanto tiempo y trabajo como puedas: mortificarte. Esto también puede estar vinculado a lo que Malcolm Gladwell llama la «regla de las diez mil horas»: que lleva diez mil horas de práctica dominar una habilidad (es decir, unos noventa minutos al día durante veinte años). Tim Ferris argumentaría que, incluso, si los datos dicen que son diez mil horas para la mayor parte de las personas, muchas personas aprenderían las cosas de forma incorrecta –o, como diría, por el camino *largo*–. Ferris argumenta que la calidad de la práctica es mucho más importante que la cantidad.

De nuevo, hay cierta verdad en ambas formas de pensar. Sin horas de práctica, nunca serás bueno en nada. Y sí, levantar un negocio requiere una gran inversión de tiempo. Pero concentrarse únicamente en eso es un error. Sólo porque trabajes durante muchas horas no significa que vayas a estar más cerca de tu objetivo. De hecho, a veces llegar temprano y marcharte a medianoche es una completa pérdida de tiempo si no empleas bien esas horas.

Sin embargo, es común que los nuevos emprendedores sientan que están haciendo algo mal si no están ocupados durante todo el tiempo. Eso puede conducir a trabajar compulsivamente tanto como sea posible –no para lograr el éxito, si no por el hecho de mantenerse ocupado. El emprendedor y escritor Nat Eliason llama a este tipo de actitud *struggle porn* un fenómeno que describe como «una obsesión masoquista por llevarte al límite, escuchar a la gente decir lo duro que trabajas y transmitir lo mucho que estás trabajando». Señala que esto puede tener consecuencias realmente horribles. Puede llevar a los propietarios de los negocios a gastar una fortuna en mantener a flote su proyecto durante mucho tiempo después de haberse demostrado que es un fracaso. Confunden su trabajo duro con el éxito y el progreso, incluso aunque su compañía no esté yendo a ninguna parte.[5] Piensan que, si trabajan aún más duro, lo sacarán adelante. Pero no. El culto al trabajo por el trabajo es un error.

---

5. Nat Eliason, «No More 'Struggle Porn'», *Medium*, 18 de octubre de 2018.

No es probable que te dé confianza una persona que pasa cada hora disponible únicamente concentrado en hacer crecer su negocio, o en maximizar sus ingresos. Con personas así, es fácil tener la sensación de que sólo miran por sí mismas, y que te dejarían en la estacada si eso las hiciese estar un poco más cerca de su siguiente objetivo.

También está la persona que trabaja horas y horas como forma de mostrar su valía y estatus a quienes lo rodean. Nunca dejan pasar la oportunidad de embarcarse en un nuevo proyecto, y encuentran una perversa satisfacción en expresar lo estresadas, faltas de sueño y hasta arriba de compromisos que están. Parece que, para ellas, estar ocupadas sea la recompensa en sí misma ya que todo el mundo a su alrededor sabe lo ocupadas que están.

Si trabajas en una oficina, te habrás encontrado a menudo con esta clase de persona. Sea lo que sea lo que piensas de estos individuos, no son persuasivos. De hecho, tienden a contagiar su estrés e inseguridad a los demás, haciendo que se aparten de ellos, en lugar de acercarse.

Cultivar una habilidad se encuentra entre estos dos extremos, en un saludable término medio. Tu objetivo debe ser sortear todas estas trampas desarrollando una forma equilibrada de abordar el trabajo que persiga hacer las cosas bien y con solvencia. Sin exagerarlo hasta el punto de la obsesión monomaniaca o el *truggle porn*, pero sin estar siempre buscando atajos. Y el primer paso para ello es adoptar una mentalidad basada en la habilidad.

Adoptar una mentalidad de cultivo de las habilidades

Mientras que la mentalidad basada en las tareas sitúa el foco en lograr que las cosas se hagan, sin importar el proceso, una mentalidad de cultivo de las habilidades valora el proceso tanto como el resultado final.

La diferencia entre el planteamiento basado en las tareas y el basado en el cultivo de las habilidades es la diferencia entre aprender una receta sencilla o estudiar los fundamentos de la cocina; entre empollar para un examen o dominar un área de conocimiento; entre contar calorías o adoptar una dieta equilibrada y saludable.

De hecho, el concepto de cultivar habilidades está en el tuétano de la persuasión conmovedora. Este planteamiento se abstiene de usar trucos y atajos (estrategias basadas en las tareas) en favor de una persuasión que es fruto de los hábitos profundamente interiorizados y los rasgos de carácter (las habilidades). Una vez que has adoptado una perspectiva de cultivo de habilidades, cambiará la forma en la que abordes cualquier tipo de proyecto. Dejarás de enfocarte solamente en los resultados y empezarás a ver las actividades en función de las habilidades necesarias para hacerlas bien.

Digamos que estás interesado en perder algunos kilos antes de hacer una escapada a la playa que tienes prevista. Desde esta perspectiva, tu objetivo es tener un aspecto concreto y el camino para lograrlo es irrelevante. Pero, si adoptas una mentalidad centrada en las habilidades, cambiará por completo la naturaleza del proyecto. La pregunta ya no será: «¿Cuál es la forma más rápida para perder peso?», sino: «¿Qué necesito hacer para estar en forma»?. Ponerse en forma es algo que requiere habilidades –como entender cómo tu cuerpo reacciona a la comida y el ejercicio, incorporar actividad física a tu rutina, o preparar y comer platos nutritivos y hacerlos de una forma adecuada–. El *fitness* en sí mismo es la habilidad del cuerpo para funcionar correctamente.

Si te planteas el proyecto de esta forma, no sólo tendrás mejor aspecto cuando vayas a Maui, además, estarás más sano, más en forma y más fuerte. Habrás adquirido habilidades que luego podrás aplicar en otro tipo de situaciones. Debe de haber formas más rápidas de perder peso, pero nunca te arrepentirás de invertir el tiempo extra necesario para lograr mejoras más profundas y que conlleven beneficios más sustanciales que tener un buen cuerpo para lucir en la playa.

Digamos que tu jefe te encarga un proyecto que requiere que utilices un nuevo *software* que todavía no dominas. Podrías pasarle esa parte del proyecto a un compañero experto en ese programa (algo que probablemente yo haría). Pero también puedes ver la situación como una oportunidad para desarrollar una nueva habilidad. Esto puede significar llegar temprano para ver tutoriales sobre ese *software* en YouTube, o llevarte trabajo a casa el fin de semana para aprender a través de la técnica ensayo-error. De nuevo, ésta no es la forma más directa de que el trabajo esté hecho. Pero, al final, habrás desarrollado una nueva habilidad que, tal vez, te sea útil de formas que aún no has previsto.

Cuanto más te apoyes en las habilidades para abordar los proyectos, y no en los *hacks*, los parches o en trabajar hasta la extenuación, más interiorizarás esas habilidades. Cuando esto suceda, dejarás de depender de procedimientos conscientes y serás capaz de actuar instintivamente, utilizando tu criterio inconsciente para guiar tu comportamiento.

Piénsalo: después de que una pianista haya practicado durante años para aprender a tocar su instrumento con virtuosismo, puede dejar que la música emane de ella sin pensar. Los aspectos técnicos de su actuación le salen de forma automática. Así de eficiente es. Pero es el tipo de eficiencia que no va en detrimento de una gran calidad.

Igual de importante es que alguien que aborda los proyectos con una mentalidad de cultivo de las habilidades está mostrando cierto carácter. Están mostrándose como la clase de persona que valora hacer las cosas de forma adecuada, incluso aunque implique invertir un tiempo y un esfuerzo extra. Este tipo de carácter te hace inherentemente más confiable e influyente.

El «cómo», y no solamente el «qué»

Para explicarlo con claridad, la mentalidad basada en el cultivo de las habilidades tiene que ver con valorar la forma en que se hace algo tanto como el resultado. Tiene que ver por igual con el «cómo» y con el «qué». Y los beneficios persuasivos de esta forma de pensar no sólo afectan a las personas. De hecho, en los últimos años, las marcas han reconocido que su influencia en los consumidores depende mucho de la forma en la que hacen negocios y no sólo en ofrecer un producto o un servicio consistente.

Esto explica la irrupción en el mercado de productos obtenidos de una forma ética, sostenible y basados en políticas de comercio justo. Patagonia, por ejemplo, resume su misión de esta forma: «Hacer el mejor producto, no causar daño innecesario, y utilizar el negocio para inspirar e implementar soluciones a la crisis medioambiental».[6] Por su parte, Apple ha firmado un gran acuerdo para fabricar sus nuevos ordenadores con aluminio 100 % reciclado y emplear solamente fuentes de energía renovables.[7]

Incluso Walmart, una compañía que para muchos es la encarnación de la eficiencia a bajo coste, está poniendo mayor énfasis en cómo hacen las cosas. La marca ha establecido importantes objetivos para reducir sus emisiones de gases de efecto invernadero, reducir los residuos que generan sus operaciones y abastecerse de productos de una forma responsable.[8]

De lo que se han dado cuenta estas marcas es que la forma en que hacen los negocios influye tanto en la decisión de compra de los consumidores como lo que están vendiendo. Desde luego, habrá una manera más barata, rápida y eficiente de fabricar un producto. Pero al mostrar la voluntad de hacer las cosas adecuadamente, un número cada vez mayor de marcas están mostrando algo sobre ellas mismas a lo que saben que los consumidores responderán.

El arte de vivir habilidosamente

Entonces, ¿cómo aplica uno este planteamiento de cultivo de las habilidades al trabajo? La verdad es que un día no tiene tantas horas. Y salvo que seas Leonardo da Vinci, convertirte en un maestro en todo lo que

---

6. «Company Info», Patagonia, www.patagonia.com/company-info.html
7. Jon Porter, «The New MacBook Air and Mac Mini Are Made of 100 Percent Recycled Aluminum», *The Verge*, 30 de octubre de 2018; Nick Statt, «Apple Says It's Now Powered by 100 Percent Renewable Energy Worldwide», *The Verge*, 9 de abril de 2018.
8. Walmart, «2018 Global Responsibility Report».

haces no es un objetivo realista. Afortunadamente, el tipo de forma de vida basada en las habilidades por la que abogo no requiere que seas un virtuoso en todo, sino que abordes los proyectos con el objetivo de adquirir y mejorar tus habilidades. Quizá sólo llegues a ser un violinista del montón o un cocinero aceptable. Pero, mientras persigas mejorar tu competencia con estos talentos cada vez que los ejercites, habrás tenido éxito en abrazar una perspectiva basada en las habilidades.

Si merece la pena hacer algo, merecerá la pena hacerlo bien. Y lo que signifique «bien» sólo puede aprenderse sumergiéndose y comprometiéndose con la actividad, con concentración y determinación, en lugar de intentar simplemente acabarlo.

Hay distintas estrategias para poner esta idea en acción.

Práctica deliberada

Tal vez la parte más fundamental de adquirir cualquier habilidad es aprender a comprometerse con lo que el psicólogo Anders Ericsson llama «la práctica deliberada». Se trata de un tipo de práctica enfocada y sistemática diseñada para sacarte de tu zona de confort. Es lo contrario a repetir las cosas de memoria o, simplemente, perder el tiempo.

Coger una guitarra e improvisar sin pensar no es una práctica deliberada. Centrar toda tu atención en un *lick* que no acaba de encajar, darte cuenta de que lo has tocado mal y corregirlo conscientemente, eso sí es una práctica deliberada.[9]

Una parte importante de la práctica deliberada es aprender cuándo parar. En tanto que esta práctica exige un gran nivel de energía y concentración, es mejor hacerlo en pequeñas dosis. Si lo haces durante demasiado tiempo, puede aparecer la fatiga y empezarás a volverte descuidado. Así que intentar estar conectado durante tantas horas como sea posible en el período más corto de tiempo es un error. Cuando sientas que empiezas a desconcentrarte, déjalo.

---

9. K. Anders Ericsson, Michael J. Prietula, y Edward T. Cokely, «The Making of an Expert», *Harvard Business Review*, julio-agosto de 2007.

Cultivar una habilidad durante dos años

Es muy sencillo. Si quieres vivir una vida que se defina por la competencia, necesitas seguir aprendiendo. Y una forma de hacerlo es intentando adquirir una nueva habilidad importante cada año. No importa si es la fotografía, surfear o hacer punto de cruz. Lo que importa es que estés genuinamente motivado para aprenderlo –no dominarlo–, pero sí aprenderlo.

De nuevo, Tim Ferriss es un gran ejemplo de ello. Ha convertido la adquisición habitual de nuevos talentos en una forma de vida. Y ésa es la principal razón por la que tiene seguidores tan devotos. Incluso la gente que no siempre está de acuerdo con él se lo toma muy en serio. Y eso es porque muestra un alto nivel de seriedad en todo lo que emprende.

Si haces esto durante el tiempo suficiente, y con suficientes actividades, te resultarán familiares los patrones mediante los que se adquieren nuevas habilidades, lo que, a su vez, hará que seas mejor aprendiendo y te ayudará a convertirte en una persona más habilidosa en distintos ámbitos de tu vida.

La mayor dificultad que hay que superar es ese período inicial en el que lo haces fatal. Si adquieres el hábito de aprender nuevas habilidades regularmente, acabarás por ver esos frustrantes primeros días como una parte inevitable del proceso, y no lograrán desanimarte.

Mi experimento con «la dulce ciencia»

Mi reciente aventura sobre el ring de boxeo ofrece un útil ejemplo de los beneficios que puede reportar adquirir nuevas habilidades regularmente. Este deporte empezó a interesarme hace al menos un par de años, y esperaba dominarlo rápidamente. ¿Cómo de difícil podía ser? Al fin y al cabo, se trata de dominar seis golpes: el *jab*, el cruzado, el gancho de izquierdas y de derechas, y el *uppercut* de izquierdas y de derechas.

Capté la técnica después de algunos meses de trabajar con un entrenador, y fui a mi primer combate con un *sparring* lleno de confianza y con lo que pensaba que era una buena estrategia. Pero como Mike Tyson dijo una vez, «Todo el mundo tiene un plan hasta que le dan un puñetazo en la boca».[10]

En mi caso, el problema no fue que me pegasen, de hecho era el contrario. A diferencia de lo que les sucede a otras personas, no me importaba que me golpeasen, pero tendía a acercarme a mi adversario demasiado rápido. Era un boxeador bravo, pero sin las habilidades necesarias. Eso suavizaba mis golpes, ya que, efectivamente, estaba demasiado cerca de mi rival para golpearlo eficazmente. En consecuencia, me hacía vulnerable. Y, normalmente, en el tercer asalto, más o menos, ya había recibido más puñetazos de los que había propinado.

Mi error fue apoyarme demasiado en mi virtud innata (que no me importase ser golpeado) en lugar de tomarme el tiempo necesario para trabajar en las técnicas fundamentales que manaban de mí de forma natural (como el movimiento de pies o la esquiva). Pensaba que había encontrado el camino fácil. Fue una forma muy dolorosa de aprender el valor de hacer las cosas de la manera correcta.

Actualmente, trabajo con mi entrenador para perfeccionar mis golpes, mis bloqueos, mi movimiento de pies..., en otras palabras, me he concentrado en los aspectos fundamentales y en las habilidades. Me estoy volviendo mucho mejor técnicamente. Me ha empezado a parecer más fácil entrenar de la manera adecuada y mantener el control mental, incluso cuando me agito durante las sesiones de *sparring*. A medida que las habilidades básicas se van integrando más y más en mi naturaleza, también mejoro mi capacidad para improvisar y reaccionar a un desarrollo de combate imprevisto. Juzgo cada sesión en función de si he perfeccionado o no mis habilidades. Y esto va a llevarme muchos más años de trabajo.

He aprendido que la sabiduría que he adquirido al comprometerme con este tipo de práctica deliberada en el boxeo es aplicable al aprendizaje de una habilidad en un ámbito totalmente distinto. Por

---

10. Mike Berardino, «Mike Tyson Explains One of His Most Famous Quotes», *Sun-Sentinel*, 9 de noviembre de 2012.

ejemplo, el boxeo me ha enseñado cómo mantener la disciplina incluso cuando siento dolor y estoy incómodo; cómo no desanimarme cuando algo no me sale de forma natural, y cómo consejos que pueden parecer estúpidos y pasados de moda al escucharlos por primera vez pueden volverse indispensables una vez que acumulas cierta experiencia. Estas lecciones no son sólo aplicables al boxeo, sino a todo.

Si te acomodas, no hay crecimiento.

Pasiones, no aficiones

Si tienes una afición a la que ya has dedicado un montón de tiempo, deja de considerarla como una diversión e intenta comenzar a pensar en ella como una pasión –un conjunto de habilidades o conocimientos que valorar por sí mismos y que te esfuerzas en mejorar–. En lugar de usar esta actividad para pasar tiempo placenteramente, trátala como un ejercicio que requiere una práctica deliberada.

Quizá te guste jugar al baloncesto en el parque los fines de semana, pero rara vez inviertes tiempo en mejorar tus tiros libres o de tres. Todo lo que se necesita para convertir ese pasatiempo en un auténtico talento son treinta minutos extra de práctica deliberada antes o después del partido. Si juegas al póquer con tus amigos una vez al mes y te encanta, deja de considerarlo una actividad social ocasional y dedica algo de tiempo a estudiar las estrategias, pide consejo a jugadores mejores que tú y trata de mejorar tu juego cada vez que te sientes a la mesa. Quizá incluso puedas aprender a contar cartas.

De manera similar, si eres un fan casual de un grupo de música o de un director de cine concreto, trabaja para convertirte en un experto. Lee todas las críticas que caigan en tus manos y busca obras raras que no hayas escuchado o visto antes. De esta forma convertirás una diversión ocasional en un compromiso con esa habilidad, algo que siempre resulta mucho más satisfactorio.

La calidad por encima de la cantidad

Es un cliché, lo sé, pero resulta que es cierto: es mejor hacer unas pocas cosas competentemente que ser terrible haciendo un montón de ellas.

En la práctica, esto significa abstenerse de hacer tareas que sabes que no tienes tiempo para llevar a cabo con la habilidad y la concentración necesarias, o que no contribuyen a que mejores de forma real. Esto no siempre es posible.

Por ejemplo, mucha gente se siente obligada a hacer voluntariado o comprometerse con pequeñas tareas en el trabajo, incluso aunque esas actividades no sean esenciales para su posición. Como resultado, su atención se va repartiendo entre pequeñas parcelas, diluyendo la calidad general del trabajo que hacen e impidiendo que perfeccionen las habilidades que realmente les importan.

En lugar de eso, aprende a estar cómodo diciendo que no a cosas que no sean esenciales para tus grandes metas, ya sean personales o profesionales. Esto puede significar escoger no ser la decimocuarta persona en una reunión que realmente no es importante para tus proyectos actuales, o no responder a cada cadena de correos electrónicos que aparezca en tu bandeja de entrada. Usa ese tiempo extra para ejecutar tu trabajo real con concentración, cuidado y habilidad.

Respetar los hechos

Cuando se trata de persuadir, una de las habilidades más importantes que puedes desarrollar es manejar los hechos hábil y responsablemente. Las personas que son conocidas por entender las cosas correctamente, y que destacan por saber separar la información buena de la mala, son más creíbles y, en consecuencia, más influyentes. Cuando hablan, la gente escucha, porque sabe que lo que están diciendo probablemente sea verdad.

En cambio, alguien que trata los hechos descuidadamente es poco fiable, casi por definición. No es casualidad que, cuando los abogados defensores están tratando de menoscabar la historia de un testigo, busquen pequeñas incoherencias en su testimonio. Al hacerlo, los abogados intentan señalar que el testigo es alguien que no posee el debido respeto por la exactitud factual y que no merece la pena escucharlo.

Aprender a tratar los hechos con un alto nivel de respeto requiere práctica consciente. Concretamente, exige una actitud vigilante que trate la mayor parte de la información como sospechosa hasta que uno mismo pueda comprobarla. Ser riguroso con la información factual también significa desarrollar las habilidades de un buen investigador. Si vas a citar una estadística o a emplear un ejemplo histórico en una conversación, asegúrate de que has hecho el trabajo necesario para determinar que lo que estás diciendo es realmente cierto.

Un desliz incluso en un aspecto aparentemente trivial de un dato puede tener serias repercusiones en tu reputación y, por lo tanto, en tu capacidad de persuasión. Sólo porque una pieza de información no sea importante para ti no significa que no lo sea para tu audiencia. Y si alguien de tu audiencia está mejor informado que tú sobre cierto tema y se da cuenta de que te equivocas un poco respecto a algo importante, él o ella rápidamente se quedará con la impresión de que eres alguien que no le da importancia a la verdad. Esa impresión te pondrá en una situación de gran desventaja si tu objetivo es convencer.

La mayor parte del tiempo, esta diligencia no será evidente, permanecerá completamente entre bambalinas. Pero esa ocasión en la que alguien, en una reunión, te haga una pregunta comprometida o sorprendente, estarás preparado para darle detalles. Te habrás granjeado una merecida reputación de alguien que sabe de lo que está hablando.

⊙ RESUMEN

Gravitamos alrededor de personas que son buenas en lo que hacen. Confiamos en ellas, les pedimos consejo y seguimos su liderazgo. Cuando expresan una opinión, nos la tomamos en serio. Esto se debe a que, cuando valoras la calidad y abordas tus tareas con pericia y concentración, revelas algo sobre tu carácter que, una vez se ha visto, inconscientemente te otorga una enorme influencia a ojos de los demás.

En consecuencia, desde el punto de vista de la persuasión, la mejor forma de abordar cualquier proyecto, ya sea grande o pequeño, es planteárselo en términos de las habilidades que requiere hacerlo adecuadamente, y comprometerse a desarrollar y mejorar esos talentos.

Esto es, de forma resumida, el cultivo de las habilidades. Y te permitirá lograr un equilibrio importante entre el *life-hacking* y la masoquista filosofía de trabajo del «más es más es más» que tanta gente sigue ciegamente.

Puedes adoptar este planteamiento basado en las habilidades mediante:

1. La práctica deliberada.
2. Dos años de cultivo de la habilidad.
3. Teniendo pasiones, no aficiones.
4. Valorando la calidad sobre la cantidad.
5. Respetando los hechos.

Con el tiempo, el compromiso y los altos estándares de calidad que mostrarás te definirán a ojos de los demás.

Si puedes conseguir eso, no sólo tendrás más habilidades, sino que también conseguirás más influencia.

Capítulo 11

Personal Jesus

Si mi mente puede concebirlo y mi corazón puede creerlo, entonces, puedo conseguirlo.

MUHAMMAD ALI

La persuasión es el arte de influir en las acciones y creencias de los otros. Hay muchas formas de hacerlo: puedes intimidar a las personas, pagarles, asustarlas, apelar a sus intereses o culpabilizarlas. Pero no hay mejor motivación en el mundo que la inspiración.

Cuando nos sentimos inspirados para lograr un objetivo o tomar una posición, no estamos meramente motivados, sino de una forma viva, placentera y energizante. La inspiración nos llena con una sensación de posibilidad y nos brinda la determinación para llevarnos más allá de nuestros límites. Nos mueve a ser mejores de lo que somos. Alimenta el alma.

Si lo miras detenidamente, muchos de los proyectos que nos proponemos en la vida empiezan con un momento de inspiración. La razón por la que aprendí a tocar un instrumento musical fue lo que sentí después de haber escuchado los *riffs* del bajo de «Love Will Tear Us Apart» de Joy Division. Sencilla. Memorable. Para mí, bella. Me dedico a la publicidad no por razones pragmáticas, sino porque de niño me encantaba el «Oh, yeah!» del personaje de Kool-Aid –esa jarra antropomórfica con una sonrisa en la cara que tiraba abajo las paredes y destrozaba tu maldita casa–. Los niños gritaban: «¡Eh, Kool-Aid!», y él aparecía con su agua roja azucarada. Yo quería formar parte de esa magia que entraba en las casas de la gente derribando paredes con los dibujos animados.

Y cuando alguien inspirador nos pide que hagamos algo, es muy fácil decir sí. Si Jon Stewart se presentase en mi despacho ahora mismo y me pidiese que le prestase mi coche, le daría las llaves.

Esforzarse para ser inspirador en tu día a día es una de las estrategias más poderosas para convertirse en una persona persuasiva. No hay una sola forma de volverse inspirador –como evidencia lo muy diversas que son las personas que nos inspiran–. Y, en cierto sentido, cada hábito y rasgo de carácter que se ha tratado en este libro te ayudará a ser más inspirador. Si trabajas para ser más generoso, respetuoso y habilidoso contando historias, tendrás un carácter que a muchos les parecerá que pueden tomar como inspiración. Pero inspirar a los demás también está relacionado con vivir una vida acorde a unos principios, mover a los demás a cuestionar sus prejuicios sobre lo que es posible, e incluso hacer algunas cosas buenas por el mundo.

Ser inspirador no significa que nunca cometas errores. Todos somos humanos, a fin de cuentas. Significa que siempre estás tratando de dar lo mejor de ti mismo para vivir de acuerdo con tus principios.

Cómo funciona realmente la inspiración

Cuando pienso en las figuras más inspiradoras de la historia, ya sea Harriet Tubman o Albert Einstein, hay una característica que destaca: todos ellos mostraron unos principios y una integridad extraordinarios. Es decir, que estaban deseando poner en acción sus creencias, incluso cuando hacían cosas que no eran populares y que ponían en riesgo sus intereses inmediatos. Y, al hacerlo, eran capaces de cambiar la forma en que pensaban y actuaban los que estaban a su alrededor.

Como boxeador, era una maravilla contemplar a Muhammad Ali –una sobrehumana y brillante combinación de técnica, *timing*, velocidad, precisión y puro talento–. Pero el auténtico motivo por el que nos inspira tiene que ver con lo que hizo fuera del ring a finales de la década de 1960 y principios de la de 1970. En 1966, dos años después de ganar el campeonato del mundo de los pesos pesados con veintidós años, Ali se negó a ir a la guerra de Vietnam. Objetó tanto por motivos religiosos –era musulmán practicante– como porque le parecía que la guerra no se ajustaba a sus principios morales.

En los años siguientes, fue condenado por no responder al reclutamiento y sentenciado a cinco años de cárcel. La mitad del país no lo veía como el íntegro objetor de conciencia que era, sino como un cobarde. A pesar de que pudo quedar libre mientras su sentencia era apelada, perdió su licencia para boxear en todos los estados. Se le retiró el pasaporte, para evitar que pelease fuera del país. Y se le desposeyó de su título de los pesos pesados.

La fortaleza que demostró Ali para sobreponerse de la forma en que lo hizo es asombrosa. Era un hombre en la cima de sus capacidades boxísticas al que se le denegaba el derecho a practicar su profesión. Podía haberse doblegado, poner buena cara y hacer lo que las autoridades querían que hiciese, si no por sí mismo, por su familia. Pero no lo hizo. En su lugar, vio pasar su momento de plenitud atlética mientras esperaba a que su apelación siguiese los lentos cauces del sistema judicial. No fue hasta 1971 cuando el Tribunal Supremo, finalmente, revocó su condena en una votación unánime.[1] Había estado fuera del boxeo durante cuatro años.

Y hasta 1974, cuando ya tenía treinta y dos (bastante viejo para un boxeador en los setenta, especialmente uno que se apoyaba tanto en su velocidad y en su agilidad como Ali), no volvió a ganar el cinturón de los pesos pesados en un histórico combate contra el boxeador de veinticinco años George Foreman en Kinshasa, Zaire.[2] Quién sabe lo que podría haber logrado como boxeador si se le hubiese permitido ejercer su profesión a sus veintitantos.

---

1. Andrew Wolfson, «Muhammad Ali Lost Everything in Opposing the Vietnam War. But in 1968, He Triumphed», *USA Today*, 19 de febrero de 2018.
2. Jim Weeks, «How Muhammad Ali Stunned the World at the Rumble in the Jungle», *Vice Sports* 29 de junio de 2017.

Ali se mantuvo fiel a sus principios no sólo cuando era fácil, sino también cuando sabía perfectamente que podía costarle su sustento e incluso su libertad. Dijo en repetidas ocasiones que estaba dispuesto a ir a la cárcel si era lo que los tribunales decidían. Tuvo que pasar años sin apenas poder ganar dinero. Y en lugar de huir en secreto a otro país, se mantuvo ante la mirada pública, hablando sobre sus ideas e inspirando a otros a tener el coraje de defender sus convicciones. Con el paso del tiempo, la historia se ha puesto de parte de Ali, pero en aquel momento buena parte del país no valoraba sus ideas.

Si hubiese cedido y hubiese dicho lo que tenía que decir para conservar su licencia de boxeo y mantenerse fuera de la cárcel, pocas personas responsables lo habrían culpado. Hubiésemos pensado «en su lugar, probablemente, yo hubiese hecho lo mismo». Que se mantuviese fiel a sus principios elevó el listón para todos los demás. Gracias a Ali, el resto del mundo tuvo una excusa menos para tomar el camino fácil cuando nuestros valores eran cuestionados. Comprometer nuestros principios se volvió un poco más difícil.

Esto es lo que pueden conseguir las figuras inspiradoras. Esta gente puede empujarnos a ir más allá de nuestros límites naturales, y darnos la fuerza y la motivación para mejorar. Asimismo, pueden persuadirnos para que seamos nuestro yo más decidido.

Romper el efecto del espectador pasivo

Esta clase de compromiso con los principios puede ser extraordinariamente efectivo a la hora de influir en el comportamiento de las personas. Y, en muchos casos, para inspirar una oleada de cambios y sacar a las personas de lo que los psicólogos llaman el «efecto del espectador pasivo», lo único que se necesita es una persona.

El efecto del espectador pasivo fue estudiado originalmente por los psicólogos John M. Darley y Bibb Latané a finales de los años sesenta. Su investigación surgió como respuesta al asesinato en Queens (Nueva York), en 1964, de Kitty Genovese, una joven de veinticuatro años.

Genovese fue brutalmente violada y apuñalada una noche frente a su apartamento. Se dijo entonces que docenas de personas habían admitido haber visto el ataque o, al menos, haberlo escuchado, y no haber sido capaces de detenerlo o de llamar a la policía.[3]

Ese relato resultó ser exagerado. De hecho, dos personas llamaron a la policía. Pero la versión falsa de la historia llamó la atención de la nación y centró el debate en una pregunta: ¿por qué nadie intervino?

Ésa fue la pregunta que Darley y Latané se plantearon en sus experimentos. Los investigadores formularon la hipótesis de que cuantas más personas están presenciando una crisis, es menos probable que una de ellas dé un paso al frente y haga algo al respecto. Y eso fue exactamente lo que demostró su investigación.

En un experimento, un estudiante universitario fue invitado a participar en una discusión sobre los problemas personales y la vida en la facultad. Durante la conversación, otro participante, que formaba parte del experimento, fingía tener algún tipo de convulsión. El objetivo del ejercicio era ver si el primer estudiante ayudaba al que padecía las convulsiones y, en caso de hacerlo, cuánto tardaba. Más que en eso, el estudio se fijaba en cómo las respuestas cambiaban dependiendo del número de personas que formasen parte de la escena.

Los estudiantes estaban mucho más dispuestos a ayudar –y a hacerlo rápidamente– cuando nadie más estaba viendo el ataque. Cuanto mayor era el grupo de testigos, menos dispuestos a actuar parecían los estudiantes. Y aquellos que intentaban ayudar esperaban más para hacerlo cuanto mayor era el grupo.[4]

En otras palabras, cuando formamos parte de una multitud, es mucho más fácil para nosotros permanecer quietos –como espectadores– en situaciones que requieren que alguien actúe. Esto es cierto incluso cuando no actuar implica violar nuestro sentido común y nuestros

---

3. Stephanie Merry, «Her Shocking Murder Became the Stuff of Legend. But Everyone Got the Story Wrong», *Washington Post*, 29 de junio de 2016.
4. John M. Darley y Bibb Latané, «Bystander Intervention in Emergencies: Diffusion of Responsibility», *Journal of Personality and Social Psychology* 8, 1968: 377-383.

principios éticos más básicos, como: «Si alguien tiene un problema, debería ayudarlo».

Según Darley y Latané, una posible causa del efecto del espectador pasivo es lo que se conoce como «dispersión de la responsabilidad». Cuando hay muchas personas a nuestro alrededor, sentimos que nuestra propia obligación de ayudar es menos potente, lo que nos hace estar más dispuestos a permanecer sentados y no hacer nada. De forma parecida, la culpabilidad por no haber hecho nada también se diluye entre el grupo.[5] Pensamos: «Si nadie hace nada, ¿por qué debería hacerlo yo?».

Estos hallazgos son condenadamente tristes. Pero hay un hilo de esperanza y es éste: cuando una persona se levanta y actúa, hace mucho más difícil para el resto permanecer como espectadores. En serio, lo único que hace falta es que una persona rompa el hechizo de la dispersión de la responsabilidad y haga que los demás se sientan obligados a echar una mano. Y ése es exactamente el papel que desempeñan las personas inspiradoras.

Puedes ver esta dinámica en acción donde quiera que mires. Por ejemplo, si una persona que no pasa por su mejor momento está pidiendo dinero en el metro, a veces, nuestro instinto es evitar el contacto visual y negarnos a darle la calderilla, hasta que llega otra persona y le da unas monedas, aunque sean unos céntimos. Entonces notas cómo se abren las compuertas y la gente busca algo de dinero que compartir. Éste es también el motivo por el que las maratones telefónicas de caridad van actualizando la cifra de dinero que los espectadores donan. (Se puede jugar con estas tendencias psicológicas, claro. Por ejemplo, los músicos callejeros perspicaces a menudo ponen su propio dinero en su sombrero antes de empezar, para que dé la impresión de que otras personas ya les han echado algo).

Las personas inspiradoras no nos dicen lo que tenemos que hacer. Nadie necesita que le digan que lo correcto es ayudar a los necesitados

5. Darley y Latané, «Bystander Intervention in Emergencies...».

o proteger el medio ambiente. En lugar de eso, nos mueven a actuar de acuerdo con nuestros principios y a resistirnos a nuestras tendencias más bajas y egoístas, incluyendo nuestra predisposición a ser espectadores.

Eso fue exactamente lo que sucedió en la década de 1950 cuando una costurera negra de Montgomery, Alabama, llamada Rosa Parks rechazó cumplir las leyes de segregación racial de su ciudad –y, más concretamente, la norma que exigía que las personas negras se sentasen en la parte trasera de los autobuses–. Era evidente para todo el mundo lo absurdas e inhumanas que eran aquellas leyes Jim Crow. Pero también era raro que alguien se alzase contra ellas.

El jueves 1 de diciembre de 1955, mientras iba en el autobús de vuelta a casa desde su trabajo en la tienda Montgomery Fair, le pidieron a Parks que le cediese su asiento a un pasajero blanco. La petición era todavía más irritante por el hecho de que Parks ya iba sentada en la zona para gente de color del bus. La zona blanca estaba llena. Así que, con el objetivo de conseguir más asientos para los pasajeros blancos, el conductor le pidió a Parks y a otras tres personas que se levantasen. Parks no iba a hacerlo. Y con una simple respuesta, «hoy no», rechazó ser una espectadora. Éste es el ejemplo histórico con mayor relevancia del poder de un «no».

Como ella misma explicó después, «la gente suele decir que no cedí mi asiento porque estaba cansada, pero no es cierto. No estaba cansada físicamente... No, de lo único que estaba cansada era de ceder».[6]

Su extraordinario acto de desobediencia civil hizo que la arrestasen. Días después fue condenada por desorden público, pero apeló la decisión. Su arresto y su juicio inspiraron un boicot a gran escala del sistema de autobuses de la ciudad que duró más de un año –una protesta ahora legendaria liderada por nada más y nada menos que un Martin Luther King Jr. de veintiséis años–. Y, en 1956, su apelación al Tribu-

---

6. Jennifer M. Wood, «15 Inspiring Quotes from Rosa Parks», Mental Floss, 4 de febrero de 2018.

nal Supremo, que falló a favor de Parks. Ese veredicto condujo a la desegregación del sistema de autobuses de Montgomery y allanó el terreno para la Ley de Derechos Civiles de 1964.[7] Todo porque una sola persona se opuso a las leyes que violaban su propio sentido de la integridad, igualdad y justicia. No era la única persona que podía ver que aquellas leyes eran una atrocidad moral. Pero estuvo entre las pocas que rechazaron permanecer como espectadores. Y, como resultado, ayudó a cambiar la historia.

Otro de mis ejemplos favoritos de principios puestos en acción tiene que ver con el pionero de la bioconstrucción David Gottfried. Después de años trabajando como desarrollador, Gottfried se dio cuenta del gran daño medioambiental que causaban los proyectos de construcción. Vio que la profesión que estaba llenándole los bolsillos también estaba dañando el planeta. Eso sucedió hace veinticinco años, cuando el impacto medioambiental de la construcción era en lo último que los promotores y los arquitectos pensaban cuando comenzaban un nuevo proyecto. Tal vez Gottfried sea, más que ninguna otra persona, quien cambió eso –no sólo en Estados Unidos, sino en el mundo–. Puso sus habilidades y conexiones al servicio de un cambio inspirador.

En 1990, cofundó dos organizaciones: U.S. Building Council y World Green Building Council. Juntos, ambos grupos prendieron la chispa de un movimiento global que quería ayudar a preservar nuestro planeta con edificios sostenibles. Más importante, Gottfried fue quien impulsó los estándares de Leadership Energy and Environmental Design (LEED), un sistema de calificación de la solvencia medioambiental de un edificio basado en diversos factores, desde los materiales y los recursos utilizados en su construcción hasta la eficiencia energética o en el uso del agua, o los efectos en la calidad del aire o en la salud de sus ocupantes.

---

7. «63 Years Ago, Rosa Parks Stood Up for Civil Rights by Sitting Down», CNN, 1 de diciembre de 2018.

La certificación LEED es ahora un requerimiento estándar para cualquier tipo de proyecto de construcción en todo el planeta. De hecho, pueden encontrarse edificios con certificado LEED en ciento sesenta y siete países. Y, cada día, alrededor de dos millones de metros cuadrados de propiedades inmobiliarias reciben esta certificación.[8] En comparación con los demás, los edificios con certificación LEED emiten un 34 % de CO_2 y consumen un 25 % menos de energía.[9]

Es difícil pasar por alto las consecuencias de esto. Muchos de los edificios que construimos ahora durarán generaciones –lo que significa que las decisiones que tomamos hoy tendrán consecuencias a largo plazo para el medio ambiente–. Hay que tener en cuenta que los edificios son responsables del 40 % de las emisiones de CO_2 en nuestro país.[10] Al asegurarnos de que los edificios de hoy utilicen recursos y energías eficientes, y generen una mínima contaminación, podemos lograr un significativo avance en la protección del planeta. Éste fue el cambio que motivó Gottfried.

La determinación de esta persona nos ha brindado beneficios para la salud y el medio ambiente a nivel mundial, y continuará haciéndolo durante siglos. Como Gottfried dijo una vez, «Somos átomos del cambio. Si podemos ser más verdes y hacer más verde nuestra esfera de influencia, lo que significa millones y billones de personas, podemos crear el tsunami de transformación que necesitamos».[11] Esto muestra que no importa cuál sea tu sector o tu profesión, siempre puedes encontrar una forma de hacer el bien a partir de tus talentos, conexiones y el conocimiento que ya posees.

---

8. U.S. Green Building Council, «Up-to-Date, Official Statistics About USGBC Programs», octubre de 2017, www.usgbc.org/articles/usgbc-statistics
9. U.S. Green Building Council, «Benefits of Green Building», www.usgbc.org/articles/green-building-facts
10. U.S. Green Building Council, «Benefits of Green Building».
11. Mairi Beautyman, «Write Your Own Eulogy, Says Father of LEED David Gottfried to a Crowd in Las Vegas», *TreeHugger*, 17 de junio de 2008.

Cuando nadie más está echando una mano o cuidando del medio ambiente, podemos convencernos a nosotros mismos de que está bien no hacer nada. Pero muchos sabemos lo que está bien y lo que no, sólo con ser honestos con nosotros mismos. En nuestras almas, sabemos de sobra cuándo es necesario pasar a la acción. Y cuando una persona responde a esa llamada, es más difícil para los demás quedarnos al margen. Pensamos, «si esta persona puede hacerlo, ¿cuál es mi excusa?».

Así es como las personas inspiradoras ejercen su influencia.

Incluso un publicista puede hacer el bien

Durante gran parte de mi vida adulta me he considerado una persona de principios. He tenido mis creencias y he intentado mantenerme informado de los problemas más acuciantes del mundo. He apoyado a los candidatos en los que he creído y he tenido conversaciones reflexivas con los partidos sobre el estado de nuestra comunidad y de nuestro país. Nunca hice demasiado al respecto –sobre todo porque pensaba que los desafíos actuales eran demasiado grandes para que alguien como yo pudiese incidir en ellos. Pero ésa es la cuestión: vivir una vida basada en los principios no es lo mismo que tener conversaciones reveladoras. Hay una gran brecha entre tener una idea y ponerla en práctica. Como se suele decir, hablar es gratis.

Fue después de trabajar con el vicepresidente Joe Biden durante la campaña de «It's On Us» cuando me di cuenta de esto. No por casualidad, aquel movimiento buscaba combatir el efecto del espectador pasivo animando a todos los norteamericanos a dar un paso al frente y hacer su parte para prevenir los asaltos sexuales en los campus. Nos dimos cuenta de que lo que hacía posible aquellos horribles crímenes era nuestra reticencia a asumir la responsabilidad, salir de entre la multitud y prevenir la violación antes de que sucediese.

En los años que han pasado desde la campaña, he llevado esa idea a otro nivel cofundando una organización llamada Creative Alliance. La idea era reunir a algunas de las empresas más creativas del mundo para ayudar a dar forma a campañas que buscasen crear un cambio social real.

Creative Alliance se centra en cuatro aspectos clave:

1. La lucha contra el odio y la discriminación.
2. La igualdad de género.
3. El acceso a la educación.
4. El compromiso cívico.

Empezamos siendo solamente nueve hace cuatro años. Hoy tenemos más de noventa compañías prestando su talento y experiencia a la organización –incluyendo potencias como CAA, Broadway Video, Comedy Central, MTV y agencias de publicidad increíbles como 72&Sunny, BBH, Subrosa, In Good Co. y Havas. Hemos sido capaces de reclutar a estas organizaciones, en buena parte, rompiendo el efecto del espectador pasivo.

Nuestra presentación a muchas de nuestras compañías asociadas se basa completamente en la inspiración: «Queremos dedicar nuestro tiempo, energía, recursos y experiencia a promover un bien social real, en lugar de sólo vender productos. ¿No te unirías y nos ayudarías a llevar a cabo una campaña sobre algo que te importe?». Cuando le dices a alguien que puede usar sus habilidades para hacer el bien, responde.

Hasta la fecha, hemos encabezado ocho iniciativas que buscaban ayudar a los niños a ir a la escuela, luchar contra la discriminación y promover la igualdad de género.[12] Una de las iniciativas más recientes de Creative Alliance, #VoteTogether, persigue incrementar la participación electoral a través de fiestas, barbacoas y otros eventos junto a los colegios electorales. Queremos animar a los individuos, las familias y las comunidades a ver la participación democrática como una opor-

12. Better Make Room, www.bettermakeroom.org; Stand Stronger, https://committocitizenship.org; The United State of Women, www.theunitedstateofwomen.org

tunidad para reunirnos y celebrar y no como una fuente de división. Nos guiamos por algunos principios inspiradores como: «Propósito antes que provecho», «Colaboración antes que competición» y «Movimientos, no momentos».

Cuando construyes algo desde cero, crear principios fundacionales inspiradores es siempre útil para iluminar el camino a seguir. Si me hubieses dicho hace algunos años que yo podría jugar incluso aunque fuese un pequeño papel en aumentar la escolarización o en la lucha por la igualdad de género, no te hubiese creído. Te hubiese dicho que la gente como yo no tenía el tiempo o el talento para hacer algo así. Es una excusa barata que se convierte en una profecía autocumplida. De hecho, resulta que la gente como tú y como yo podemos hacer cosas como éstas solamente con decidir hacerlas.

Es mi manera de rechazar ser un espectador frente a problemas sociales acuciantes. Y la idea única que sostiene todas esas iniciativas es que cada uno de nosotros puede hacer lo mismo. Todos tenemos la posibilidad de aprovechar nuestras habilidades para hacer algo bueno mientras nos ganamos la vida.

Influir a través de la autoridad personal

Uno de los beneficios de esforzarse habitualmente para poner en acción tus valores es que, con el tiempo, te ganas la reputación de alguien que respalda sus palabras con hechos. Y eso te concede autoridad personal.

Cuando alguien posee ese tipo de autoridad, solemos creer que las decisiones que toma son correctas. Nuestra impresión natural de aquellos que tienen autoridad personal es que son sinceros, bienintencionados y que se preocupan por las causas justas. Si los demás te perciben de este modo, estarán muy inclinados a seguir tu liderazgo cuando expreses una opinión.

Martin Luther King Jr. es el mejor ejemplo de esta dinámica de acción. Fue a causa de su extraordinaria autoridad –ganada con años de liderazgo, estudio y devoción por la igualdad social– que fue capaz de convencer a los miembros del movimiento por los derechos civiles de convertir su causa en no violenta. En aquel período había una gran tentación de luchar esa batalla política por medio de la violencia. Era completamente comprensible, dada la larga historia de subyugación que había padecido hasta entonces la comunidad afroamericana. Pero él solo, King convenció a los activistas de su época para que defendiesen su causa por medios no violentos –incluso aunque a veces ellos mismos padecían una violencia brutal a manos de sus oponentes–. Logró este notable hecho no con argumentos, ni propaganda, o mediante la fuerza, sino ejerciendo su bien merecida autoridad.

El resultado fue uno de los levantamientos políticos no violentos más importantes en la historia de la humanidad. El boicot a los autobuses de Montgomery, la Marcha sobre Washington y la Marcha de Selma siguen siendo modelos de activismo político pacífico imitados en todo el mundo.[13]

Una vez más, éste es un ejemplo elevado de cómo la inspiración puede proporcionar capacidad de influencia. Pero también es un ejemplo de cómo cada uno de nosotros puede aplicarlo en sus propias vidas. Cuando desarrollas la reputación de que actúas de acuerdo con tus principios y que te importa lo que es justo, la gente estará mucho más dispuesta a seguir tu liderazgo y tomarse en serio tu opinión.

Cómo ser inspirador

No hay una sola manera de inspirar a quienes te rodean. Cuando alguien tiene éxito siendo inspirador, siempre tiene mucho que ver con la época y las circunstancias específicas de esa persona. Pero hay ciertas

---

13. «About Dr. King Overview», *The King Center*, www.thekingcenter.org/about-dr-king; Emily Wax, «Martin Luther King's Nonviolent Civil Rights Efforts Still Inspire Across Globe», *Washington Post*, 27 de julio de 2011.

cosas que puedes intentar para desarrollar el tipo de carácter por el que los otros estarán más dispuestos a dejarse inspirar.

Predica menos

Está muy bien hablar sobre los problemas del día. También es la cosa más fácil del mundo, gracias, en gran parte, a nuestras increíblemente sofisticadas tecnologías de la información. Una tarde cualquiera, tu *timeline* de Twitter puede lanzarte a la cabeza todo tipo de opiniones y creencias de alto octanaje, muchas de las cuales serán puro postureo.

Comprometerte de manera activa es mucho más difícil, motivo por el cual no lo ves tan a menudo. Pero la gente que realmente nos inspira es la que levanta su culo y hace su parte para que sus creencias se conviertan en realidad, incluso aunque sea a pequeña escala.

Eso fue lo que hizo David Gottfried con los estándares LEED, y lo que hice yo ayudando a fundar Creative Alliance. Pero no necesitas empezar un movimiento y llevarlo tan lejos para conducirte según tus principios. Poner tus valores en acción puede ser tan sencillo como ayudar con las matemáticas a un niño de tu barrio. Haz lo que quiera que sea que te importe. Y puedes empezar apoyándote en habilidades que ya hayas desarrollado en un ámbito que te sea familiar. Eso incrementa tus posibilidades de éxito.

Una vez que este tipo de compromiso se convierte en parte de quien tú eres, tus palabras tendrán mucho más peso.

Usa tus poderes para hacer el bien

A todos se nos da bien algo. Y una forma de actuar de acuerdo con tus creencias más profundas es imaginar cómo podrías poner tus talentos al servicio de una causa. ¿Eres un escritor talentoso? Entonces acércate a una ONG en la que creas y ofrécete a ayudarlos a redactar un mensaje convincente. ¿Eres un experto en asesoría financiera? Encuentra la forma de compartir tu sabiduría con los miembros menos afortunados de tu comunidad que están teniendo problemas de dinero. Yo soy publicista –alguien que se gana la vida vendiendo cerveza o bálsamos labiales–. Pero también yo fui capaz de usar mis habilidades para incidir en el cambio social.

Sea lo que sea en lo que destaques, sólo asegúrate de que estás haciendo algo que usa esos poderes para mejorar las vidas de los demás y que no sólo están al servicio de tus propios intereses y los de tus empleados. Eso es lo que ha hecho mi colega Josh Coombes, y con un profundo efecto. Hasta hace poco, Josh trabajaba como peluquero en un salón de Londres. Siempre había sentido una enorme compasión por los sintecho de la ciudad, pero consideraba que nada podía hacer para ayudarlos. ¿Cómo podía un peluquero tener un impacto en la vida de los sintecho? Hace tres años tuvo una epifanía que le cambió la vida: ¿y si usase su habilidad como peluquero para mejorar la vida de los más desfavorecidos de Londres? Agarró su mochila, salió a la calle y pasó una hora cortando el pelo a los hombres sin hogar.

Tenía la esperanza de que, al usar sus habilidades de esta forma, infundiría un poco más de confianza a las personas que la necesitaban. Pero pronto aprendió que el corte de pelo era una forma sencilla de conectar a nivel humano, una que le llenaba tanto a él como a quienes les cortaba el pelo. Al hacerlo una y otra vez, se dio cuenta de que sus cortes le brindaban la oportunidad de conocer a la gente y compartir sus pasiones, miedos y preocupaciones. Al acabar cada corte de pelo, tanto Josh como la otra persona se sentían diferentes –un poco más humano, un poco más comprendidos y un poco más colaboradores–. De hecho, cuando te habla de ello, suele acentuar que las experiencias que comparte con los sintecho son tan importantes para él como para ellos.

Empezó a publicar *stories* sobre lo que estaba haciendo en Instagram, con fotografías del antes y el después de los cortes, con el hastag #DoSomethingForNothing (Haz algo a cambio de nada). Así di con él. La idea de usar tus habilidades para mejorar el mundo es algo importante para mí, así que quise conocer mejor a Josh. También quise compartir lo que estaba haciendo con la gente de Mekanism, por lo que me puse en contacto con Josh y lo invité a que hablase en la convención anual de nuestra agencia.

La convención es un evento muy especial para nuestra compañía. Es la única ocasión en todo el año en la que se reúne en el mismo lugar el personal de nuestras cuatro oficinas. Lo vemos como una oportunidad para dar un paso atrás respecto a nuestro trabajo diario, recargar pilas, centrarnos en nuestros grandes objetivos y valores y, sobre todo, inspirarnos. Es muy difícil oír hablar sobre lo que Josh está haciendo y que no te inspire, así que sabía que sería un complemento perfecto para la celebración, que aquel año se llevó a cabo en México. Josh nunca había hablado en un acto, pero le encantó la idea y rápidamente accedió a venir. Nos voló la cabeza.

Desde sus primeras publicaciones en Instagram, los esfuerzos de Josh habían convertido el #DoSomethingForNothing en un movimiento que ha inspirado a muchos otros a seguir su ejemplo. Por ejemplo, la veterinaria Jade Statt ha empezado una iniciativa llamada StreetVet, que anima a las personas sin hogar a cuidar mejor de sus perros ofreciéndoles gratis desde vacunas hasta operaciones.[14] Por su parte, la fotógrafa Tatjana Hoffman ha fundado There Is Hope Models, una agencia de modelos que trabaja con gente sintecho de Londres, y que busca cambiar la forma en la que son percibidos los habitantes menos afortunados de la ciudad –y cómo se perciben a sí mismos.[15]

Cuando alguien le pide a Josh participar en #DoSomethingForNothing, su respuesta es sencilla: escribe tres cosas que disfrutes haciendo y que se te den bien. Después escribe tres cosas que te apasionen. «Cuando pongas unas al lado de las otras y las mires durante un rato, encontrarás fácilmente la forma de conectar esos puntos», dice.

Lo que nos muestra el ejemplo de Josh es que no necesitas cambiar el curso de la historia para mejorar la vida de las personas ahora mismo. Lo único que debes hacer es dar algo valioso a alguien que lo ne-

---

14. «About StreetVet», www.streetvet.co.uk/about
15. «About T|H Models», www.tihmodels.com/about

cesite. Incluso algo aparentemente tan trivial como un corte de pelo puede reafirmar la vida.

Utilizar tus poderes, cualesquiera que sean, para hacer el bien es el camino más directo hacia la integridad personal y tus propósitos. Con integridad me refiero al tipo de armonía personal que surge cuando tus habilidades, acciones, valores y objetivos están alineados.

Encuentra tu causa

Escoger una causa que merezca tu tiempo y tu energía puede ser una tarea abrumadora. Desde que me impliqué en el activismo social, he sido asaltado por un montón de organizaciones increíbles –así como de activistas solitarios– que están haciendo un gran trabajo con distintos problemas. ¿Cómo decides dónde poner tu energía?

Lo más probable es que ya haya algún tema que te apasione o, al menos, uno en el que creas firmemente que necesita más atención de la que recibe. Tal vez sea la reforma de la justicia penal, los derechos de los veteranos de guerra o las enfermedades raras. Podría ser un problema que afecte a tu comunidad local, o incluso solamente a tu vecindario. Empieza por investigar un poco y descubrir el meollo de cualquier tema que te atraiga. Una vez que te hayas formado tu propia opinión informada sobre el asunto, busca organizaciones que estén logrando progresos de una forma que encaje contigo. Fuentes como GiveWell.org y Philanthropedia pueden ser guías útiles en esta fase de tu investigación.

Después de que hayas reducido tu lista a unos pocos grupos, escarba en sus documentos escritos: investigación, informes anuales..., cualquier cosa a la que puedas echarle el guante. Si su misión todavía te dice algo, entonces llámalos y habla con alguien que ya esté participando. Y, lo más importante, pregunta cómo podrías ayudar.

También te recomiendo que te limites a una o dos causas principales. La calidad es más importante que la cantidad. Así que céntrate en las actividades y organizaciones en las que pienses que tus contribuciones generarán el mayor impacto.

Ponte en contacto con tus héroes

Me asombra lo poco que la gente se pone en contacto con los héroes que los inspiran. Solemos pensar que aquellos que hacen grandes cosas son algo así como superhumanos dotados de una habilidad especial que los simples mortales no poseemos. Pero esa forma de pensar, de hecho, nos disuade de implicarnos en asuntos que nos importan.

Las psicólogas Penelope Lockwood y Ziva Kunda estudiaron las relaciones entre los referentes y la inspiración. Descubrieron que aunque las personas pueden ser profundas fuentes de motivación, también pueden «conducir al desánimo y a restarse valor a uno mismo en lugar de generar la deseada inspiración. Esto suele ocurrir cuando el referente ha logrado un éxito inalcanzable en el ámbito de interés de uno».[16] Tiene sentido. Si hay que ser como Gandhi para lograr un cambio real en el mundo, ¿qué podemos esperar conseguir alguien como nosotros?

Pero adoptar esta actitud es un error. Y una forma de evitarlo es ponerte en contacto con aquellos que te inspiran. Envíales un e-mail, menciónalos en un tweet, envíales un DM o acércate a ellos en un evento y preséntate. Comienza una conversación sobre los valores que compartís. Pregúntale cómo ha llegado a estar ahí y qué podrías hacer para seguir su ejemplo. Y llévatelo a tomar un café o a comer.

En multitud de ocasiones estas conversaciones no irán a ninguna parte. Quizá ni siquiera respondan a tu correo electrónico. Pero también puede que aprendas algo, o incluso que dé pie a una relación que puede durar años. En esos casos, empezarás a ver a esas figuras inspiradoras de forma no muy distinta a cómo te ves tú, en muchos sentidos. En consecuencia, la idea de que sus logros son algo fuera de tu alcance empezará a desmoronarse. Yo todavía mantengo amistad con David Gottfried y Josh Coombes.

Te sorprenderá lo accesibles que pueden llegar a ser nuestros referentes. A muchas personas de las que tenemos un gran concepto hay

---

16. Penelope Lockwood y Ziva Kunda, «Superstars and Me: Predicting the Impact of Role Models on the Self», *Journal of Personality and Social Psychology* 73, n.º 1, 1997: 91-103.

pocas cosas que les guste más que guiar a la gente y compartir su conocimiento. Pero, como es algo que nos intimida, te sorprendería lo poco que la gente se pone en contacto con ellas.

Con el tiempo, desarrollarás una red de amigos e interlocutores para los que hacer el bien y la integridad personal forman parte natural de sus vidas. Y eso te ayudará a mantener esos altos estándares.

⊙ RESUMEN

De todas las formas que hay de persuadir a otra persona para que actúe, la inspiración es, sin duda, la más profunda y, en muchos casos, la más poderosa. Si puedes ser una fuente de inspiración para los demás, rara vez tendrás que esforzarte para que tus opiniones sean tomadas en serio. Tus puntos de vista tendrán el peso de la autoridad. Habrás adquirido un tipo de influencia que va más allá de la capacidad para vender cosas, la retórica o la negociación. Es un poder persuasivo que emana directamente de tu alma.

Convertirse en una fuente de inspiración es un proyecto exigente y constante. Implica esforzarte por actuar de acuerdo con tus principios. Y quizá más importante, las figuras inspiradoras poseen una alta capacidad para resistirse al efecto del espectador pasivo y romper con la manada cuando sus valores les reclaman que pasen a la acción.

La gente más inspiradora:

1. Predica menos y practica más.
2. Usa sus poderes para hacer el bien.
3. Busca causas que la ayuden a progresar en sus valores.
4. Está en contacto con sus héroes.

Si adoptas estos hábitos y los integras en tu día a día, acabarás por convertirte en el tipo de persona que da a los demás motivos para actuar, en lugar de una excusa para no hacer nada.

Serás una fuente de inspiración.

CONSIDERACIONES FINALES
CUARTO PRINCIPIO: CONMOVEDOR

La persuasión moderna no tiene que ser una actividad sin alma. Al contrario, las formas de influencia más edificantes y energizantes son aquellas que resuenan en lo más profundo de nuestras almas. Cuando alguien nos inspira a través de la pura fuerza de su carácter, las cosas que nos parecían difíciles pueden volverse fáciles, e ideas que pensábamos que eran totalmente erróneas pueden cobrar una nueva plausibilidad, e incluso magnetismo.

Este tipo de experiencias definen la persuasión conmovedora.

La última palabra

«Persuasión» se ha convertido en una palabra negativa en nuestra cultura, y mi propio sector, la publicidad, ha contribuido a ello.

La percepción de la persuasión –y, concretamente, la publicidad– como una actividad maliciosa se remonta, como mínimo, hasta el libro de 1957 *The Hidden Persuaders*, del crítico social Vance Packard. En su histórica obra, Packard revela las formas en que los publicistas de aquel entonces empleaban la investigación psicológica para volver los deseos subconscientes de los consumidores en su contra. Era una punzante acusación contra el sector y, en cierto modo, deberíamos haberlo esperado.

Pero *The Hidden Persuaders* no es un libro sobre la persuasión. Cuando la psicología se utiliza como un arma para moldear a las personas a tu voluntad, no es persuasión sino manipulación. Y la manipulación no es defendible.

La persuasión es diferente. Cuando persuades a alguien, no estás engañándolo para que crea algo, ni le estás haciendo que haga algo que no haría si viese las cosas con más claridad. Al contrario, le estás inspirando para que haga una elección específica ejerciendo su libre albedrío. Estás dejando la decisión en sus manos.

Esta diferencia fundamental se hizo evidente durante las elecciones presidenciales de 2016, cuando agentes extranjeros abusaron de las redes sociales para influir en la campaña de forma ilegítima. Trols rusos desinformaban y atacaban secretamente nuestros sesgos inconscientes para lograr el resultado deseado. En otras palabras, nos estaban manipulando.

En cambio, cuando los candidatos usan las redes sociales para subrayar determinados hechos, revelar partes de su personalidad, contarnos una historia específica sobre el futuro del país, o pedirles a los votantes que hagan lo correcto, no nos están engañando. Están jugando limpio. Y eso es porque están persuadiéndonos, no manipulándonos. Puede que no estés de acuerdo con ellos, pero ésa es tu elección. Y esa elección marca la diferencia.

Cuando alguien nos inspira para actuar siguiendo nuestros peores instintos –o nuestro miedo, odio o rencor–, también es una forma de persuasión, y una muy poderosa. Asimismo, es posible emplear técnicas persuasivas para conseguir que la gente luche conscientemente en guerras injustas, o que gasten su dinero estúpidamente. La persuasión puede ser usada con propósitos destructivos, además de para buenos fines.

Por qué la persuasión importa

No podemos olvidar que algunos de los logros más positivos de la historia de la humanidad han sido posibles gracias a actos de persuasión. Abraham Lincoln y Rosa Parks fueron maestros de la persuasión que emplearon sus habilidades para combatir errores morales flagrantes. Si se hubiesen limitado a esperar a que la gente cambiase de idea por sí misma, la esclavitud y la segregación hubiesen seguido siendo la norma durante mucho más tiempo del que lo hicieron. Y la fuente de su influencia fue su propio carácter.

Uno de los objetivos de este libro es introducir la idea de persuasión en el siglo XXI explorando una perspectiva que toma su fuerza no de la negatividad y la división, sino de los aspectos más loables y positivos de nuestros caracteres. En su mejor versión, la persuasión es la forma más positiva, productiva y ética de cambiar la forma de pensar de las personas. Respeta completamente la idea de que todos somos libres, seres iguales capacitados para tomar nuestras propias decisiones por nuestras propias razones.

También es una herramienta esencial para abordar los problemas más desafiantes a los que tenemos que enfrentarnos en este momento. Creo, sinceramente, que la persuasión es la única forma que tenemos de dejar atrás este momento de lucha social, polarización política, discusión tóxica y tribalismo.

Con todo, la mayor parte del debate nacional no busca persuadir. Ya sean artículos de opinión o exabruptos en las redes sociales, las principales formas de comunicación sirven solamente para reforzar las creencias preexistentes y retratar a quienes no están de acuerdo con nosotros como inferiores, traidores o incluso malvados. Nuestros debates públicos se han convertido en toscas partidas en las que el ganador se lo lleva todo. Estas tendencias sociales nos han vuelto a unos contra otros, y han llevado a las instituciones nacionales al borde del colapso.

La situación es insostenible, especialmente en un país tan diverso e individualista como el nuestro. Si queremos vivir bien juntos, necesitaremos ser capaces de lograr que los demás vean las cosas como nosotros convenciéndolos, no forzándolos ni ridiculizándolos, tampoco censurando sus discursos, sino persuadiéndolos.

El carácter tiene recompensa

Hay una razón para el optimismo, y es que el momento actual también ha puesto en primer plano la importancia del carácter. Diversos movimientos sociales alrededor de temas como la raza, la igualdad de género y la inclusión han comenzado a llamar la atención sobre la forma en que nos comportamos en nuestras vidas privadas y públicas. Tendencias personales que en cierto momento fueron ignoradas o, cuanto menos, toleradas –comentarios degradantes en el lugar de trabajo, racismo, intimidación y sexismo– se están señalando como inaceptables.

Al mismo tiempo, las prácticas empresariales poco éticas también están siendo sometidas al estricto escrutinio que merecen desde hace tiempo. Las viejas formas de hacer las cosas –ya se trate de técnicas de fabricación que dañan el medio ambiente, la explotación del trabajador o el uso descuidado e inadecuado de los datos del consumidor– son castigadas. El producto final o el resultado ya nunca más serán la única cosa que importe en el mundo de los negocios. Los valores que motivan a una compañía y la forma en que se conduce –en otras palabras, su carácter– son ahora componentes necesarios para el éxito a largo plazo.

Como resultado de este cambio cultural moderno, la influencia está mucho más ligada al carácter de las personas que nunca. Ya no es suficiente con apoyar de palabra las creencias correctas. Necesitas encarnar esas creencias en tu día a día: la forma en que tratas a los que te rodean, cómo interactúas con tu comunidad y tus compañeros y el respeto que sientes por las diferentes culturas, los orígenes y las tradiciones. Nuestras nuevas normas están solamente empezando a tomar forma. Todavía hay mucho que progresar.

El presente reclama una persuasión conmovedora

En su conjunto, las fuerzas que dan forma a nuestra cultura en este momento han hecho que una persuasión conmovedora sea aún más urgente. Todos necesitamos ser mejores persuadiendo con alma. Y el camino hacia la persuasión efectiva comienza trabajando nuestro propio carácter. Si deseas ejercer influencia, necesitas convertirte en el tipo de persona con la que la gente quiere estar de acuerdo: una persona original, generosa, empática y con alma. Y seguir estas prácticas ayuda a formar hábitos.

HÁBITO 1: *Ser la persona singular que eres* hace difícil que los demás te vean como falso o manipulador, y les permite reconocerte como un ser único.

HÁBITO 2: *El poder del* storytelling te ayudará a redefinir temas controvertidos y ofrecer tu punto de vista de una forma que resuene a nivel humano.

HÁBITO 3: *Nunca estar vendiendo* y evitar la «venta dura» te ayudará a demostrar que te importan otras cosas además de tu propio beneficio inmediato.

HÁBITO 4: *Darte a los demás*, buscar algo que ofrecer en cada interacción hará que facilites el terreno para la cooperación.

HÁBITO 5: *El impulso de la positividad* contrarresta las emociones negativas que nos separan.

HÁBITO 6: *Sólo un poco de respeto* puede neutralizar el tóxico pensamiento del «nosotros contra ellos» en parte de tu audiencia.

HÁBITO 7: *No soy yo, es nosotros* es la habilidad de ver las cosas desde la perspectiva de los demás. Empatizar con el punto de vista de alguien te hará capaz de conectar con tu audiencia en sus propios términos y guiarla hacia un nuevo punto de vista.

HÁBITO 8: *La colaboración* llevará a los otros a verte como un miembro de su equipo, haciendo que se muestren mucho más dispuestos a ponerse de tu parte ahora y en el futuro.

HÁBITO 9: *Encontrar terreno común* implica aprender a ver a las personas como fundamentalmente semejantes. Esto combate las tendencias tribales de nuestro propio pensamiento y ayuda a mover a los demás a hacer lo mismo.

HÁBITO 10: *El cultivo de las habilidades* te concede un alto nivel de competencia en todo lo que haces, confiriéndote una autoridad innata que conlleva influencia real.

HÁBITO 11: *Ser una fuente de inspiración* ayudará a los demás a dejar atrás sus limitaciones convencionales y se unirán a ti en tus empresas positivas.

Fundamental: Estas prácticas no pueden adoptarse a un nivel puramente superficial. Para que funcionen como fuentes de persuasión tienen que ser incorporadas en el modo en que vives de una manera tan profunda que te surjan sin esfuerzo, de forma natural e inconsciente. Deben emanar de tu *alma*.

Los cuatro principios fundamentales y los once hábitos te harán una persona más positiva y feliz, con más experiencias gratificantes. Estos rasgos también te harán más influyente en una gran variedad de situaciones, tanto personales como profesionales.

Puede que fortalecer tu propio carácter no sea el camino más corto hacia la influencia, pero sí el más efectivo.

Si eres capaz de ver el valor que tiene convertirse en una persona más original, generosa, empática y conmovedora, entonces, date por persuadido.

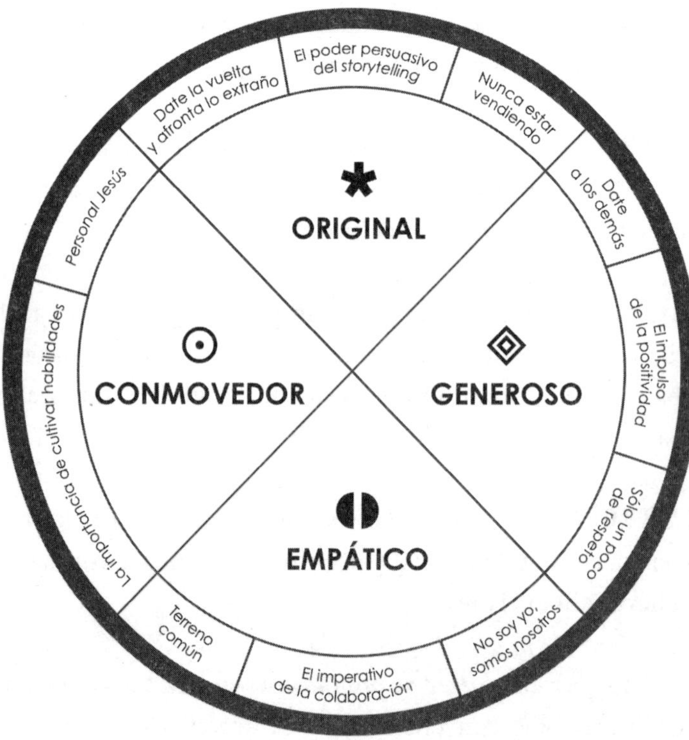

Índice analítico

Acerca del autor

Jason Harris es el CEO de la galardonada agencia creativa Mekanism y cofundador de Creative Alliance. Harris trabaja en estrecha colaboración con las marcas combinando el alma y la ciencia para crear campañas provocativas que atraigan a las audiencias. Algunas de las marcas más icónicas con las que ha trabajado son Peloton, Ben & Jerry's, Miller Coors, HBO y la ONU. Bajo su liderazgo, Mekanism fue incluida entre las agencias de la A-list de *Ad Age*, y dos veces en su lista de mejores lugares en los que trabajar, así como en la lista Creativity 50 de *Creativity's*. Harris ha sido distinguido como uno de los diez líderes de impacto social más influyentes, y ha aparecido en la lista de las «Cien personas que hacen grande la publicidad» de 4A. Sus métodos son estudiados en la Harvard Business School.

Índice